高等职业教育"十二五"规划教材

Qiche Diankong Guzhang Zhenduan Shixun

汽车电控故障诊断实训

詹远武　主　编

周志国　王惠灵　副主编

陈文华　主　审

人民交通出版社

内容提要

本书从实践中归纳的典型工作任务入手，提炼出适合教学和学生训练的学习项目，主要包括汽车电控故障诊断基本能力训练、汽油发动机电控系统的故障诊断、汽车底盘电控系统的故障诊断、汽车车身电控系统的故障诊断及附录，融“教、学、做”为一体，强化学生规范化操作意识，突出学生逻辑思维、分析问题和解决问题的职业能力培养，具有很强的系统性和实用性。

本书可供高等职业院校汽车运用技术、汽车电子技术、汽车技术服务与营销、汽车检测与维修专业教学使用，也可作为汽车维修技术人员学习参考用书。

图书在版编目(CIP)数据

汽车电控故障诊断实训/詹远武主编. —北京：人民交通出版社，2014.2

高等职业教育“十二五”规划教材

ISBN 978-7-114-11162-4

Ⅰ.①汽… Ⅱ.①詹… Ⅲ.①汽车－电子系统－控制系统－故障诊断－高等职业教育—教材 Ⅳ.①U472.41

中国版本图书馆 CIP 数据核字(2014)第 019321 号

高等职业教育“十二五”规划教材

书　　名：汽车电控故障诊断实训
著 作 者：詹远武
责任编辑：周　凯
出版发行：人民交通出版社
地　　址：(100011)北京市朝阳区安定门外外馆斜街 3 号
网　　址：http://www.ccpress.com.cn
销售电话：(010)59757973
总 经 销：人民交通出版社发行部
经　　销：各地新华书店
印　　刷：北京市密东印刷有限公司
开　　本：787×1092　1/16
印　　张：9.5
字　　数：227 千
版　　次：2014 年 2 月　第 1 版
印　　次：2014 年 2 月　第 1 次印刷
书　　号：ISBN 978-7-114-11162-4
定　　价：25.00 元

汽车运用技术专业建设委员会

前　言　Preface

《汽车电控故障诊断实训》以"工学结合"人才培养模式为切入点,融"教、学、做"为一体,是高职院校汽车运用技术、汽车电子技术、汽车技术服务与营销、汽车检测与维修等汽车技术类学生的专业必修课程。本书紧密围绕高等职业技术教育人才培养目标和人才需求来确定内容,紧密联系现代汽车新技术的发展,紧密结合当前职业教育的特点而进行编写。

编写过程中,本书从实践中归纳的典型工作任务入手,提炼出适合教学和学生训练的学习项目,注重知识应用性和能力素质的培养,任务明确,内容简练。其中,基础理论较为浅显,以够用为度;技能操作注重规范,突出学生逻辑思维、分析问题和解决问题的职业能力培养。全书共分汽车电控故障诊断基本能力训练、汽油发动机电控系统的故障诊断、汽车底盘电控系统的故障诊断、汽车车身电控系统的故障诊断等 4 个学习训练项目及附录;每项任务均首先导入问题,然后介绍相关知识,任务实施中注重汽车电路分析、故障诊断流程及故障案例分析,使书本知识紧密联系实际,学生易学、易懂、易记,能有效提高学生的实践操作技能和职业素养,促使学生实现"零距离"上岗。

本书可供高等职业院校汽车运用技术、汽车电子技术、汽车技术服务与营销、汽车检测与维修专业教学使用,也可作为汽车维修技术人员学习参考用书,具有如下特点:

一是以学生学习为主体。融入课程教学设计新理念,以学习需求为基础,打破长期以来的理论与实践二元分离的局面,以任务为核心,实现理论与实践一体化教学。

二是以工作任务为驱动。结合当前职业教育改革新模式,以工作任务驱动,围绕职业工作需要,以就业为导向,以技能训练为中心,实现理论教学与技能训练有机结合。

三是以突出能力为目标。课程定位与目标、课程内容与要求、教学过程与评价都围绕职业能力的培养,涵盖职业技能考核要求,使学生在完成工作任务的过程中学习专业知识,培养学生的综合职业能力。

本书是校企合作的共同成果,由浙江交通职业技术学院詹远武担任主编,浙江交通职业技术学院周志国和浙江康桥汽车工贸集团股份有限公司售后服务部王惠灵部长担任副主编。其中,项目 1 和项目 2 由詹远武编写,项目 3 由王惠灵编写,项目 4 由周志国编写。在本书编写过程中,得到了浙江交通职业技术学院汽车学院马林才院长、朱福根副院长的大力支持和帮助;得到了杭州和诚八下里丰田汽车销售服务有限公司高峰技术总监的大力协助，使教材内容能更好地与企业接轨；同时也参考了大量国内外技术资料，在此谨向本书参考资料的作者及关心、支持本书写作的同行们表示诚挚的谢意。

本书由浙江省汽车行业知名专家、浙江交通职业技术学院陈文华教授担任主审。陈教授对书稿内容进行了全面、细致、认真的审阅，对汽车电控故障诊断操作流程、任务驱动、职业素养培养及“零距离”上岗等提出许多宝贵意见，在此表示衷心感谢。

为了方便读者使用，本书配有PPT课件及视频资料，有需要的读者可登录国家骨干高职院校浙江交通职业技术学院专业教学资源库《汽车电控故障诊断实训》精品课程（http://er.zjvtit.edu.cn）免费下载。

由于编者水平有限，书中难免存在不足之处，恳请广大读者批评指正。

编　者

2013年9月

目　录 Contents

项目1　汽车电控故障诊断基本能力训练

↘ 任务目标

最终目标

熟悉汽车电控故障诊断的基本流程及现场管理，掌握汽车电控故障诊断的常用检测设备的使用方法和操作规范，学会撰写汽车电控故障“维修案例”。

促成目标

1. 熟悉汽车电控故障诊断的基本流程及诊断排除方法；
2. 掌握汽车电控故障诊断常用检测设备及仪表的使用；
3. 结合实训案例，学会撰写汽车电控故障“维修案例”；
4. 养成作业过程中遵循5S理念的习惯，培养学生职业素养。

↘ 引言

《汽车电控故障诊断实训》课程直接面向汽车4S企业机电维修岗位，是汽车运用技术、汽车电子技术、汽车检测与维修等专业学生的专业必修实践课程，它以“工学结合”人才培养模式为切入点，融“教、学、做”为一体，是强化学生能力的培养，实现教学过程的实践性、开放性和职业性的综合技能实训课程。

通过任务引领的项目活动，使学生在完成工作任务的过程中学习专业知识与技能，熟悉维修车间的工艺流程，学会维修基本工具、量具及设备的使用方法，培养诚实、守信、善于沟通与合作的劳动品质，为学生毕业实习及维修技能等级考证打下良好的基础，能大大提升学生的综合实践能力，为培养学生成为“金蓝领”奠定坚实的基础。

任务1　汽车电控故障诊断的基本流程及现场管理

一、任务引入

汽车电控故障诊断是维修技术人员的常见维修工作。如何诊断汽车电控故障？故障诊断最关键的要点是什么？故障诊断应当具备哪些基本技能？故障诊断现场应当怎样管理？以下主要介绍汽车电控故障诊断的基本流程、基本技能和现场管理，引导学生学习基本知识，熟悉操作流程，掌握汽车电控故障诊断的基本技能。

二、相关知识

1. 汽车电子控制系统的基本组成

汽车电子控制系统一般由传感器、电子控制单元(ECU)、执行器组成。ECU主要由输入电路、A/D(模/数)转换器、微型计算机(简称微机)和输出电路等部分组成。

ECU 的输入信号处理电路把传感器、开关输入的各种信号进行放大、滤波、整形、变换等一系列的处理,转换为微机可以识别的标准信号。微型计算机系统由 I/O 接口、各种存储器及中央处理单元(CPU)组成。I/O 接口是微机与外部输入、输出装置连接的纽带,通过输入口把汽车运行参数输送给 CPU,经 CPU 进行运算处理后,发出控制指令,再由输出口发往各执行机构。存储器负责各种数据的存储和计算运行程序的存储。输出信号处理电路把计算机发出的控制指令信号,经放大、变换等处理转换成可以驱动各执行器工作的电信号,达到快速、准确、自动控制汽车工作的目的。

2. 汽车电子控制系统的故障原理

汽车正常运行时,传感器输入到 ECU 的信号、ECU 输出给执行器的信号的电压值都有一定的变化范围。当某一电路出现异常,信号的电压值超出了规定范围或送入了 ECU 不能识别的信号,并且这一现象在一定时间内未消失时,ECU 便判断为这一部分出现故障。此时,ECU 便把这一故障以故障代码的形式存入其内部的随机存储器 RAM 中,同时点亮故障指示灯,这就是电子控制系统故障自诊断的基本原理。

当某一电路产生了故障后,其信号就不能作为汽车的控制参数,为了维持汽车的工作,ECU 便从其程序存储器(只读存储器 ROM 或 PROM)中调出某一固定数值,作为汽车的应急参数,保证汽车可以继续工作。当微机本身出现故障时,ECU 便自动启动备用控制回路对汽车进行简单控制,使汽车可以被开回家或是被开到附近的修理机构进行维修,这样的功能就是故障运行,又称"缓慢回家"功能。另一方面,汽车电子控制系统中的执行器是决定发动机运行和汽车行驶安全的主要部件。当执行器发生故障时,往往会对汽车的行驶安全造成一定的影响。ECU 对于执行器故障的处理方法通常是:当确认为执行器故障时,由 ECU 根据故障的严重程度采取相应的安全措施。为了保证这些安全措施的实施,在微机中又专门设计了故障保险系统。

在微机控制系统工作时,由于微机对执行器进行的是控制操纵,微机向执行器输出控制信号,而执行器无信号返回微机,因此要想对各执行器的工作情况进行诊断,一般需要增设专用故障诊断电路,即微机向执行器发出一个控制信号,执行器要有一条专用电路来向微机反馈其控制信号的执行情况。

如果由于某种原因偶尔出现一次"不正常"信号,微机故障自诊断系统并不判定为故障。一般不正常信号必须持续一段时间,微机才判定为故障。

3. 汽车电控故障诊断的诊断提问

为查清故障症状究竟是怎样的,维修技术人员经常会向客户询问故障症状及发生故障时的情况。"诊断提问"是维修技术人员为了重现故障症状,而询问用户这种故障症状在什么条件下出现,以便快速排除故障。表 1-1 为诊断提问的主要问题。

诊断提问的主要问题 表 1-1

诊 断 问 题	具体的问题	诊 断 问 题	具体的问题
什么	症状是什么	在什么情况下	行驶条件,天气
何时	日期,时间,故障频率	发生了什么	这些症状是什么样的
哪里	路况等		

4.汽车电控故障诊断的关键要点

客户描述症状的方式可能会与维修技术人员的要求有些差异,诊断时,维修技术人员应当把握以下关键要点:

(1)准确找出故障的症状:进行故障诊断时,准确找出用户所指出的故障症状是非常重要的。

(2)准确推测故障的原因:根据故障症状进行推测,以便找出真正的故障原因。为了准确快速地进行故障诊断,必须进行系统的操作。

推测必须有逻辑和事实作依据,不可依赖没有逻辑支持的第六感觉,凭空想象造成故障的原因。为了查找故障的真正原因,必须按照下列循环过程,养成遵循各项的原因—效果关系的习惯:推测,验证,再推测,再验证。

5.汽车电控故障诊断的现场管理

如果维修车间车辆乱摆、工具乱放、车间杂乱,客户当然不愿把自己的爱车交来维修;如果维修车间满地脏污、到处灰尘、气味难闻、灯光昏暗、场地拥挤,维修技术人员当然不会有工作的积极性。维修车间实行5S管理,可以实现整齐、清洁、有序的环境,能给顾客、员工及企业带来一系列崭新的认知,赢得顾客信赖和社会赞誉。

“5S”由五个词汇,即整理(SEIRI)、整顿(SEITON)、清扫(SEISO)、清洁(SEIKETSU)和素养(SHITSUKE)组成,它是保持维修车间环境整洁,实现轻松、快捷和可靠(安全)工作的关键点。

(1)整理(SEIRI):此过程将工作场所的任何物品区分为有必要与没有必要的,除了有必要的留下来以外,其他的都清除或放置在其他地方。

(2)整顿(SEITON):此过程把留下来的必要的物品定点定位放置,并放置整齐,必要时加以标识,目的是为了方便使用。

(3)清扫(SEISO):此过程将工作场所及工作用的设备清扫干净,保持工作场所整洁。

(4)清洁(SEIKETSU):这是一个努力保持整理、整顿和清扫状态的过程,目的是防止任何可能问题的发生。

(5)素养(SHITSUKE):它是使每位成员养成良好习惯,并遵守规则做事,培养主动积极的习惯。

6.汽车电控故障诊断的工作安全

始终安全工作,防止伤害的发生。始终使工作场地保持干净,以保护自己和他人免受伤害。

(1)不要把工具或零件留在自己或者其他人有可能踩到的地方,应将其放置在工作架或工作台上,并养成好习惯。

(2)立即清理干净任何飞溅的燃油、机油或者润滑脂,防止自己或者他人滑倒。

(3)工作时不要采取不舒服的姿势,这不仅会影响工作效率,而且有可能会导致跌倒和伤害到自己。

(4)处理沉重的物体时要格外小心,以免它们跌落将脚砸伤。而且,如果试图举起一个太重的物体,背部可能会受伤。

(5)从一个工作地点转移到另外一个工作地点时,一定要走指定的通道。

(6)不要在开关、配电盘或电机等附近使用可燃物,因为它们容易产生火花,甚至造成火灾。

三、任务实施

1. 汽车电控故障诊断的基本流程

汽车电控故障诊断流程主要由5个步骤构成。如果维修技术人员检查车辆时不按照必要的程序操作,则故障很可能变得复杂,最后很可能由于错误的推测而采取了不相干的维修程序。为了避免发生这种情况,故障诊断时应正确领会5个步骤。

(1)步骤1:验证和重现故障症状

验证和重现故障症状是故障诊断的第一步。故障诊断中最重要的一个因素是正确地观察用户所指出的实际故障(症状),并以此作出不带任何偏见的、正确的判断。图1-1为验证和重现故障症状的流程图。

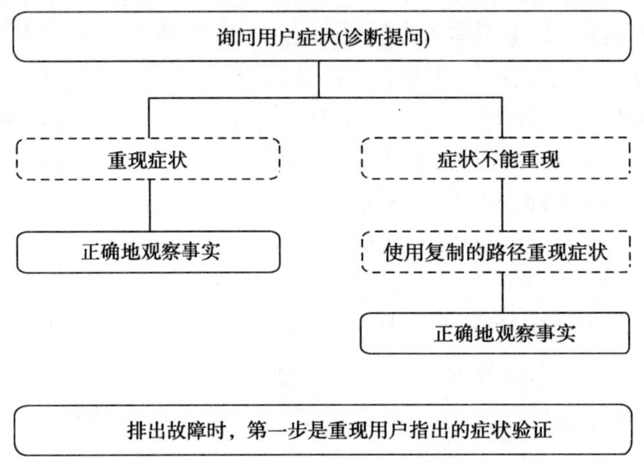

图1-1 验证和重现故障症状的流程图

(2)步骤2:判定这种症状是不是故障

当用户对车的故障提出抱怨时,这种抱怨可能是由很多原因造成的。然而,并不是用户所说的所有症状都是故障,但这些症状很可能与车辆特性有关。如果维修技术人员花大量时间去修理一辆实际上并无故障的车,不仅仅浪费了宝贵的时间,而且会失去用户的信任。图1-2为判定这种症状是不是故障的流程图。

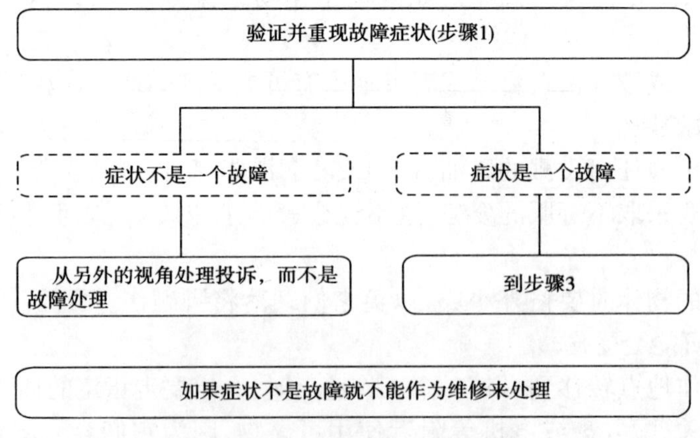

图1-2 判定这种症状是不是故障的流程图

(3)步骤3:推测故障发生的原因

推测故障发生的原因应当在维修技术人员所确定的故障症状基础上系统地进行。为了准确推测故障的原因,应当把握以下几点:

①如果故障反复出现,应判断这些事件是否有共同特性。

②判断是否是用户的一些不良使用习惯影响车辆的运行。

③在这之前,类似故障的维修原因。

④在过去的维修历史中是否有故障的前兆。

正确观察事实是推测故障原因的开始,因此,推测故障的原因必须从大处着手,图1-3为推测故障发生原因的流程图。

(4)步骤4:检查可疑部位,找出故障产生原因

故障诊断是在通过验证(检查)所获取数据的基础上,逐渐寻找故障真正原因的一个反复的过程,图1-4为检查可疑部位,找出故障产生原因的流程图。

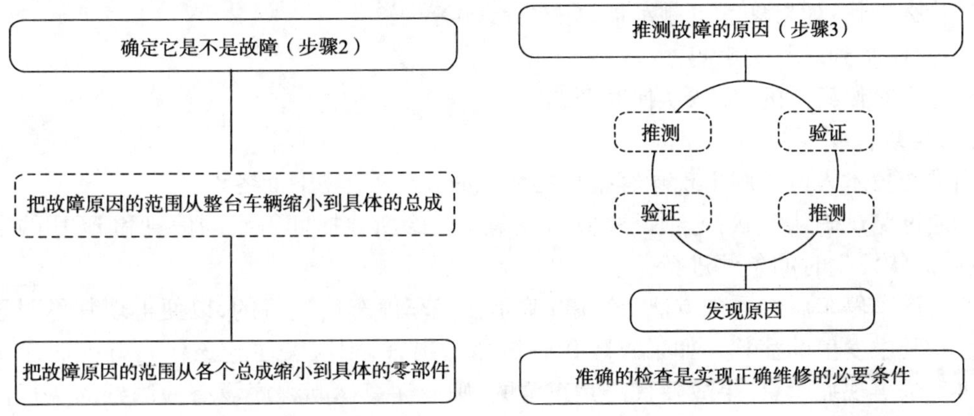

图1-3　推测故障发生原因的流程图　　图1-4　检查可疑部位,找出故障产生原因的流程图

检查的要点是:

①基于车辆的功能、结构和运行系统的各项检查。

②从检查系统功能开始,逐渐缩小到检查单个零部件。

③充分利用故障诊断仪所测数据进行分析检测。

(5)步骤5:避免类似故障再次发生

只有当故障顺利排除,并消除了用户担心类似故障再次发生的心理时,才意味着此次修理圆满完成,图1-5为避免类似故障再次发生的流程图。

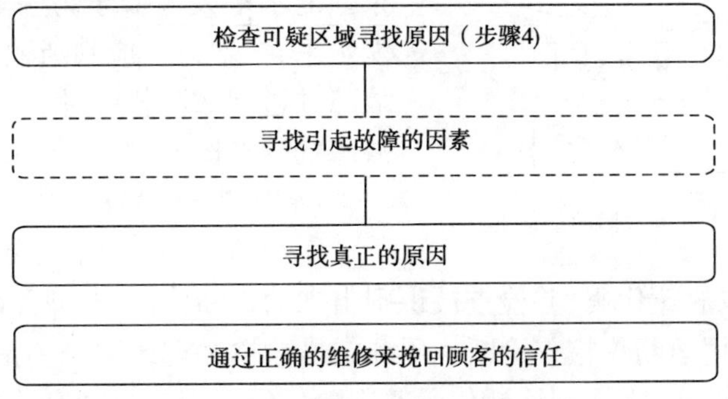

图1-5　避免类似故障再次发生的流程图

为避免类似故障再次发生,应把握以下几个要点:

①判断它是一个单独的故障,还是一个由于其他部件引起的连锁故障。

②判断是否由于到达零部件的使用寿命引起。

③判断是否由于不适当的维修维护引起。

④判断是否由于不恰当地处理、操作或使用引起。

2. 汽车电控故障诊断的基本技能

(1)诊断性提问

诊断性提问必须包括询问顾客症状发生时的情况,以再现当时症状。维修技术人员在进行诊断性提问时必须注意两点:一是不要使用术语,不用顾客不熟悉的话语说话;二是用实际的事例询问顾客,使顾客能容易地进行回答。例如:

什么地方:是左前轮吗?

什么时候:是在您什么时候驾驶时?

做什么操作:如果您踩下制动器,您能听到声音吗?

怎样:能听到刺耳尖声吗?

从什么时候开始的:症状从何时开始?

(2)再现症状

当维修技术人员试图再现顾客指出的症状时,必须记住下面各点:

①通过路试确认症状:这项试验应当根据通过诊断性提问得到的信息和 ECU 的定格数据,按照症状发生时的条件进行。

②当汽车停车后的再现方法:该项试验是在汽车停车后进行的,以便再现其不明显的症状或在行驶中发生的症状。如果故障代码被显示出来,则应关注与该代码有关的症状以便使用再现法再现症状;如果故障代码是正常的,则应注意诊断程序没有检测到的执行机构并用再现法再现症状。

(3)判断症状是否是故障

当顾客抱怨时,重要的是确定故障原因是车辆本身,还是顾客的不当使用,或者是两者兼而有之而导致的。还有必要判断顾客的车辆性能是否与顾客的要求相一致,方法是将其与另一辆相同型号的汽车进行比较。如果性能水平相等,维修技术人员则可作出判断,顾客的抱怨不是故障症状引起的,而是顾客的期望没有得到满足引起的,并从另一个视角去处理它。如果性能水平大大低于另一辆相同型号的汽车性能水平,技术人员应判断顾客抱怨的问题是一种故障并进行故障排除,图 1-6 为判断症状是不是故障的示意图。

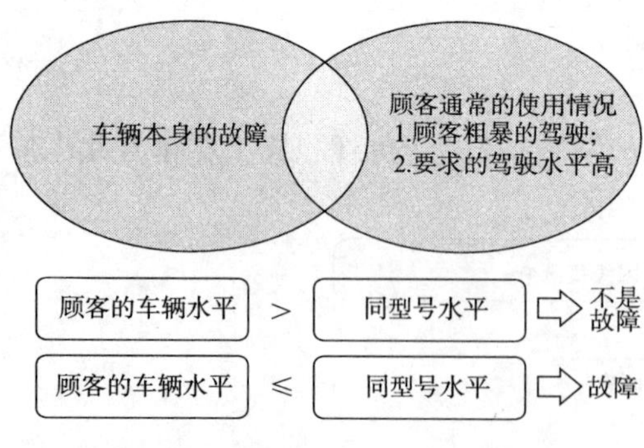

图 1-6 判断症状是不是故障的示意图

(4)诊断性检查

①检查目的:为了有效地进行故障排除,应使用故障诊断仪读取故障代码,并检查被识别出来的诊断代码与实际故障症状是否相符。

②检查方法:使用诊断仪检查诊断代码和定格数据并记录下来→清除诊断代码,根据诊断提问再现故障症状→再次识别诊断代码并判断代码是否与故障有关。

(5)ECU 数据检查

①检查目的：当故障发生后，检查 ECU 的状况（输入信号、输出信号），并通过检查 ECU 的数据确定故障原因。

②定格数据：当诊断代码被记录下来后，定格数据就是 ECU 的数据。故障是根据故障信号系统是开路还是短路，以及冻结帧的类型进行判断的。例如：当检测到了来自冷却液温度传感器信号系统的代码后，检查关于冷却液温度传感器信号的定格数据。如果温度是 -40℃，可判断故障为开路；如果它是 140℃或更高，可判断故障为短路。

③ECU 数据：即使诊断代码没有被识别出来，也可通过 ECU 数据检查 ECU 状况。自动触发功能使得在故障被发现前后自动记录 ECU 数据成为可能。在故障诊断仪上记录 ECU 数据的功能使得在故障发生后分析 ECU 数据成为可能。这个功能能够找出诊断代码不输出的故障，包括错误的传感器范围和执行机构故障。

（6）发动机起动状况的检查

①检查目的：发动机起动不良的故障原因是多方面的，这取决于内燃是否发生，或者起动是否占很多时间。因此，需检查发动机起动状况，以确定故障的原因。

②检查方法：起动发动机以检查发动机起动状况，如图 1-7 所示。如果无初始燃烧，不起动，则可能由于发动机的点火器、喷油器、起动机三个部件中的某个部件工作有异常而导致故障；如果起动时间过长，可根据发动机能够起动这个事实，判断以上三个部件为正常，故障可能是由起动时的空燃比不当引起的；如果初始燃烧发生但立即失速，则可判定点火系统和压缩系统为正常，燃油系统只能判断为仅在发动机起动时正常，因此，故障可能是由燃油压力降低，ISCV（怠速控制阀）等引起的故障。

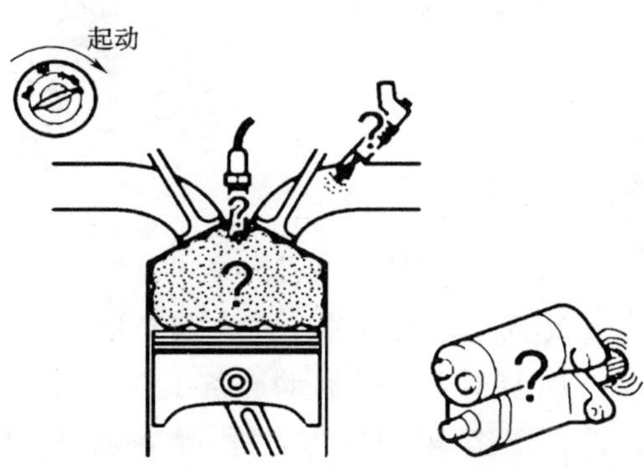

图 1-7　发动机起动状况检查分析图

（7）点火系统的检查

①检查方法：拆下火花塞并起动发动机，以查看火花塞尖端是否有火花及火花的强度。

注意：在检查前，拆下喷油器连接器，使得燃油不会喷出。

②标准：火花出现在火花塞的尖端，并且没有漏电；要判断火花的强度时，应选用一台正常发动机上的火花塞进行比较，如果没有发现大的差异，则为正常。

（8）燃油系统的检查

①检查方法：起动发动机→用手捏住燃油软管并检查燃油压力是否被施加上→检查喷油器是否发出脉冲喷油的声音。

②标准：燃油压力被加到燃油软管上，然后燃油压力增大，软管脉动，如图 1-8 所示。

当没有燃油压力时，故障可能存在于燃油泵系统中；当喷油器不发出声音时，可跟另一个汽缸上的接头调换，如果能听到声音，可以判断喷油器为正常。

（9）压缩系统的检查

①检查方法：使用汽缸压力表，测量压缩压力，如图 1-9 所示。

②标准：标准值会因发动机型号而有所不同，因此请参阅相关的修理手册。当压缩压力低时，用机油壶往汽缸加注机油，然后再次通过检查压缩压力的变化情况而判定故障部位。

(10)端子接触压力检查

①检查目的:当短时间内发生接触不良这样的故障时,应检查接触压力以确定故障部位。

②检查方法:断开接头→目视检查接头端子上有无生锈或异物→检查端子销钉的位置上的松脱或损失情况,轻拉电气配线并检查它们有没有断开→检查插座的插孔接合面,并将一插销分别插入每个插孔中→用手握住插座,左右摆动,并查看接受检查的端子是否由于插销的重力而下沉。

③标准:当看到插销被夹缩并有接触压力时,可判断为正常;当插销沉于插座中并且没有接触压力,那么就应更换插销、插孔端子、插座或插头。

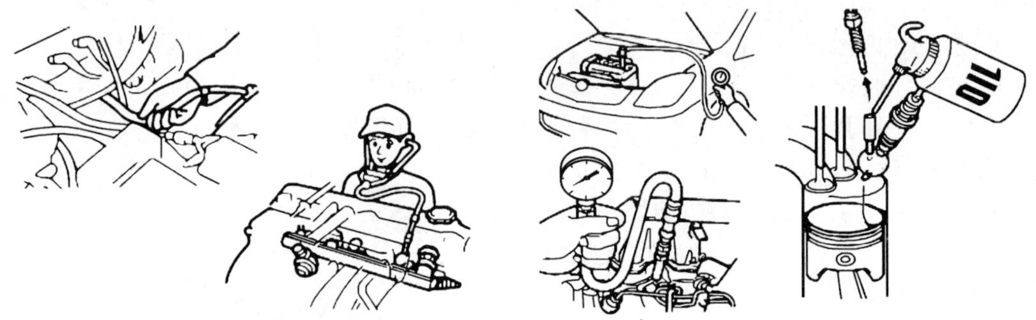

图1-8 燃油系统的检查　　图1-9 压缩系统的检查

3.汽车电控故障诊断实训基地推行5S管理的进程

(1)制订方案,启动准备工作

成立组织,以推进进程;建立规范,以有章可循;制订方案,以渐进实施。为推进5S的进行,学院应当成立专门的实训基地管理小组,成员可由实训指导老师、实训室管理人员或优秀学生组成。其主要职责是制订实施计划和实训室管理制度,对实训室重大事情进行决策,定期组织召开小组会议及实训室的日常管理和督查等工作。

针对实训室实际情况,制订相应的实训室5S管理规范和实施方案,加大宣传力度,明确授课过程中教师和学生的职责、大型仪器设备使用登记、安全卫生、损坏赔偿、违纪通报、逐层检查等制度。这样,有助于学生在实训室学习过程中有标准可依,明确自己进入实训室应该做什么,应注意什么,哪些不能做,同时也利于实训室管理人员的管理。

(2)注重实效,推行实施过程

①依据用途,整理现场。根据规范的要求,彻底清理实训室内的物品,将有用的留下,无用的或暂时不用的放置于其他规定位置或丢弃,从而腾出更多的工作空间,为日常工作带来更大的便捷。

②制作标识,整顿现场。为明确实训室的功能,每个实训室门口贴上相应的标签;对实训现场设置分区,工作区与非工作区应有明显的标识;对实训室的所有物品按规定的位置进行摆放,对大型仪器还应制作仪器操作规程及注意事项,并明确责任人。

③清扫现场,防止污染。它包括工作场所和设备的清扫,实现整洁化的要求。实施过程中,可以按区域、设备进行清扫,将每一个人分担的范围标示;设备的清扫、检查要从设备内部着手,对其各个部位都应该清扫、检查,建立清扫基准,人人参与,责任到人。

④自觉维护,清洁现场。整理、整顿、清扫是动作,清洁是结果,应该制定清洁检查表和

检查制度，只要每个人都出力，工作场所就能始终保持干净清洁。窍门在于记住“三无”原则：无非必需物品、无乱堆乱放、无尘土。最终实现大家自觉维护、清洁现场。

⑤天天坚持，提高素养。素养就是人们改变不良的习惯而养成良好的习惯，师生应学会将东西摆好，把设备擦拭干净，更主要的在于透过细琐、简单的动作，潜移默化地改变周围环境，将遵守各项规定作为自觉行动，从简单的事情约束自己并养成习惯。

(3)建立机制，巩固实施效果

一时做好并不困难，而长期的坚持靠的是全体师生素养的提高。在5S活动推行过程中，通过具体的改善事例让师生切实体会到5S活动给大家带来的好处，使大家自愿地去做；另一方面，在5S活动有一定的基础后，通过各种强化月活动（如目视管理强化月、礼貌活动强化月等）使得5S活动不断深化。

在推行期间，应对每一个阶段进行分析，及时发现推行中存在的问题，以便制订详细的措施予以改进，发现好的管理经验进行积累、推广；任何措施的执行都必须落实到具体人或岗位，避免出现“事前人人有责，事后谁都不负责”的现象。因此需要制定完善的检验标准、督查机制和奖惩制度，从而有效保证推行5S，进而巩固实施效果。

任务2　汽车电控故障诊断常用检测设备的使用

一、任务引入

汽车电控故障诊断过程中要使用各种检测设备和仪表，这些设备和仪表有特殊的使用方法，只有使用得当才能保证工作安全和准确。怎样选用？怎样正确使用？使用过程需要注意什么？以下主要介绍汽车故障诊断仪、示波器及数字式万用表的规范使用问题，引导学生学习基本知识，掌握操作方法，提升基本技能。

二、相关知识

1. 了解正确的用法和功能

每件检测设备和仪表均有各自的功能和正确用法。如果用于规定之外的用途，可能就会损坏，或者导致工作质量降低。

2. 力争始终保持摆放有序

检测设备和仪表要放在容易拿到的位置，使用后要放回原来的正确位置，力争做到始终保持摆放有序。

3. 严格地坚持维护和管理

检测设备和仪表要在使用后立即清洁并归位，这样下次若有需要就可立即使用，从而使检测设备永远处于完好状态。

三、任务实施

1. 汽车诊断仪的认识

随着汽车工业的飞速发展，应用于汽车上的发动机电控系统、电控自动变速器、ABS、SRS、电控悬架、巡航控制等相关电子控制系统也越来越多，从目前常见的捷达、桑塔纳、富康等国产车到奔驰、宝马、丰田、日产等进口车都采用了越来越多的电子控制设备。所以，维修行业的故障检测方法也由人工经验诊断发展到靠相应的仪器设备来进行诊断，尤其是某些进口高档车的电子控制系统，只有靠仪器设备才能进行诊断，而在这些众多的仪器设备当中，使用最普遍的是电控系统检测仪，俗称为解码器。

（1）解码器基本常识

简单来说，汽车解码器是利用配套连接线和车上电脑数据输出DLC（检测设备）相连，从而达到与各种电控系统控制单元进行数据交换的专用仪器。解码器通常分为原厂解码器和非原厂解码器两种。原厂解码器是指由汽车制造厂家提供或指定的解码器，如奔驰汽车STAR DIAGNOSIS、宝马汽车GT1、大众（奥迪）汽车VAGCOM VAS-5051B、丰田汽车GTS等，一般每个汽车制造厂家都有针对自己所生产的各种车系的原厂解码器，以便能为自己生产的汽车提供更好的售后检测服务。而非原厂解码器则由不是汽车制造厂家提供或制定，而由其他仪器设备厂商生产的汽车解码器，如德国博世公司的KTS300/500、美国的红盒子SCANNER MT2500，以及国内公司生产的电眼睛X431、金德KT600等。跟原厂解码器相比，非原厂解码器一般可以检测多种不同汽车制造厂家所生产的各款汽车，但就总体功能而言，非原厂解码器是比不上原厂解码器的，某些车系的部分电控系统使用非原厂解码器根本无法检测。

（2）解码器主要功能

解码器最基本的功能是读取和清除电控系统故障码，而目前的解码器功能是不只这些的，一般还具有系统传感器与执行器的静态或动态数据流检测功能，具有部分执行器的动作测试功能，有的还带有示波器显示功能。

①读取与清除故障码：有的解码器对故障码有比较详细的说明，例如是历史性故障码还是当前的故障码，故障码的次数出现几次。如果是历史性故障码就表示故障较早之前出现过，现在不出现了，但在控制单元ECU里面有一定的存储记忆。而当前故障码则表示是最近出现的故障，并且通过出现的次数来确定此故障码是否经常出现，当前故障码绝大部分和目前出现的系统故障有很大关系。

②传感器和执行器的数据流分析：所谓数据流，简单来说是将电控系统的一些主要传感器和执行器的目前工作参数值（如发动机转速、蓄电池电压、空气流量、喷油脉宽、节气门开度、点火提前角、冷却液温度等）提供给维修技术人员参考，维修中可以通过阅读数据流来分析发现故障所在，特别是当电控系统检测“无故障码”时，数据流分析就更显得十分重要。其实每个传感器和执行器在一定条件下的工作参数值是有一定标准范围的，可以通过实际值与标准值的比较来判断某一传感器或执行器是否存在异常。

③执行器动作测试功能：可以利用解码器对一些执行器，像喷油嘴、怠速电动机、继电器、电磁阀、冷却风扇等进行人工控制，用以检测该执行器是否处于良好的工作状况。当在发动机怠速运转时，对怠速电动机进行动作测试，可以控制其开度的大小，随着怠速电动机处于不同的开度，发动机怠速转速应该产生相应的高低变化。通过以上的动作测试就可以证实怠速电动机本身及其控制线路是否处于正常状况。同样，还可以在发动机运转时对燃油泵继电器进行控制，当断开燃油泵继电器时，发动机应会很快熄火。当然，不同的解码器所能支持的动作测试功能不一定相同，有的支持较多的动作测试功能，有的就可能比较少，但不管是属于哪一种解码器，都应尽量利用相应功能对工作情况有所怀疑的执行器进行动作测试，以便判断其是否属于正常工作状态。

④示波器功能：因为在解码器的数据流功能中，很多传感器和执行器的信号是采用电

压、频率等形式并以数字的方式表示的，在发动机实际运转过程中，由于信号变化很快，很难从这些不断变化的数字中发现问题所在，所以可利用解码器自带的示波器功能对电控发动机系统里的曲轴位置传感器信号、凸轮轴位置传感器信号、氧传感器信号、某些型号的空气流量计信号、喷油器信号、怠速电动机控制信号、点火控制信号等一系列信号，用示波图形的方式直观地表达出来。当用所测信号波形与标准信号波形相比较时，如有异常之处，则表示该信号的控制线路或电子元件本身出现了问题，需要进一步详细检查。利用示波器来检查电子信号也对维修技术人员提出了较高的汽车维修理论知识要求，需要维修技术人员能较熟悉被测传感器或执行器的工作和控制原理，并对示波器具有一定的操作技巧，能正确地观察波形（波峰、波幅等），否则很难利用好此项功能。

2. 金德 KT600 诊断仪的使用

（1）产品特点

①系统运行速度更快：装备领先的 32 位嵌入式芯片，选用海量内存。

②系统稳定性更高：系统监控程序快速、稳定，能够调度各种汽车测试应用程序，并为应用程序提供所需的库函数。

③系统独立性更强：各车型测试应用程序存储在存储卡上，相互独立，互不干扰。

④系统实现标准化：实现汽车测试程序所用的菜单文件、故障码库文件的格式标准制定。

⑤各种功能自由组合：可以把强大的诊断、示波、存储、升级方式等功能按照自己的需要任意组合。

（2）产品结构

KT600 智能诊断仪是集多功能于一体的新型诊断设备。该产品为国内首创，具有结构化、标准化、模块化和可持续开发等特点，包含了大多数原厂通信协议及控制器局域网（CAN）的通信协议，可扩充性强，各种功能能自由组合。

其正面视图如图 1-10 所示。

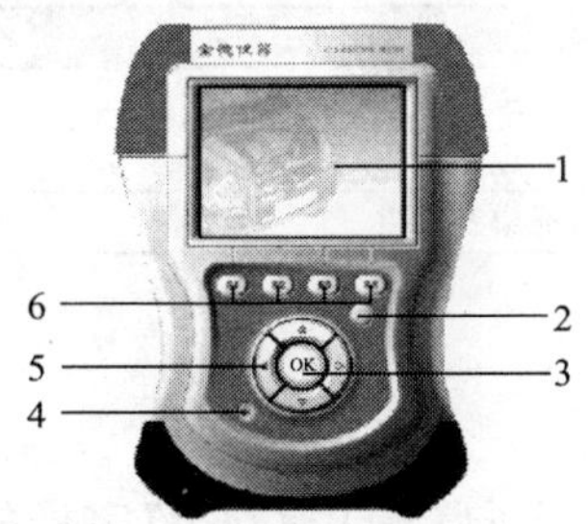

序号	项目	说明
1	触摸屏	TFT640×480 6.4寸真彩屏，触摸式
2	ESC	返回上级菜单、退出
3	OK	进入菜单、确认所选项目
4	⏻	电源开关
5	[▲] [▼] [▶] [◀]	方向选择键
6	F4 F1 F2 F3	多功能辅助键

图 1-10 正面视图

其背面视图如图 1-11 所示。

上接口视图如图 1-12 所示。

下接口视图，下面接口由插卡类型决定，如图 1-13 所示。

（3）开机与关机

KT600 有 4 种供电方式，可以根据需要进行选择：

①交流电源供电：找到 KT600 标准配置的电源适配器，其中一端连接在仪器的 Power 端口，另一端接至 220V 交流插座。

②汽车蓄电池供电：找到 KT600 标准配置的电源线和汽车鳄鱼夹连接好诊断仪。

③点烟器供电：找到 KT600 标准配置的汽车点烟器接头，其中一端连接在仪器的 Power 端口，另一端接至汽车点烟器。

④电池供电：先为电池充电，确保电池有电。

使用电源开/关键，即可打开或关闭 KT600 诊断仪。

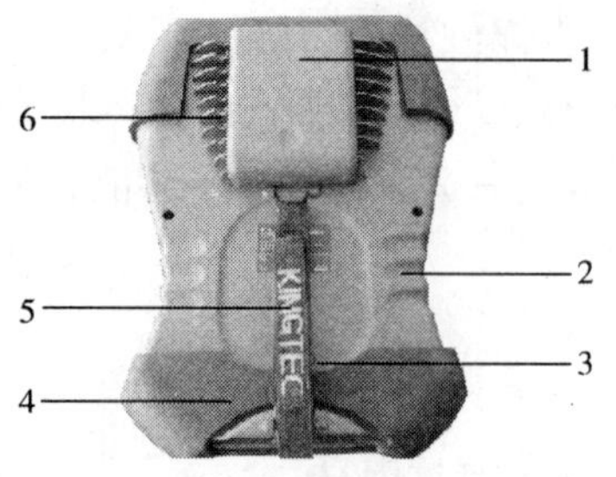

序号	项目	说明
1	打印盒	内装热敏打印机和1800mA·h锂电池
2	手持处	凹陷设计更人性化，有利于手持使用
3	卡锁	确保诊断和仪器的连接
4	胶套	保护仪器，防止磨损
5	保护带	防止手持时仪器滑落
6	触摸笔	操作触摸屏

图 1-11　背面视图

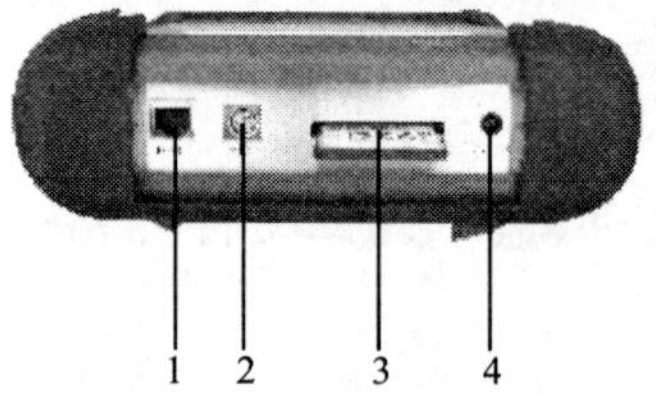

序号	项目	说明
1	网口	直接网线可实现在线升级
2	SP/2	可外接键盘和鼠标，也可通过转接线转成串口和USB口
3	CF卡	CF 卡插口
4	Power	接这个端口给主机供电

图 1-12　上接口视图

解码盒

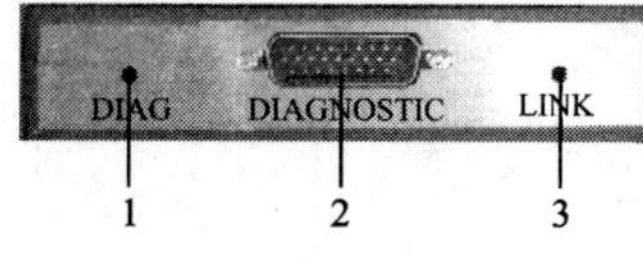

序号	项目	说明
1	DIAGNOSTIC	测试口
2	DIAG	有数据通信时该信号灯会亮
3	LINK	解码盒正确连接并通电后该信号灯会亮

示波盒

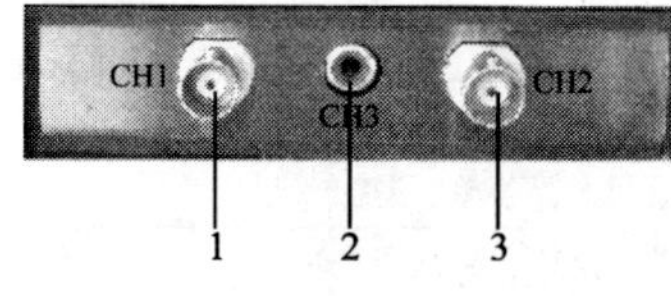

序号	项目	说明
1	CH1	示波通道1
2	CH3	触发通道
3	CH2	示波通道2

图 1-13　下接口视图

(4) 基本操作

①设备连接：将 KT600 诊断盒插入诊断插槽，注意插入方向，将印有“UP”字样的一面朝上；将 KT600 测试连接线的一端插入诊断盒上的测试口内；将 KT600 测试连接线的另一端连接测试接头；连接测试接头和汽车诊断座。

②进入诊断系统：连接好 KT600 诊断仪并接通电源，启动 KT600 进入主菜单，选择“汽车诊断”即进入诊断系统，然后依次“选择车系”“选择车型”等操作进行相关诊断，如图 1-14 所示。

(5) 诊断操作

不同车型的诊断界面操作方法大体相似，各车型具体测试方法按照仪器界面提示操作即可。测试功能包括读取故障码、清除故障码、读取数据流、基本设定、读取控制单元编码、控制单元编码、终端元件动态测试、各种调整匹配、自适应清除、系统登录、匹配防盗钥匙等，如图 1-15 所示。

①读取车辆电脑型号:此项功能可以读取被测试系统的电脑信息,包括版本号、CODING 号、服务站代码以及相关信息。一般更换车辆控制单元时,需要读取旧的控制单元信息,并对新的控制单元进行编码。

在系统功能选择菜单中选择“01-读取车辆电脑型号”,屏幕显示如图 1-16 所示。

序号	项目	说明
1	选择车系	中国车系/美国车系/欧洲车系/日本车系/韩国车系,请根据被测车辆正确选择
2	选择车型	请根据被测车辆正确选择
3	⇧⇩⇦⇨	触摸按钮,方向选择(同主机上方向选择键)
4	OK	触摸按钮,确认选择(同 Ⓞⓚ)
5	QUIT	触摸按钮,退出,返回上级(同 ESC)

图 1-14　进入诊断系统

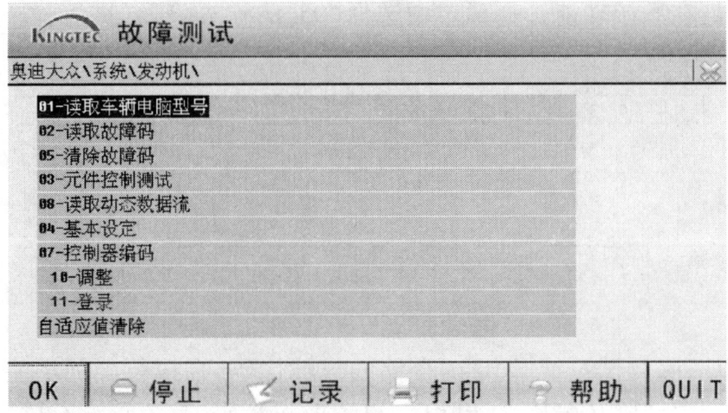

图 1-15　系统诊断界面

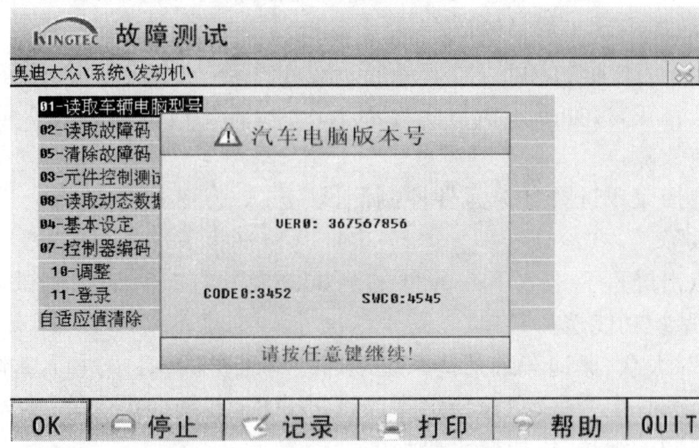

图 1-16　读取车辆电脑型号界面

按任意键或点击屏幕,将会显示下一屏相关信息,按 QUIT 键返回上一级。

②读取故障码:此项功能可以读取被测试系统 ECU 存储器内故障代码,可以帮助维修技术人员快速查到车辆故障引起的原因。

在系统功能选择菜单中选择“02-读取故障码”,屏幕显示出故障代码以及故障码内容,如图 1-17 所示。

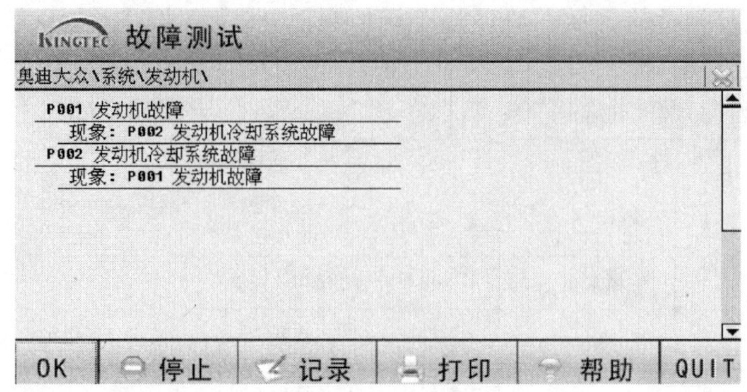

图 1-17　读取故障码界面

按上下方向键或滚动条可以滚动屏幕,按 QUIT 键返回上一级;在故障显示内容后标有/SP 字样的故障为偶发性故障。

③清除故障码:在系统功能选择菜单中选择“05-清除故障码”进入,如图 1-18 所示。

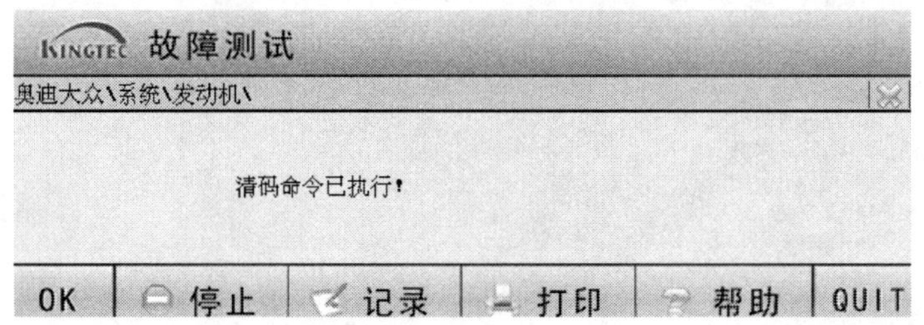

图 1-18　清除故障码界面

此项功能可以清除测试系统 ECU 内存储的故障代码,在执行此项功能前必须先执行读取故障码功能,然后再清除故障码。清除后,再读取故障码,系统将没有故障信息。

一般车型应严格按照先读故障码,然后维修车辆的清除故障码的顺序操作,如果车辆故障没有被解决,则故障码将不能被清除。

④元件控制测试:此项功能可以检查执行元件的电路工作状况,进行元件控制测试后,观察该元件是否工作正常,如果该执行元件不工作,则需要检查相关电器元件、插头线束或机械部位是否存在故障。

在系统功能选择菜单选择“03-元件控制测试”进入,仪表板系统将会进行模拟显示,可以观察仪表是否故障。

按任意键或点击屏幕会进入下一元件的测试,方法同前,直到被测试系统元件测试结束,按任意键返回系统功能选择菜单。

⑤基本设定:对大众/奥迪车系某些系统维修或者维护后,必须进行基本设定,如节气门自适应过程、点火正时、混合气、怠速稳定阀的设定,ABS 系统的排气等,不同车型、不同参数的基本设定选择不同的组号,以原厂手册为准。

一般情况下,可以先查看基本设定组号对应的数据流,如果无此组数据流或者数据流和基本设定内容不符合,则此基本设定组号不正确,下面以奥迪 A6 的节气门自适应为例说明基本设定操作步骤。

注意:设定条件为控制单元内无故障码存储;冷却液温度不低于 80℃;关闭所有电器

(设定时散热器电风扇必须关闭)和空调。

在系统功能选择菜单里选择“04-基本设定功能”,屏幕显示如图1-19所示,按方向键选择,OK键确认。

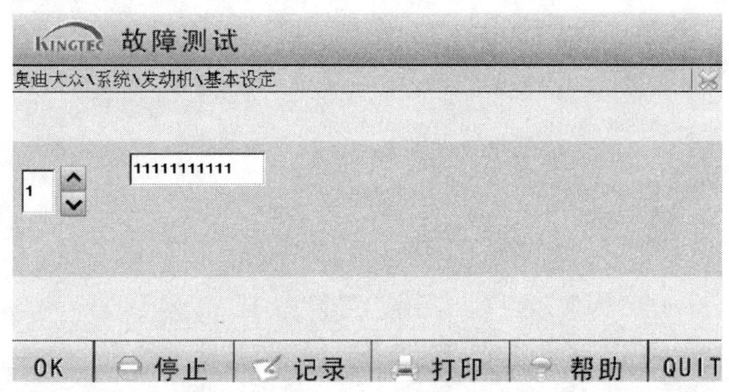

图1-19　基本设定界面

⑥控制器编码:大众/奥迪车系更换新的控制单元后,必须进行控制单元编码,如果新的控制单元零件号和索引号与旧的控制单元完全一样,只需读出旧的控制单元的编码,然后编入新的控制单元。一般情况下,如果车辆配置不同,控制单元编码就肯定不同,一些车型的控制单元可能只允许编码一次,所以尽量不能误操作。

在系统功能选择菜单里选择“07-控制器编码”,确认屏幕显示如图1-20所示。

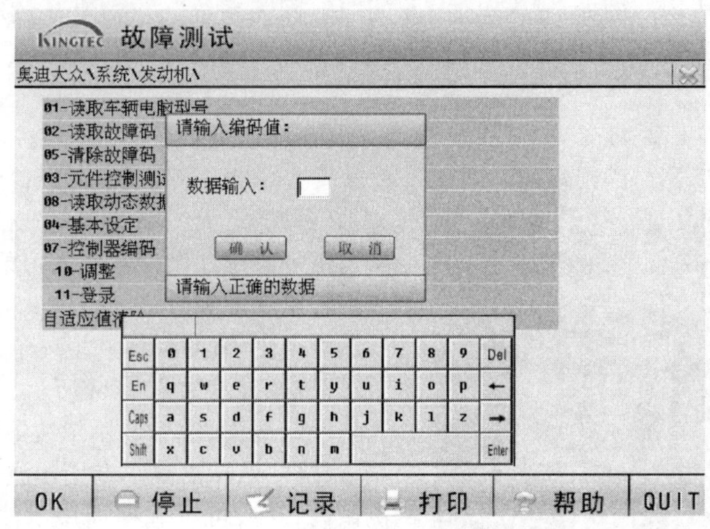

图1-20　控制器编码界面

通过点击软键盘,输入正确的控制单元编码,按“确认”则控制单元编码完成,可以重新执行“01-读取车辆电脑型号”功能,查看编码是否已经显示在CODING后面。

⑦登录:一般在对系统执行“10-调整”功能的部分组号需要先登录,然后才能进行调整,例如:匹配防盗钥匙、对仪表系统一些组号进行的调整,还有一些车型的怠速调整需要先登录。

在系统功能选择菜单里选择“11-登录”功能,按“OK”键,屏幕显示如图1-21所示,输入登录密码,“确认”即登录成功。

⑧调整:调整功能在各系统中的组号有不同的用途,需要查看该车型的原厂手册,方可

对车辆进行操作，但并不是所有车型都具备该功能，关键在于该车型的控制单元是否支持该调整功能。

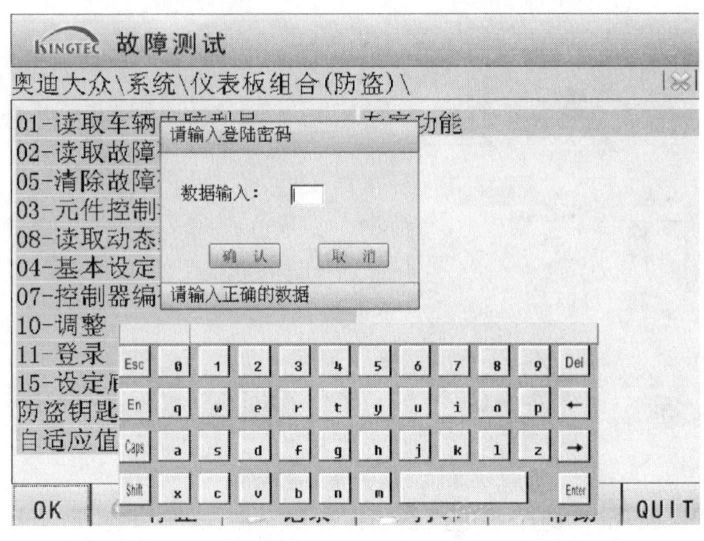

图 1-21 登录界面

⑨防盗钥匙匹配：大众/奥迪车系的防盗钥匙匹配的步骤很多，所以将它作为一个功能列出来，方便用户的使用，只需按照步骤操作，就可以完成。

⑩读取动态数据流：大众/奥迪车系的数据流很齐全，但是需要原厂手册支持，否则只显示数据而不知道内容。例如，进入奥迪 A6 的“19-网关系统”，仪器默认读取 1、2、3 组数据流，用户可以通过界面上的组号调节框读取不同的数据流组。

(6)示波器

KT600 可以实时采集点火、喷油、电控系统传感器的波形，通过对传感器波形的分析，可以准确地诊断传感器是否出现故障。通过对点火波形的分析，不仅可以诊断点火系统的火花塞、高压线、点火线圈等各元器件的故障，还可以分析出进气系统和燃油系统的可能故障点，为汽车的运行技术状况和故障诊断提供科学的依据。

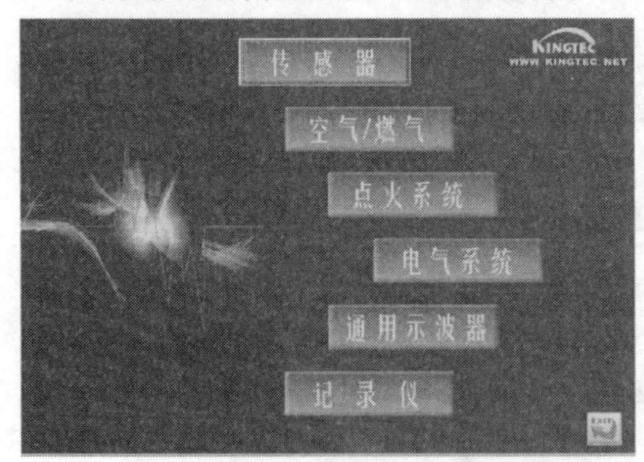

图 1-22 示波器界面

示波卡正确连接后，从主菜单选择“示波器”进入，仪器界面显示如图 1-22 所示。

一般情况下，汽车专用示波器的波形显示不需要调整，当要做超出汽车专用示波器标准菜单以外的测试内容时，可以选择通用示波器功能，也就需要掌握一定的调整方法，在汽车专用示波器测试过程中，如果有相似菜单，调整方法也相同。

选择相应菜单可进入相关操作，ESC 键返回上一级，如选择传感器，仪器将显示如下界面，如图 1-23 所示。

按 F1 键获取帮助，按 ESC 键返回上一级，选择歧管压力传感器(MAP)，确认进入，进行各通道波形颜色设置。选择通道 1，将会弹出调色板，然后用触摸笔在目标颜色上点击一下即可设定颜色，点调色板右上方的 × 可退出调色板。按 F2 键恢复默认设置，F3 保存进入示波界面，F4 退出返回上一级。波形显示如图 1-24 所示。

如果要载入波形，则选择载入，按“OK”确认，左右方向键选择存储的区间，然后按“OK”键确认，就可以载入存在于当前区间的波形。

图 1-23 传感器波形测试界面❶

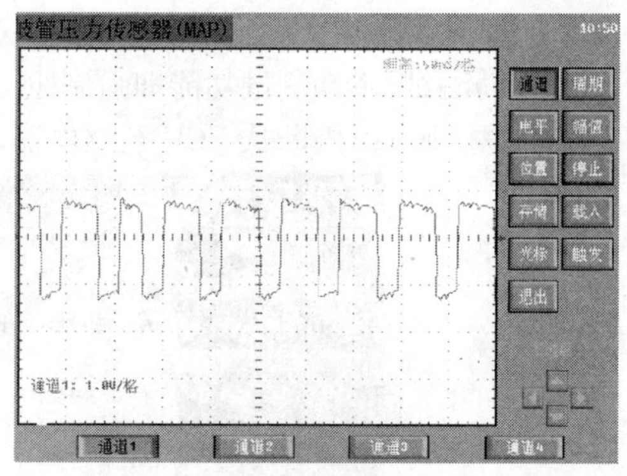

图 1-24 选择歧管压力传感器的波形

3. 丰田新型故障诊断仪 GTS 的使用

(1)产品特点

GTS 是一款基于 PC 平台的诊断仪，它由两部分组成：GTS 软件以及车辆接口模块(VIM)。它包含了 IT-Ⅱ中除了示波器和电压表以外的所有功能，相对于 IT-Ⅱ，其图形用户界面更便利，能存储更大容量的数据流以及故障代码，其结构如图 1-25 所示。

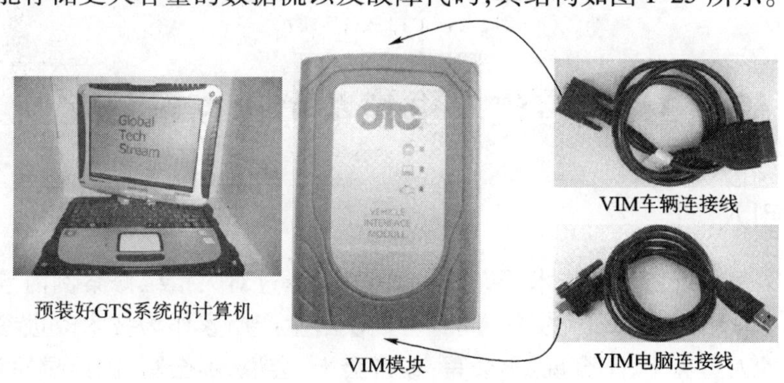

图 1-25 丰田 GTS 诊断仪的结构

(2)软件注册

GTS 软件拥有一年的许可使用权限，经销商可以将这个一年的 GTS 软件许可权限安装到多台电脑中。

(3)软件更新

GTS 软件一年更新两次，而主版本每年升级一次。截至 2013 年 10 月，主版本更新为 8.30.023。(版本更新信息，请参考 https://globaltechstream.com/core/Locale.htm)

(4)诊断功能

①GTS 软件主菜单，如图 1-26 所示。

②健康检查：健康检查即一键式检查，其检查结果包含当前车辆的 DTC、DTC 的时间标签、FFD、监视器状态及 ECU 通信(包括编程 ID)的诊断检查。在健康检查中，ECU 按照“系统区域”进行分类，如“传动系”“底盘”以及“车身电气设备”。用户通过“健康检查”可以诊

❶ 此图中，歧管压力传感器(MAP)应为歧管压力传感器；刹车防抱死数度传感器规范称为制动防抱死数据传感器。

断特定系统区域的 ECU,从而缩短检查所需的时间。

③DTC 及 FFD:DTC 数据显示在"系统选择菜单"上所选系统的 DTC 数据;FFD 在"DTC 列表"上选择带"雪花"图标的 DTC 数据,双击"雪花"图标或点击"FFD"按钮查看。

④主动测试:主动测试功能即强制驱动继电器、执行器和电磁线圈等。如果在主动测试中运行正常,则可以判断从 ECU 至继电器、执行器和电磁线圈等的电路正常。

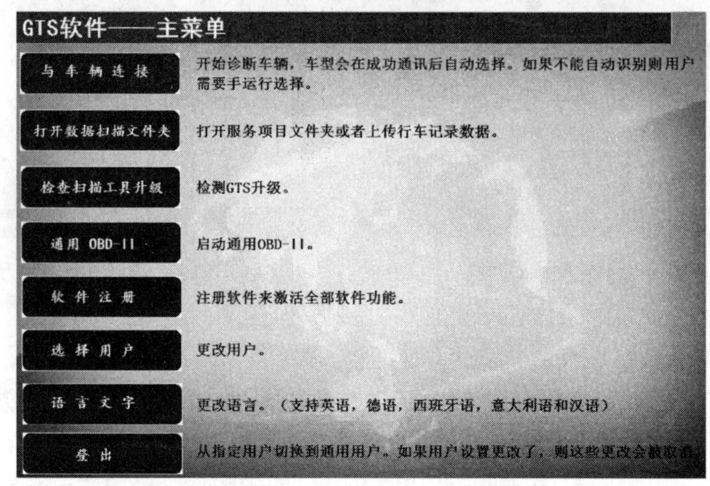

图 1-26　GTS 软件主菜单

任务 3　撰写汽车电控故障诊断维修案例

一、任务引入

汽车维修案例是维修实践技术研究的宝贵资料,通过对大量维修案例内容的统计分析,可以总结出极有学术价值的研究资料,同时可提供给生产厂家作为技术改进参考。然而,很多汽车维修技术人员会干,不会说、不会写;或者会干、会说,不会写,因此撰写汽车电控故障诊断维修案例很有必要,也很有意义。

二、相关知识

1. 汽车维修案例的重要作用

维修案例的书写质量,直接反映维修人员的技术水平和工作态度,也可以作为考查维修人员的工作质量、态度和业务水平的重要依据。一份内容完整的维修案例就是一部好的教科书;一份保存完整的维修案例更是为维修实践提供了科学性的服务,使汽车故障的诊断技术得以科学性地发展。所以写好维修案例,能促进维修质量的提高。因而认真书写维修案例是培养维修技术人员业务水平和科学态度的主要途径之一。

从企业管理的角度来讲,维修案例记录管理,也是企业技术资源的重要组成部分。但是由于目前汽车维修案例的记录缺乏像医院病案那样规范的描述,缺少对思维活动过程的描述,因此很多企业只是将维修案例作为一般的客户信息管理范畴。目前大部分汽车维修企业的技术管理程序丢掉了一个重要的环节,即维修单据有业务单据、派工单据、完工检验单据,而且这些单据上都有主修人员的签字,从表面上看像是一份完整的记录,但恰恰在不知不觉中缺少了重要的维修过程记录。有的维修企业，当某一个维修主管或者主要技术人员离去后，在技术上会出现很大的空缺，给维修生产带来很多不便，这样的问题一直在周而复始地困扰着企业。这种现象就是由企业日常技术管理中的失误造成的，其原因是企业并不了解如何留住技术人员的技术。实施维修案例规范书写和科学管理是解决这一问题的根本途径。在当今，维修企业竞争越来越激烈，谁具有核心竞争力谁才能占领市场，而技术管理水平必然代表着一个企业的核心竞争力的高低。

随着汽车维修技术的进步以及维修技术现代化管理的进程，维修案例的管理必然会越来越引起企业的关注。汽车维修案例与管理、维修实践、教学、科研以及企业文化建设、员工素质、商德等的关系会越来越密切，甚至肩负的法律责任也越来越重要。

2. 汽车维修案例的基本要求

撰写汽车维修案例，应当遵循真、准、全的原则。所谓真，就是案例必须是真实的，而不是臆造的；准，就是各种数据要准确，科学就是要求有准确的数据，数据就是科学，维修案例就是数据库，千万不要去为达到设定的结论而改动实际数据；全，就是原始资料记录完整。科学的、真实的、完整的汽车维修案例，无论是在维修实践中的作用，还是在培养维修技术人员和汽车维修职业教育案例化教学中的作用以及对维修技术、故障诊断的科学研究等重要性都是不可低估的。

三、任务实施

1. 汽车维修案例写什么

一份完美的汽车维修案例，应该有丰富的内涵，对维修人员来讲应该是一部完好的作品，它不仅仅是对汽车故障的发生、变化、转归及整个维修过程的记录，而且还要求对每一具体故障的产生过程、产生因素之间的因果关系进行阐述，并符合逻辑和科学规律。另外，其语言表达应准确无误并应有一定的艺术性。千万不要把案例写成流水账，而要有分析、有见解、有讨论。维修案例也是教学中理论联系实际最有价值的资料，对培养学生独立分析和解决实际问题的能力起着重要作用。因此，指导学生书写维修案例是教学中不可缺少的一部分，凡是学习汽车维修的从业人员必须接受维修案例规范书写的正规训练，同时这也是学生进行维修实践的重要步骤。

2. 汽车维修案例怎么写

汽车维修案例应该是维修人员对汽车故障诊断与修复的科学记录，它不仅记录故障发生、发展、变化、转归、诊断、维修等全部过程，而且应当着重反映维修人员在诊断、维修过程中的真实思维活动。

思维的构建，就是把自己经历过的、思考过的、学习过的一些想法、体会、发现以及研究成果记录下来，利用各种思维方法在整理、分析、综合、判断、归纳、推理、演绎自己的所见、所闻、所为。所以无论是写文章的主题、结构，还是方法、技巧或语言表达，都是作者独特的精神创造，这种精神创造就是作者的某种思维运动过程。

(1)汽车维修案例的一般格式

①第一部分是车辆信息记录，主要包括：维修日期、车辆型号、车辆识别码、行驶里程及客户陈述等。

②第二部分是维修信息记录，主要包括：故障现象、原因分析、检修过程及注意事项等。

③第三部分是维修事后总结，主要包括：维修体会或事后总结。

(2)汽车维修案例的书写要求

①书写维修案例时,态度必须认真严肃,实事求是。

②记录要全面、准确、及时;字迹清楚、书写整齐、标点符号使用正确、一律使用简化汉字,外文缩写和无正式译名的可使用外文。

③书写维修案例时,注意内容完整、语言精练、语句通顺、重点突出、主次分明、条理清晰,故障的结论与现象具有逻辑性和必然性,思维过程体现辩证认识和维修工艺的选择完整统一的原则。

④维修案例描述必须详细,要求使用规范维修术语,并使用蓝黑色墨水笔记录。

(3)汽车维修案例的典型实例(表1-2)

卡罗拉难起动(偶发)故障案例技术报告 表1-2

<table>
<tr><td colspan="4">×××公司汽车维修案例技术报告
主题:卡罗拉难起动(偶发)</td></tr>
<tr><td>DLR</td><td>车型</td><td>作者</td><td>报告编号</td></tr>
<tr><td>×××公司</td><td>卡罗拉</td><td>张三</td><td>309521203</td></tr>
<tr><td>重要度</td><td>单发/多发问题</td><td>故障日</td><td>修理日</td></tr>
<tr><td>重要</td><td>单发</td><td>2012/12/03</td><td>2012/12/03</td></tr>
<tr><td>VIN码</td><td>L/O Month</td><td>E/G No.</td><td>Mileage(km)</td></tr>
<tr><td>LFMAREOC480064276</td><td>2012/02</td><td>E126557</td><td>6885</td></tr>
<tr><td>故障现象</td><td colspan="3">客户反映车辆有时会难起动,难起动时,起动机无反应,仪表灯不启亮</td></tr>
<tr><td>诊断内容</td><td colspan="3">(1)车辆入厂检查,发现车辆无法起动时,仪表灯不启亮,起动机无反应,用诊断仪检测发动机故障,无历史故障码,但将钥匙旋至STAR挡,就会有“凸轮轴位置传感器电路故障”故障代码跳出,但检查凸轮轴位置传感器线路后发现无故障;
(2)用IT2读取发动机起动时的数据流,发现STAR single在P或N挡时始终为ON,且发现挡位在P和N挡时仪表灯就会熄灭,其他挡位则仪表灯启亮,SG信号也变为OFF;此时排故方向似乎比较迷茫,接着检查STAR single信号线路,发现到ECM的B31-52(起动信号)始终有12V电压;
(3)根据线路图检查点火起动开关E4-1电压正常,将钥匙旋至STAR挡时也可听到起动继电器有“滴答”声,但起动机就是不转,接着随检查起动机继电器线路,当拆下中间过道饰板的过程中突然发现原来在P或N挡时不亮的仪表灯启亮了,并且此时起动机也可以正常起动了;如果稍稍振动仪表,仪表灯又会时亮时灭,由此可以判断故障部位大致在中间过道区域内,并且引起故障的原因很可能是线路接触不良;
(4)拆下起动继电器接线盒,发现继电器后端接线松脱,存在与继电器接触不良,从而导致有时难起动,修复线路后,一切正常;再用诊断仪检测,“凸轮轴位置传感器电路故障”故障代码也清除后不再现;那为何诊断前会检测到该故障码呢?这是因为在起动时发动机ECU未能收到曲轴、凸轮轴反馈的转速信号而导致的</td></tr>
<tr><td>修理内容</td><td colspan="3">拆装中间仪表台饰板,检查起动线路,恢复起动继电器虚接线路</td></tr>
<tr><td>维修体会</td><td colspan="3">刚开始排故时,把故障着手点放在了故障代码上面,而忽视了整车表现出来的其他相关的且较简单故障症状,浪费了不少时间,所以排故还是要从简入手,且要注重一些相关现象</td></tr>
</table>

项目小结

本项目让学生了解汽车电控故障诊断的基本流程,训练汽车故障诊断的基本技能,养成工作过程遵循5S管理的工作素养,熟悉汽车维修案例书写的基本要求,为后续汽车发动机、汽车底盘及汽车车身电控系统等故障的诊断奠定良好的基础。

项目2　汽油发动机电控系统的故障诊断

任务目标

最终目标

熟悉汽油发动机电控系统的基本控制原理，掌握电路分析、部件检测及故障诊断与排除的操作方法和规范流程，培养解决问题的实践能力。

促成目标

1. 熟悉汽车电控故障诊断与排除的基本流程，掌握填写维修工单的方法；
2. 掌握汽车万用表、汽车诊断仪的使用方法，分析故障症状及可能原因；
3. 熟悉查阅汽车修理手册及电路图的方法，学会编制诊断流程图；
4. 学会分析电路、检测线路及其部件，排除电控系统的常见故障；
5. 结合实训案例，学会撰写汽车电控故障的维修案例；
6. 养成作业过程中遵循5S理念的习惯，培养学生职业素养。

引言

汽油发动机电控系统的故障诊断与排除是汽车维修作业的重要工作，教学主要包括熟悉基本原理、学会电路分析、掌握部件检测、学会故障诊断等内容。

通过汽油发动机电控系统故障诊断与排除的实践训练，增强学生规范化操作意识，提高规范化操作水平，培养学生分析问题和解决问题的职业能力，为实现学生"零距离"就业打下坚实的基础。

任务1　汽油发动机电控系统的电路分析及部件检修

一、任务引入

熟悉汽车电路分析是汽车电控故障诊断的基础，掌握电控部件检修是诊断排除电控故障的关键。怎样识读电路图？电路图中的各种符号代表什么含义？电控部件的电路原理是什么？电控部件如何检修？下面以丰田卡罗拉汽车为例介绍汽油发动机电控系统的电路原理、识读技巧及部件检修，引导学生学习基础知识，学会故障诊断。

二、相关知识

1. 汽油发动机电控系统概述

发动机ECM拥有OBD（车载诊断系统）的功能，该功能可连续监控每个传感器及执行器的工况。如果诊断到某个故障,则该故障将以 DTC(故障代码)的形式被记录下来。此时,组合仪表板上的故障指示灯相应点亮,以通知驾驶员。

如果将汽车故障诊断仪连接到诊断插座,便可通过 SIL 端子与发动机 ECM 交换数据,读取故障信息,如图 2-1 所示。

汽油发动机电控系统的电路一般可分为:电控单元的电源电路、信号输入电路及执行器的工作电路。

(1)电控单元的电源电路

电源电路为发动机 ECM 提供电源,电路中包括点火开关、EFI 主继电器等部件,在汽车中主要采用以下两种方式:

①点火开关控制型:EFI 主继电器直接由点火开关控制,如图 2-2 所示。当打开点火开关后,电流进入 EFI 主继电器线圈使触点闭合,给发动机 ECM 的 +B 和 +B1 端子提供电压。电源与发动机 ECM 的 BATT 端子常连接,以防止当关掉点火开关时诊断代码和存储器中的其他数据消失。

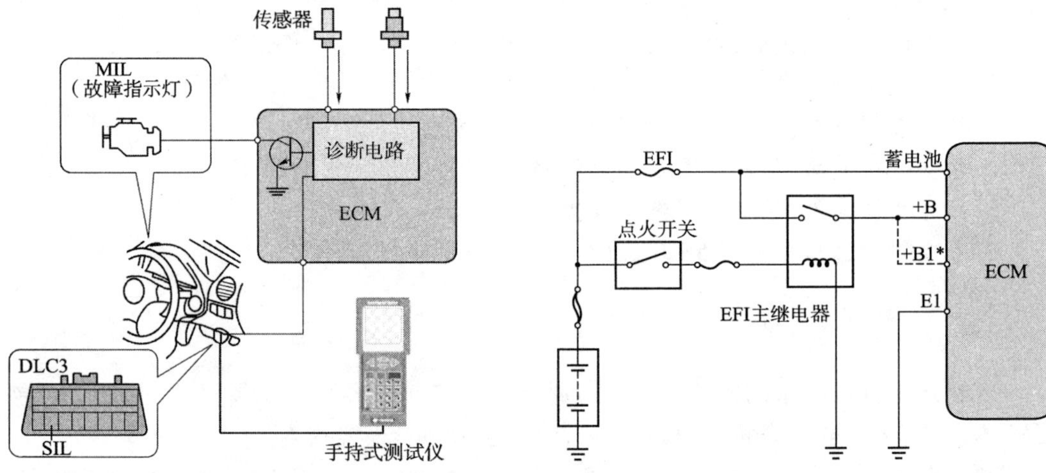

图 2-1　利用汽车故障诊断仪(手持式测试仪)读取故障信息　　图 2-2　电控单元的电源电路(点火开关控制型)

②发动机 ECM 控制型:EFI 主继电器的工作由发动机 ECM 控制,如图 2-3 所示。这种电路要求在断开点火开关后电源仍可在一段时间内为发动机提供电压。因此,EFI 主继电器的打开和关闭由发动机 ECM 控制。当点火开关打开时,电源电压提供给发动机 ECM 的 IGSW 端子,发动机 ECM 的 EFI 主继电器控制电路发送信号给 M-REL 端子,打开 EFI 主继电器,这个信号使线圈通电并闭合 EFI 主继电器的触点来提供电压给 +B 端子。

(2)电控单元的搭铁电路

发动机 ECM 包含了以下三种基本的搭铁电路,如图 2-4 所示。

①用于发动机 ECM 工作的搭铁电路:E1 端子是发动机 ECM 单元搭铁端子,并且通常与发动机进气室的附近相相连。

②传感器搭铁电路:端子 E2 和 E21 是传感器搭铁端子,是与在 ECM 内部电路中的 E1 端子相连。通过这些使传感器搭铁电位与发动机 ECM 搭铁电位有相同值,来防止传感器的探测电压值的误差。

③用于驱动器工作的搭铁电路:E01 和 E02 端子是执行器搭铁端子,例如,用于喷油嘴、ISC 阀和空燃比传感器加热器,并且与 E1 端子一样,它们都连接在发动机的进气室上。

(3)电控单元的信号输入电路

①VC 输出电路:ECM 得到来自蓄电池的电压后持续生成 5V 电源,提供给微处理器,如图 2-5 所示。

②传感器端子电压——利用 VC 电压:用于运行微处理器的 5V 恒定电压(VC 电压)是由电源电压在发动机 ECM 内部产生的。这个恒定电压,是专门用于传感器的电源,也是 VC 端子电压。在这类传感器中,ECM 的恒定电压电路给 VC 和 E2 端子之间提供了一个恒定电压值(5V)。于是,为了输出电压信号,这个传感器用 0 ~ 5V 的电压变化来代替被检测的节气门开度或进气歧管压力等信号,如图 2-6 所示。

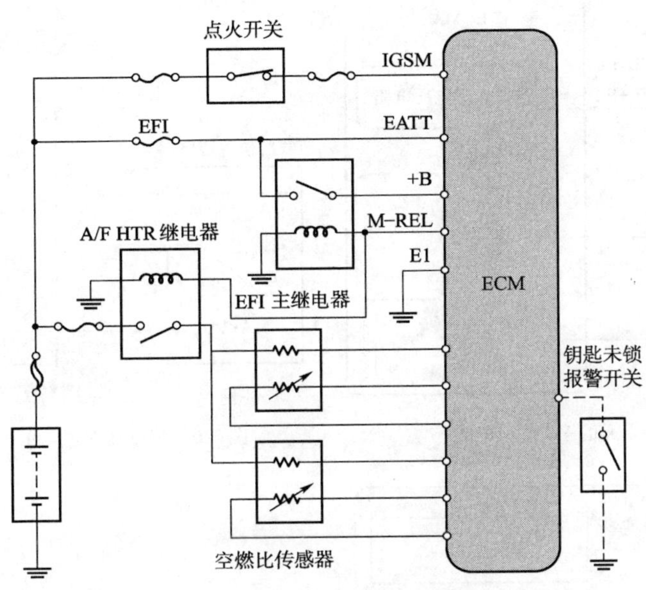

图 2-3　电控单元的电源电路(发动机 ECM 控制型)

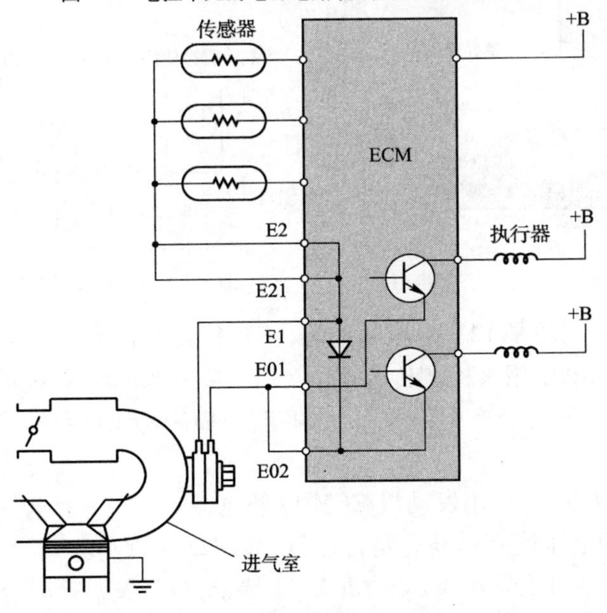

图 2-4　电控单元的搭铁电路

③传感器端子电压——利用热敏电阻:热敏电阻器的电阻值有随温度的变化而变化的

特性。应用这个特性,热敏电阻器可应用于诸如冷却液温度传感器和进气温度传感器,来检测温度的变化。如图2-7所示,发动机ECM的恒定电压电路通过电阻R提供一个电压到热敏传感器。发动机ECM利用热敏电阻的特性,根据图2-7中A点电压的变化检测温度。当热敏电阻处于开路时,A点的电压是5V;当A点与传感器短路时,电压为0V。因此,发动机ECM可使用诊断功能检测出故障。

④传感器端子电压——利用电压开启/关闭:当电压开启和关闭时,会使传感器检测到开关开启/关闭。发动机ECM提供一个5V的电压给开关,当开关关闭时,发动机ECM端子电压是5V,当打开时是0V,发动机ECM根据电压变化来检测传感器的工况,如图2-8所示。

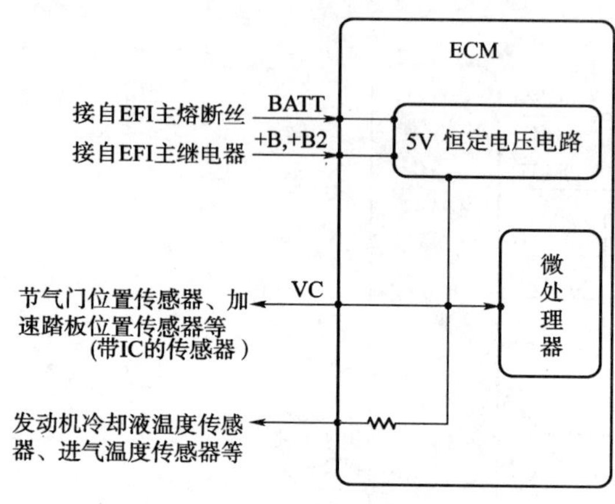

图2-5 电控单元的VC输出电路

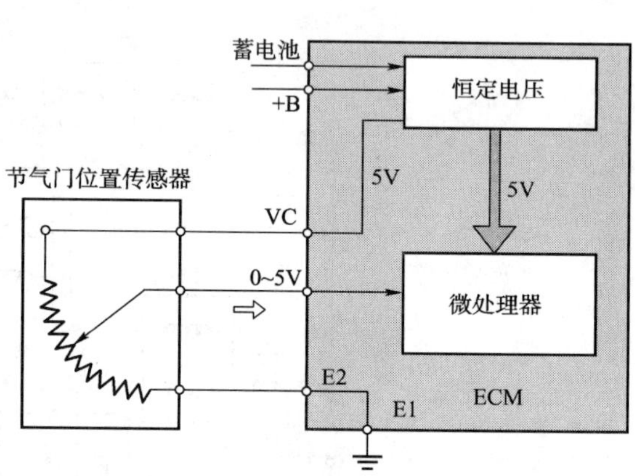

图2-6 传感器端子电压——利用VC电压

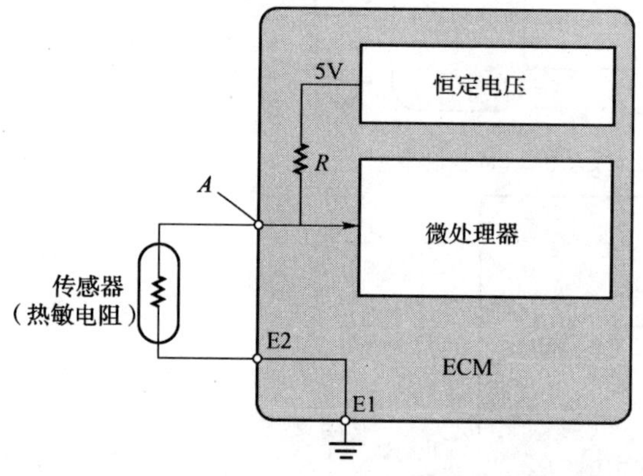

图2-7 传感器端子电压——利用热敏电阻

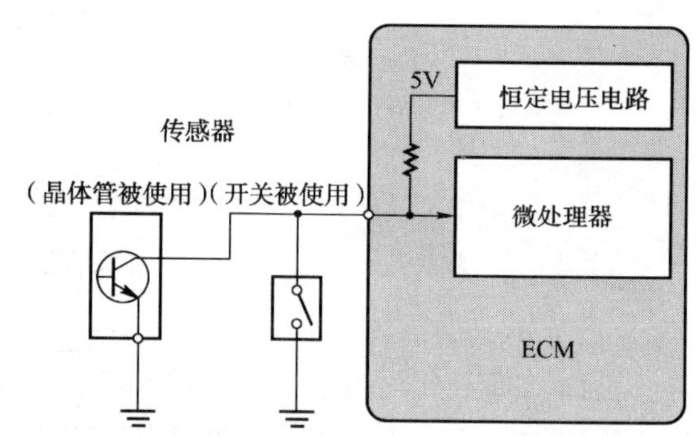

图2-8 传感器端子电压——利用电压开启/关闭

另外,有些装置使用的是12V电压的电源,还有些装置利用晶体管取代开关。和上述的装置一样,开启和关闭电压用来检测传感器的工况,由发动机ECM提供一个5V电压给传感器,当晶体管打开或关闭时会产生端子电压的变化,ECM使用端子电压的变化来检测传感器的工况。

⑤传感器端子电压——利用发动机ECM以外电源:当另一个电气设备起动时,发动机ECM通过检测提供的电压值来判断它是否运行,如图2-9所示。图示显示了一个停车灯电路。当开关关闭时,12V电压提供给发动机ECM端子,当开关断开时,电压变为0V。

⑥传感器端子电压——利用传感器自身产生的电压:由于传感器自身能够发电和输出功率,因此不需要外加电压,发动机ECM通过产生的电压和频率来确定它的工况,如图2-10

所示。

(4)电控单元的的执行器工作电路

执行器接收电控单元 ECM 指令而工作,图 2-11 为电控发动机喷油器的控制电路。

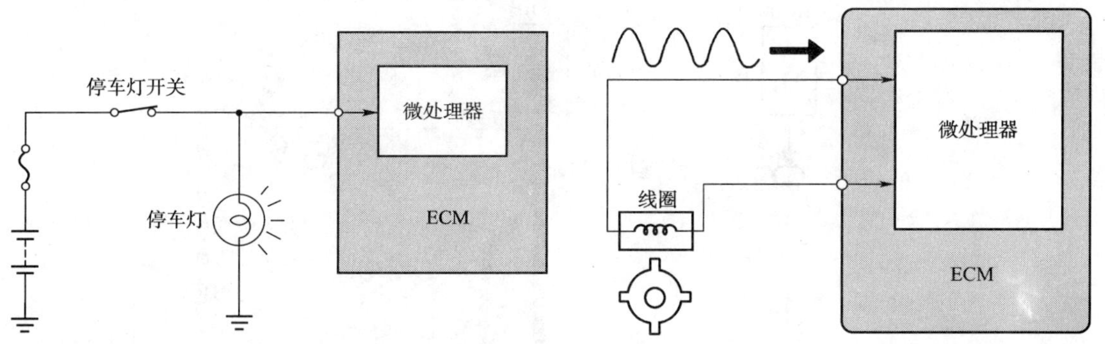

图 2-9　传感器端子电压——利用发动机 ECM 以外电源　　图 2-10　传感器端子电压——利用传感器自身产生的电压

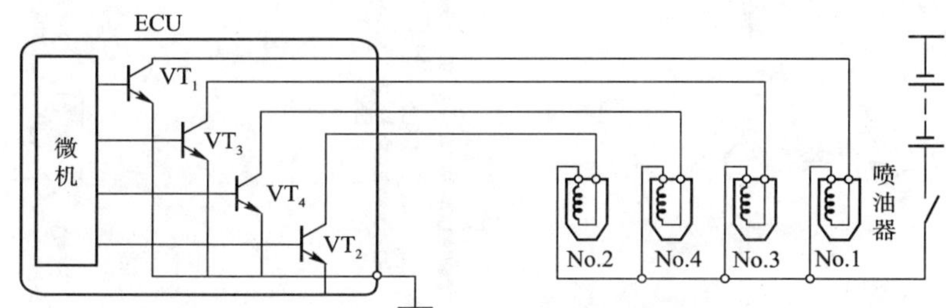

图 2-11　电控发动机喷油器的控制电路

2. 电路图的识读方法与技巧

一般车辆上安装的电路按所属系统划分,各系统电路的实际配线是指从蓄电池开始的电源点到各搭铁点的配线,并且所有电路图均显示所有开关关闭时的状态。

对任何故障进行故障排除时,首先要了解故障电路的工作原理,了解对此电路供电电源的工作原理和搭铁点的工作原理。了解电路工作原理后,可以开始对故障电路进行故障排除,找出故障原因。

下面以参考样图为例,介绍电路的识读技巧,如图 2-12 所示。

(1)图中[A]:表示系统名称。

(2)图中[B]:表示继电器盒。无阴影表示且仅显示继电器盒号以区别接线盒,图中表示 1 号继电器盒。

(3)图中[C]:当车辆型号、发动机类型或规格不同时,用( )来表示不同的配线和连接器。

(4)图中[D]:表示相关系统。

(5)图中[E]:表示用以连接两根线束的(阳或阴) 连接器的代码。该连接器代码由两个字母和一个数字组成,如图 2-13 所示。

连接器代码的第一个字符表示指示带阴连接器的线束的字母代码,第二个字符表示带阳连接器的线束的字母代码,第三个字母表示在出现多种相同的线束组合时,用于区分线束组合的系列号(如 CH1 和 CH2)。符号( ) 表示阳端子连接器,连接器代码外侧的数字表示

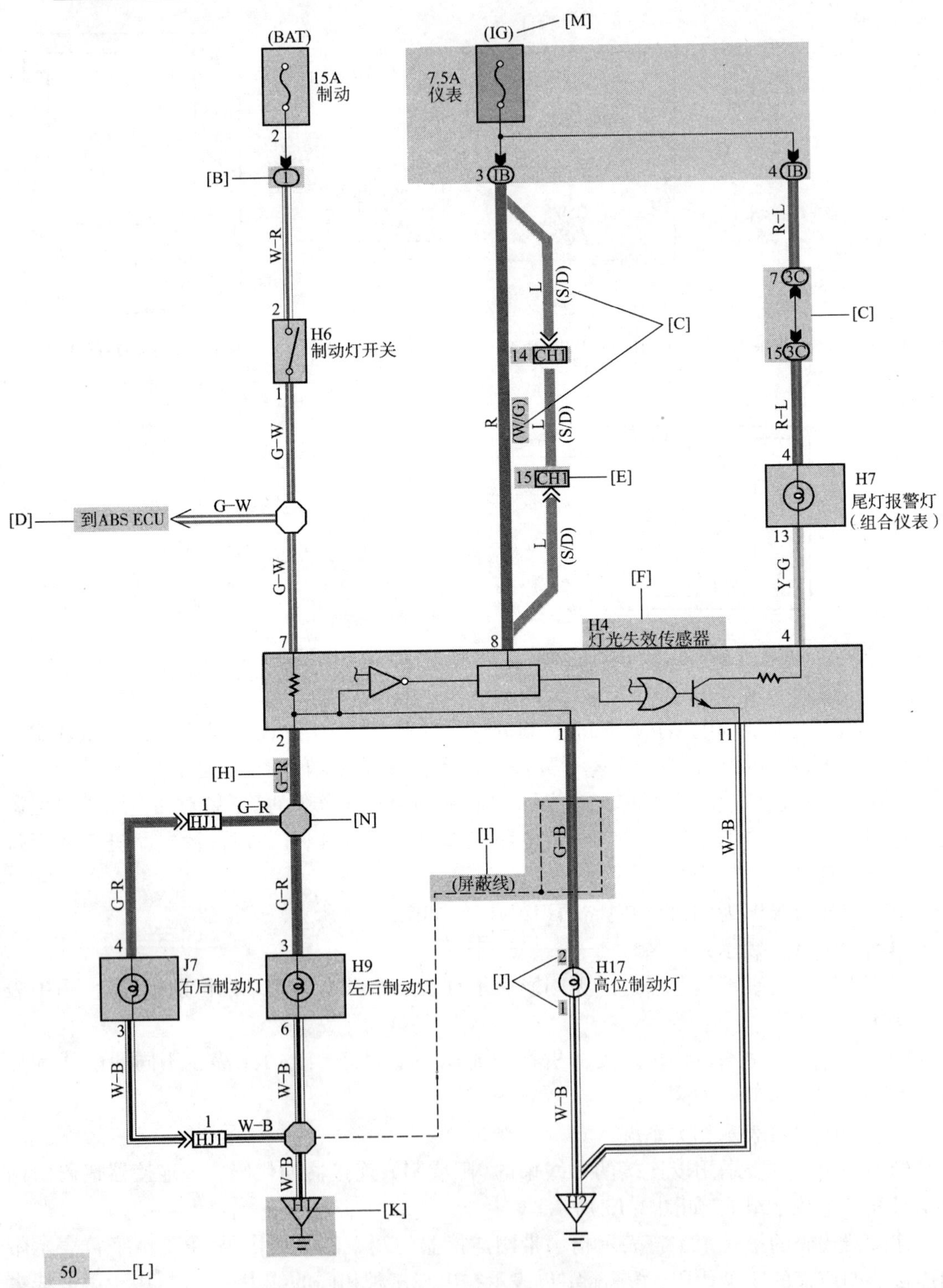

图 2-12　参考样图电路识读

阳连接器或阴连接器的引脚编号。

(6)图中[F]:表示零件(所有零件用天蓝色表示)。此代码与零件位置图中所用的代码相同。

(7)图中[G]:表示接线盒(圈内的数字是接线盒号,旁边为连接器代码)。接线盒用阴影标出,以便将它与其他零件清楚地区别开来。

(8)图中[H]:表示配线颜色。配线颜色用字母表示,见表2-1。

汽车电路导线配线颜色对照表 表2-1

字　母	导线颜色	字　母	导线颜色
B	黑色	P	粉色
L	蓝色	O	橙色
R	红色	BR	褐色
W	白色	SB	天蓝色
V	紫色	LG	浅绿色
G	绿色	GR	灰色
Y	黄色		

双色导线用两类字母表示,其中第一个字母表示基本配线颜色,第二个字母表示条纹的颜色,如图2-14所示。

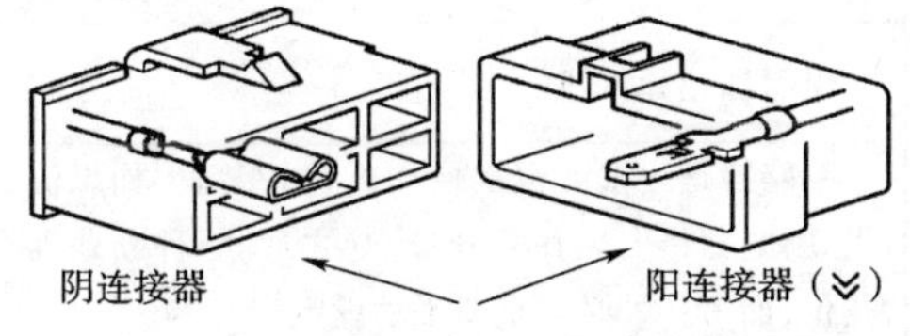

图2-13　连接器

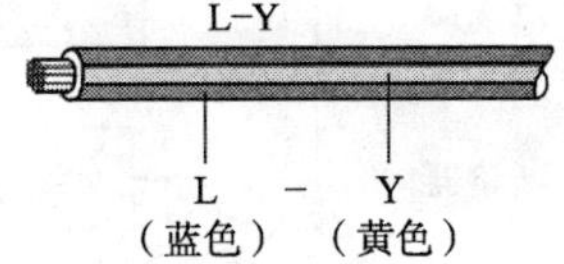

图2-14　双色导线表示方法

(9)图中[I]:表示屏蔽电缆,屏蔽电缆的外形特征如图2-15所示。

(10)图中[J]:表示连接器引脚的编号。阳连接器和阴连接器的编号系统各异,阴连接器从左上到右下依次标出编号,阳连接器从右上到左下依次标出编号,如图2-16所示。

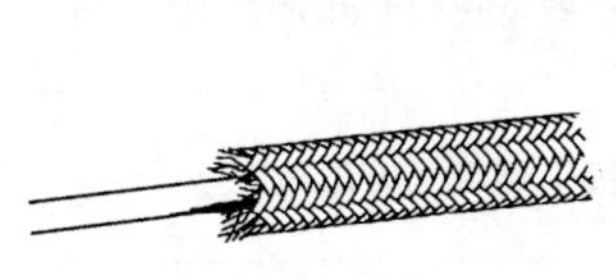

图2-15　屏蔽电缆的外形特征

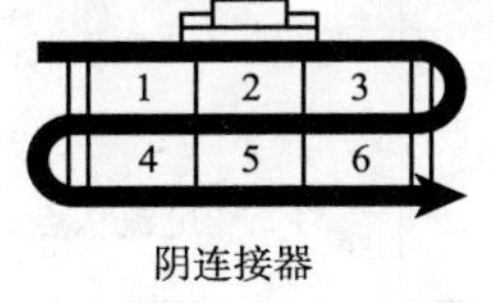

3 2 1
6 5 4
阳连接器

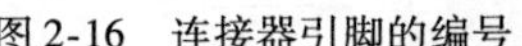

图2-16　连接器引脚的编号

(11)图中[K]:表示搭铁点。该代码由两个字符组成:一个字母和一个数字。该代码的第一个字符表示指示线束的字母代码;第二个字符表示在同一线束有多个搭铁点时作区别用的系列号。

(12)图中[L]:表示页码。

(13)图中[M]:表示熔断丝通电时的点火开关位置。

(14)图中[N]:表示配线接点。

3. 汽车电路中的缩写代码(表2-2)

电路中缩写代码含义对照表

表2-2

缩写代码	代码含义	缩写代码	代码含义	缩写代码	代码含义
A/C	空调	EFI	电子燃油喷射	RH	右侧
A/T	自动传动桥	EPS	电动机动力转向	SRS	辅助约束系统
ABS	防抱死制动系统	ESA	电子点火提前	TRC	牵引力控制系统
CAN	控制器区域网络	FL	熔断丝	VSC	车辆稳定性控制
CPU	中央处理器	HID	高强度放电	VSV	真空开关阀
DLC3	数据链路连接器3	IC	集成电路	VVT	可变气门正时
EBD	电子制动力分配	J/B	接线盒	W/	带
ECM	发动机控制模块	LED	发光二极管	W/O	不带
ECT	电子控制变速器	LH	左侧		
ECU	电子控制单元	R/B	继电器盒		

4. 术语和符号(表2-3)

电路中术语、符号及其含义对照表

表2-3

序号	术语	符号	含义及说明
1	蓄电池	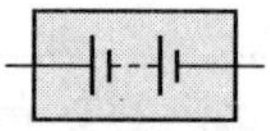	存储化学能并将其转化为电能;给汽车的各个电路提供直流电
2	电容器	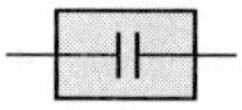	小型临时电压保持装置
3	点烟器	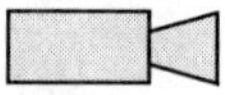	电阻加热元件
4	断路器		断路器是一根可再次使用的保护装置,如果流经的电流过大,断路器将变热并断开;冷却之后,一种断路器会自动重新复位,而另一种必须重新手动设定
5	二极管		仅允许电流单向流通的半导体
6	二极管,稳压二极管		此二极管只在规定电压时允许电流单向流通并阻止逆向流通;超过该电压,则由其分流余压,可以简单起到调压器的作用
7	光敏二极管		光敏二极管是根据光线数量控制电流的半导体
8	分电器,IIA		将高压电流从点火线圈引到每个火花塞
9	熔断丝	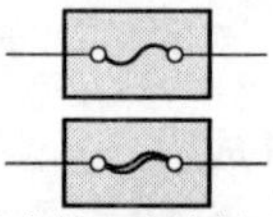 (中等电流熔断丝)	这是一薄的金属片,如果流经的电流过大,则会熔断,从而切断电流来保护电路免受损坏
		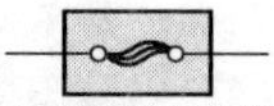 (大电流熔断丝或熔断丝)	这是位于大电流电路中的粗导线,如果电负荷过大,则会熔断,从而保护电路;数字表示导线的横截面面积

续上表

序号	术　语	符　号	含义及说明
10	搭铁		指配线连接车身的点，给电路提供回路；如果没有搭铁，则电流不能流动
11	前照灯	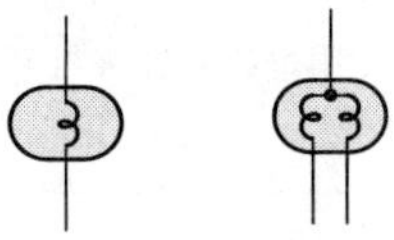 单线　双线	电流使前照灯灯丝加热并发光；前照灯既可以有一根灯丝，也可以有两根灯丝
12	喇叭	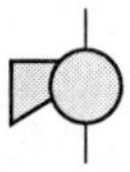	发出高频音频信号的电子设备
13	点火线圈	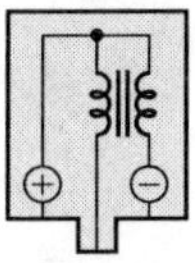	将低压直流电转换为能点燃火花塞的高压直流电的点火装置
14	灯		流经灯丝的电流加热灯丝并使之发光
15	LED（发光二极管）		基于电流，这些二极管不同于一般的灯，它发光但不产生热量
16	模拟型仪表		电流启动一个电磁线圈，使指针移动，从而提供一个与背景刻度相对照的相关显示
17	数字型仪表	 FUEL	电流启动 LED、LCD 或荧光显示屏中的一个或数个，提供相关显示或数字显示
18	电动机	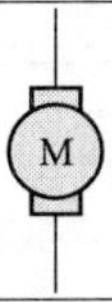 M	这是将电能转换为机械能的电源装置，特别是对于旋转运动
19	继电器	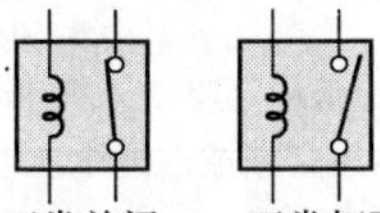 正常关闭　正常打开	这是可以正常关闭或打开的电子操作开关；流经小线圈的电流将产生电磁场，会打开或关闭附属的开关
20	双投继电器	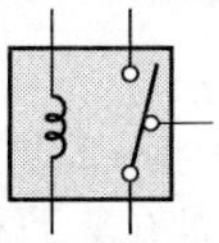	这是电流流经一组接点或其他组的继电器
21	电阻器	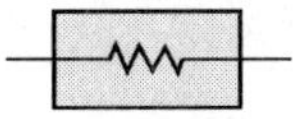	这是具有固定电阻的电子元件，安装在电路中，将电压降低到规定值
22	抽头电阻器	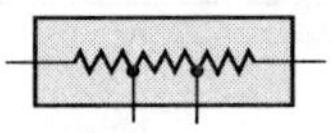	这是有两个或多个不同、不可调电阻值的电阻器
23	滑变电阻器或可变电阻器		这是可调电阻比的可控电阻器，有时也将之称为电位计或变阻器

续上表

序号	术 语	符 号	含义及说明
24	传感器（热敏电阻）	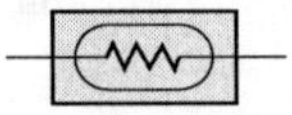	此电阻器可以根据温度而改变自身电阻
25	转度传感器	 （舌簧开关式）	此传感器使用电磁脉冲来打开和关闭产生启动其他部件的信号的开关
26	短接销	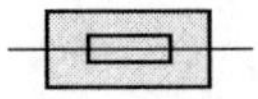	用于在接线盒中提供不可断的连接
27	电磁阀	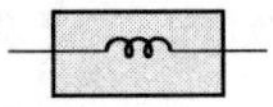	这是电磁线圈，当电流流经时，会形成一个磁场来移动活塞等
28	扬声器	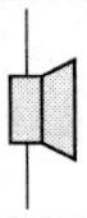	这是可以根据电流产生声波的机电设备
29	手动开关	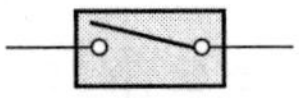 正常打开 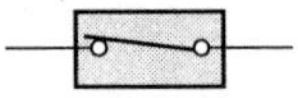 正常关闭	打开或关闭电路，从而停止或流通电流
30	双投开关	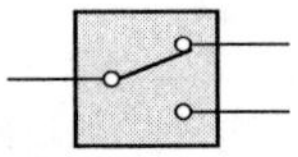	这是电流持续流经一组接点或其他组的开关
31	点火开关	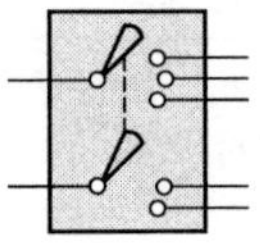	这是操作开关，它有数个位置允许各个电路变为可操作，特别是初级点火电路
32	刮水器停止开关	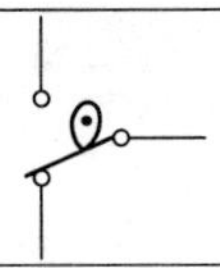	关闭刮水器开关时，此开关电路自动经刮水器内部控制返回到停止位置
33	晶体管	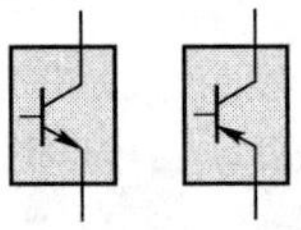	这是典型的被用作电子式继电器的固体电路设备；根据"基数"提供的电压切断或流通电流
34	配线	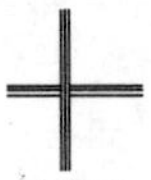 未接合 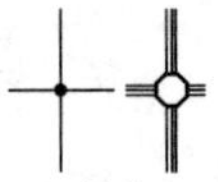 接合	在电路图中，配线通常用直线表示；在汇合处没有黑色圆点的交叉配线表示没有接合；在汇合处有黑色圆点或八角形标记的交叉配线表示接合

三、任务实施

(一)发动机动力控制系统电路分析

发动机 ECM 接收和处理各传感器输入的发动机状态信号，并驱动各执行器工作，使发动机按照规定的程序工作,确保良好的动力性、燃油经济性和排放性。发动机动力控制系统电路如图 2-17～图 2-24 所示。

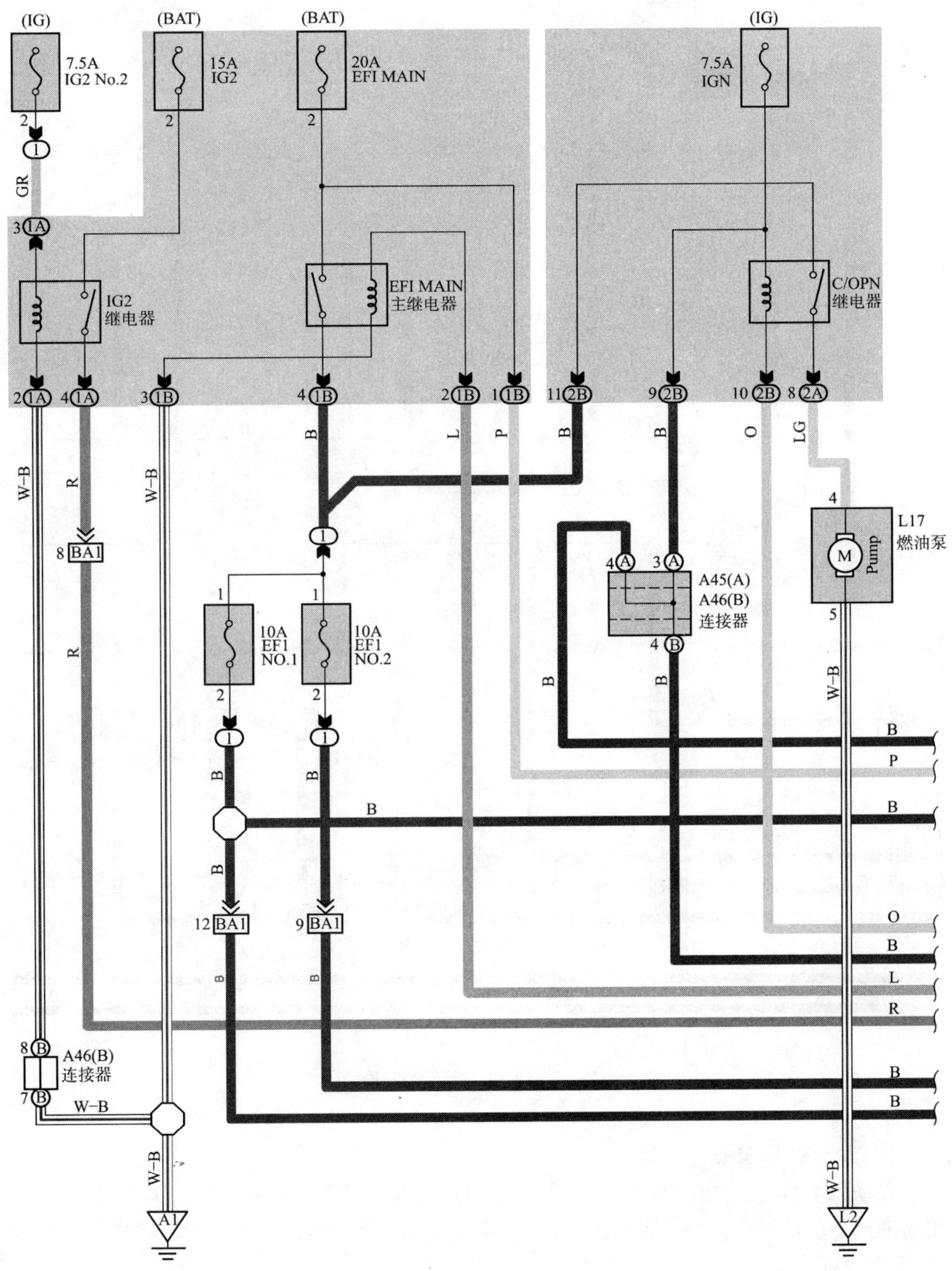

图 2-17　发动机动力控制系统电路(一)

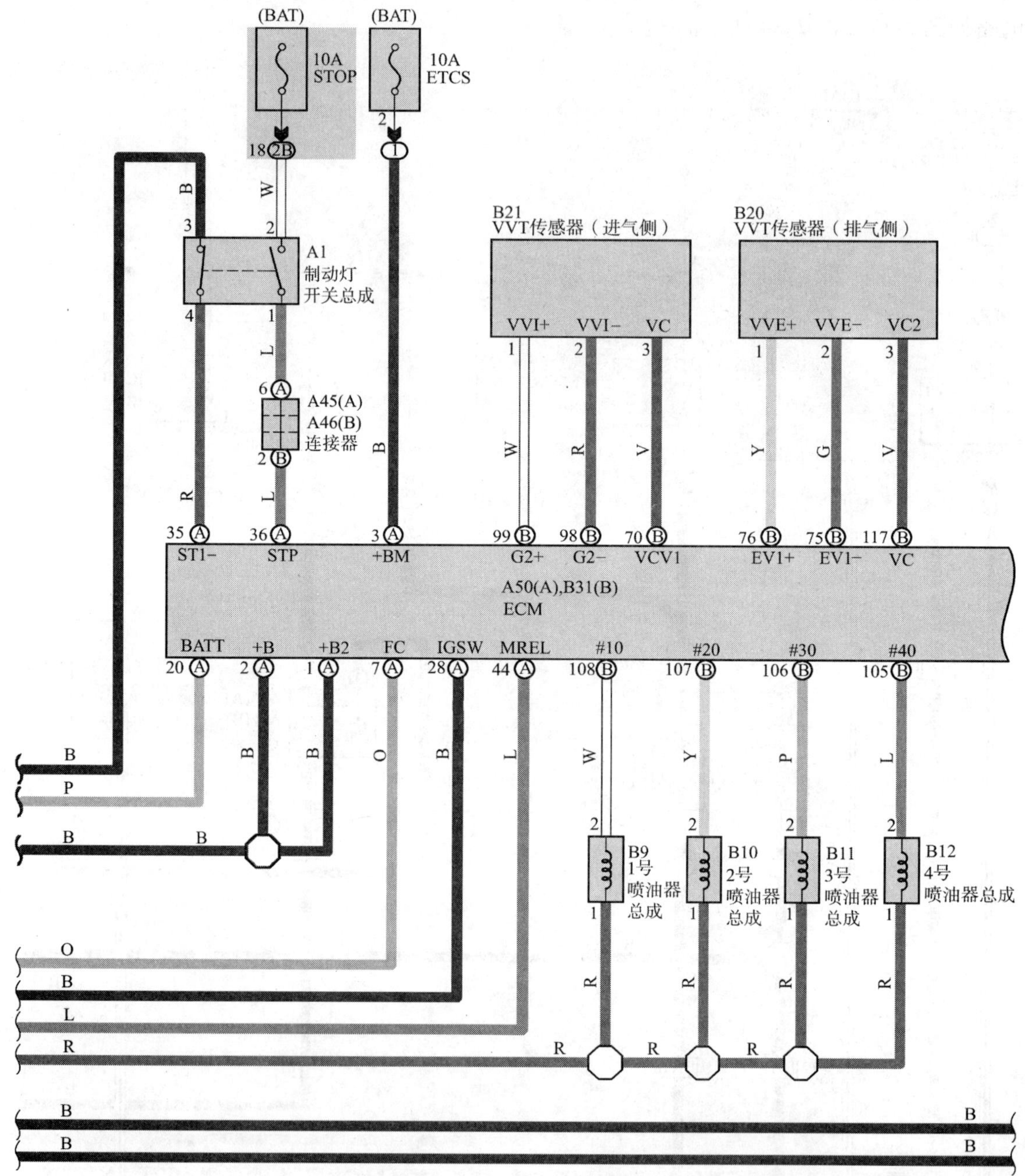

图 2-18　发动机动力控制系统电路(二)

1. 发动机 ECM 与电源的连接电路

(1)发动机 ECM 供电电路

发动机 ECM 供电电路如图 2-25 所示。当点火开关置于 ON(IG)时，蓄电池电压→FL 主熔断丝→AM2 熔断丝→点火开关→2 号 IG2 继电器线圈→搭铁。此时，IG2 继电器线圈通电，其触点闭合。

蓄电池电压→FL 主熔断丝→P/I 熔断丝→IG2 熔断丝→IG2 继电器线圈触点→IGN 熔

断丝→A50-28(IGSW)端子。发动机控制模块的 A50-44(MREL)端子输出高电位信号,使电流通向主电喷继电器线圈,主电喷继电器触点闭合。

蓄电池电压→FL 主熔断丝→P/I 熔断丝→主电喷熔断丝→EFI 主继电器触点→1 号电喷熔丝→A50-2(+B)和 A50-1(+B2)端子供电给发动机控制模块。

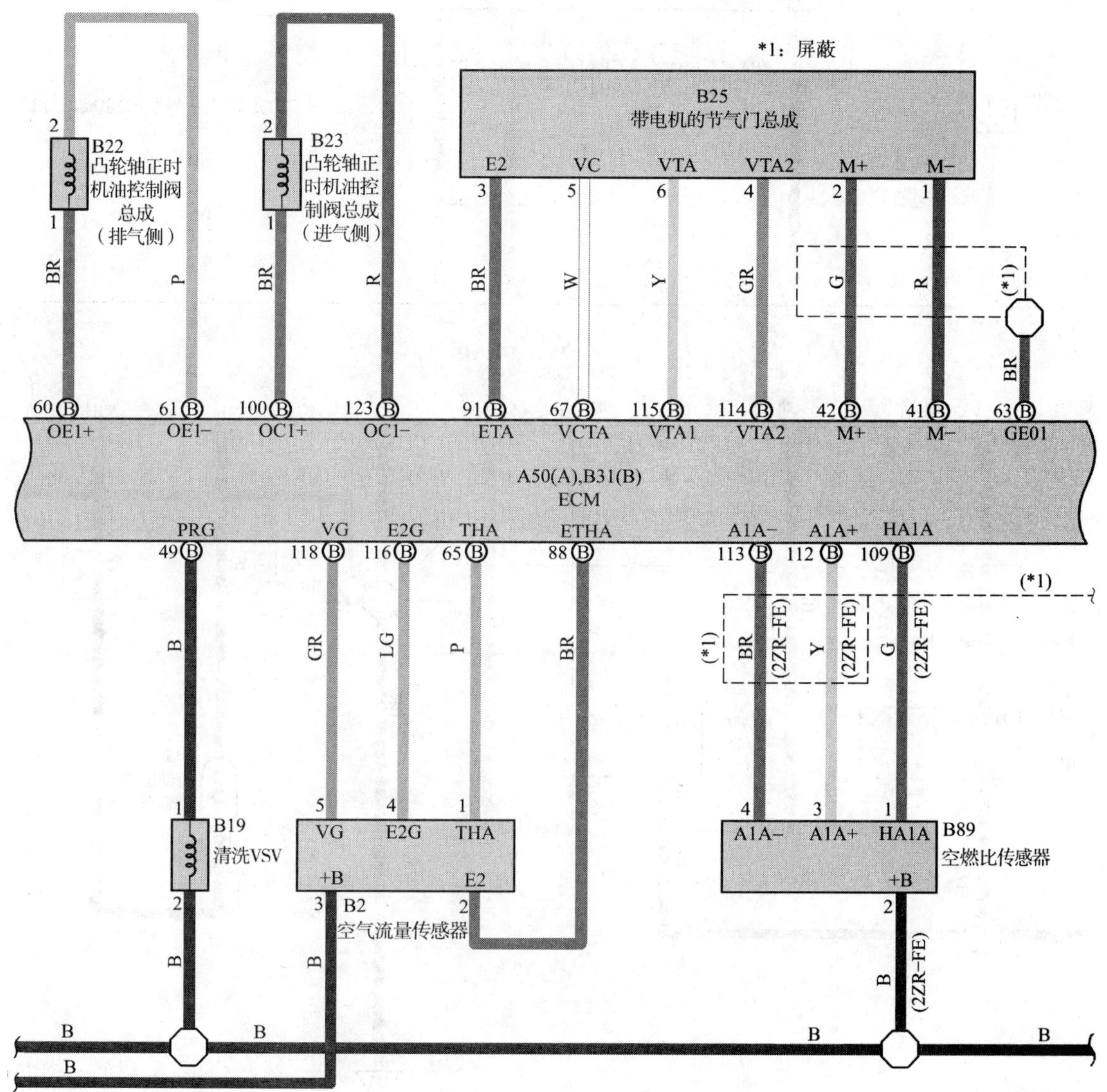

图 2-19　发动机动力控制系统电路(三)

(2)VC 输出电路

ECM 得到来自蓄电池电压后,持续生成 5V 电源,提供给+B(BATT)端子以运行微处理器。ECM 也通过 VC 输出电路向传感器(如节气门位置传感器、加速踏板位置传感器等)供电。

由于 ECM 内的微处理器和传感器是由 VC 电路供电,因此当 VC 电路短路时,微处理器和传感器被停用。此时,系统不能启动,即使系统出现故障,MIL 也不会启亮。

提示:正常状态下,点火开关首次置于 ON 位置时,MIL 会点亮;当发动机起动后,MIL 应熄灭。

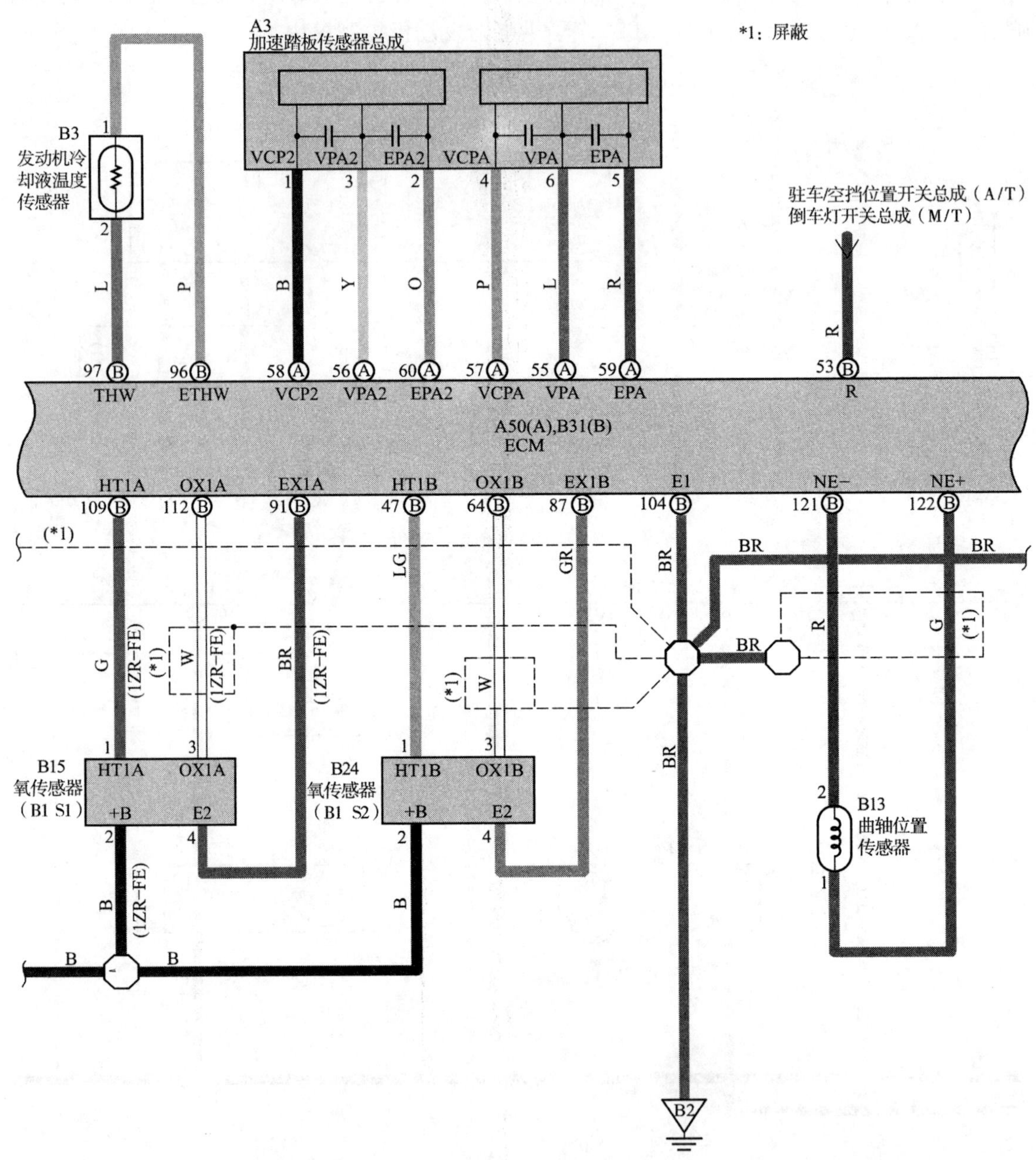

图 2-20 发动机动力控制系统电路(四)

2. 信号输入电路

信号输入电路主要是指传感器及开关信号电路,卡罗拉汽车发动机电控系统主要元件位置分布如图 2-26 和图 2-27 所示。

(1)空气流量计

空气流量计(MAF)是测量通过节气门空气流量的传感器。ECM 利用该信息来确定燃油喷射时间,并提供合适的空燃比。在空气流量计内有一个暴露在进气气流中的加热式铂丝，通过向铂丝施加规定的电流，ECM 将其加热到指定的温度。进气气流可冷却铂丝和内部热敏电阻，从而改变它们的电阻值。为保持固定的电流值，ECM 在空气流量计内调节施加到这些组件上的电压。电压值与通过传感器的空气流量成比例，并且 ECM 会利用该值来计算进气量。此电路中，铂热丝和温度传感器形成桥式电路，并且通过控制晶体管，使 *A* 和 *B* 之间的压差保持相等来维持预定温度，如图 2-28 所示。

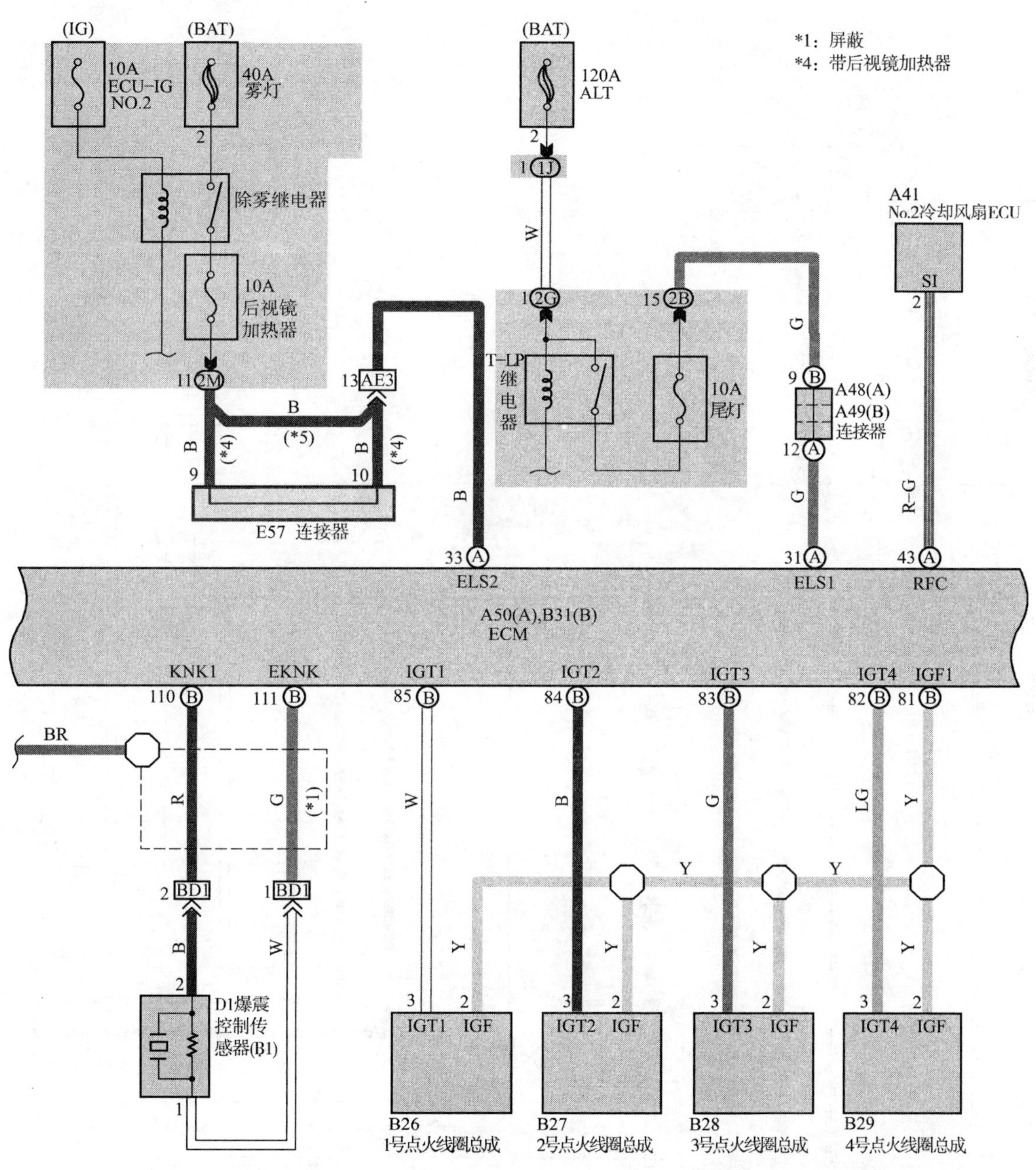

图 2-21　发动机动力控制系统电路（五）

空气流量计电路如图 2-29 所示。当发动机控制模块的 A50-44（MREL）端子输出高电位信号时，主电喷继电器线圈通电，主电喷继电器触点闭合。蓄电池电压供电给空气流量计

B2 的 3 号,4 号为搭铁,5 号为空气流量计输出信号。

(2)进气温度传感器

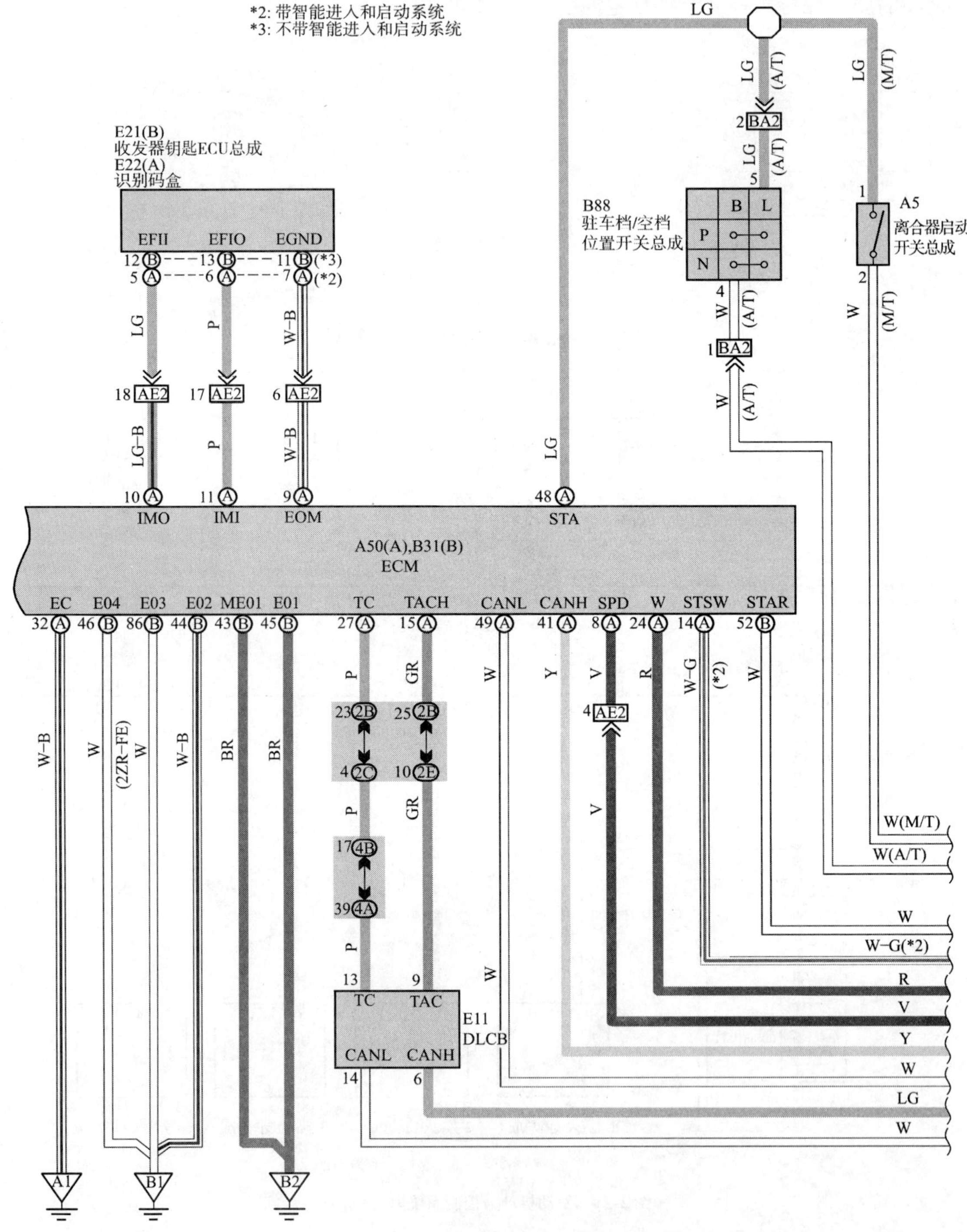

图 2-22　发动机动力控制系统电路(六)

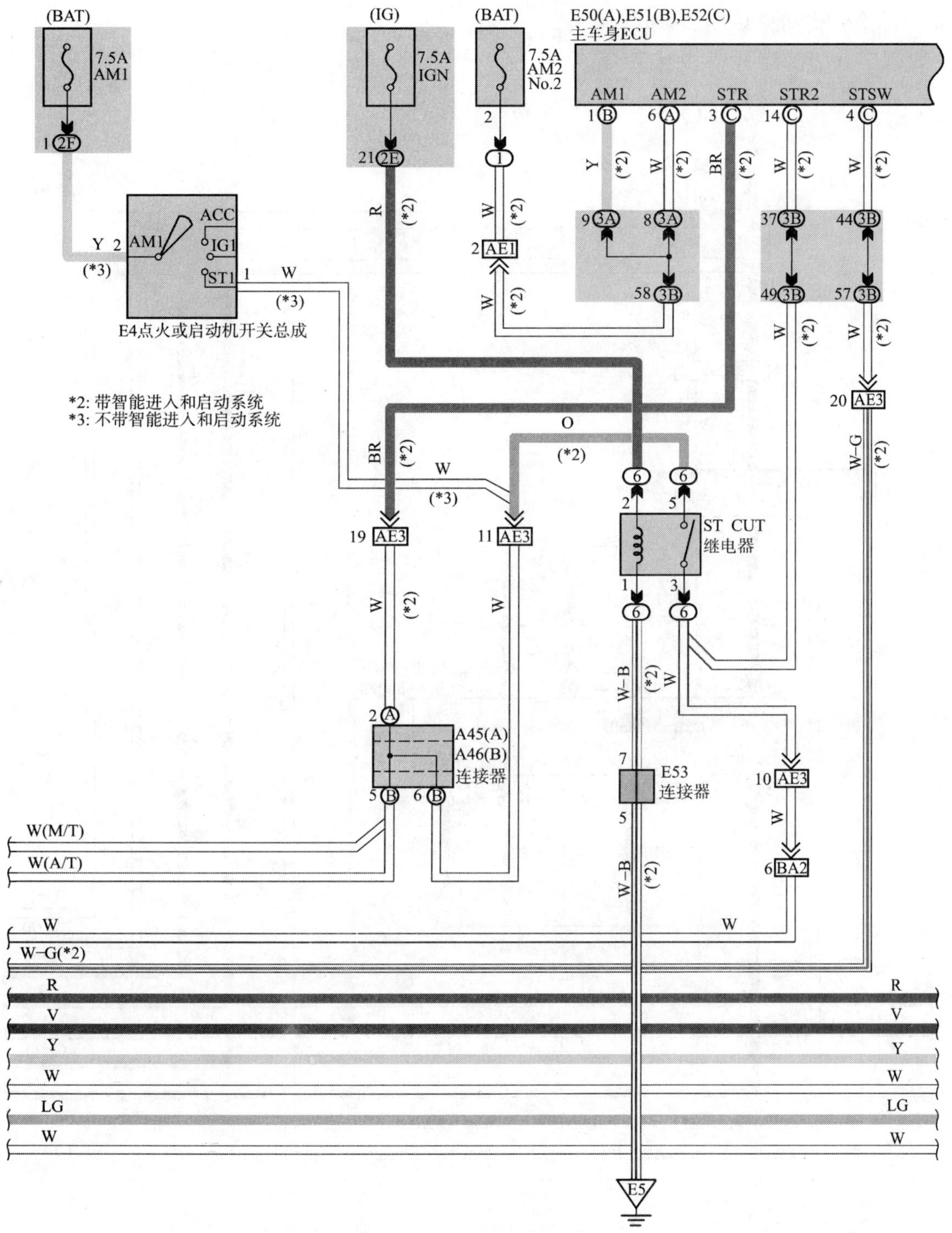

图 2-23　发动机动力控制系统电路(七)

安装在空气流量计(MAF)上的进气温度传感器(IAT)用来监控进气温度，它有一个内置热敏电阻，其电阻值可随进气温度而改变。在进气温度较低时，热敏电阻值升高；当温度上升时，电阻值降低；电阻值的这些变化被转换成电压信号传送给ECM。

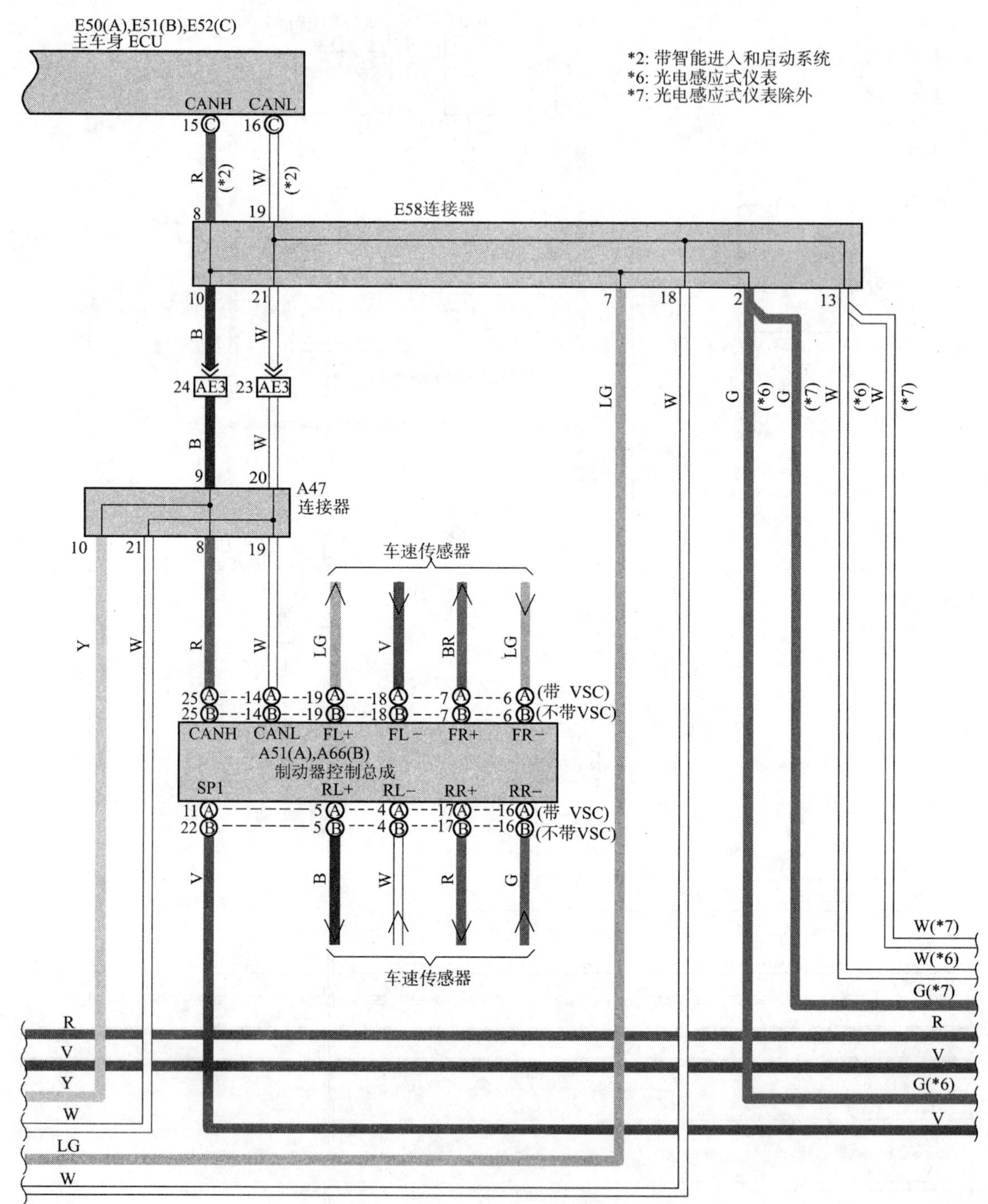

图 2-24　发动机动力控制系统电路(八)

图 2-30 所示为进气温度传感器电路,B2 的 1 号输出进气温度信号；B2 的 2 号通过 ECM 搭铁。通过 ECM 的 THA 端子,由电阻 R 向 IAT 传感器提供 5V 的电压。电阻 R 和 IAT 传感器串联。当 IAT 传感器的电阻值变化时,端子 THA 上的电压也随之变化。根据此信号,ECM 增加喷油量以提高发动机在冷态工作时的运行性能。

2
A50
+B
1
A50
+B2
EFI No.1熔断丝
44
A50
MREL
EFI MAIN（EFI主继电器）
20
A50
BATT
EFI MAIN
（主电喷熔断丝）
28
A50
IGSW
IG2熔断丝
IGN
熔断丝
P/I熔断丝
IG2继电器
IG2 No.2熔断丝
AM2熔断丝
7
AM2
IG2
6
点火开关E4
104
B31
E1
FL MAIN
（FL主熔断丝）
蓄电池
ECM

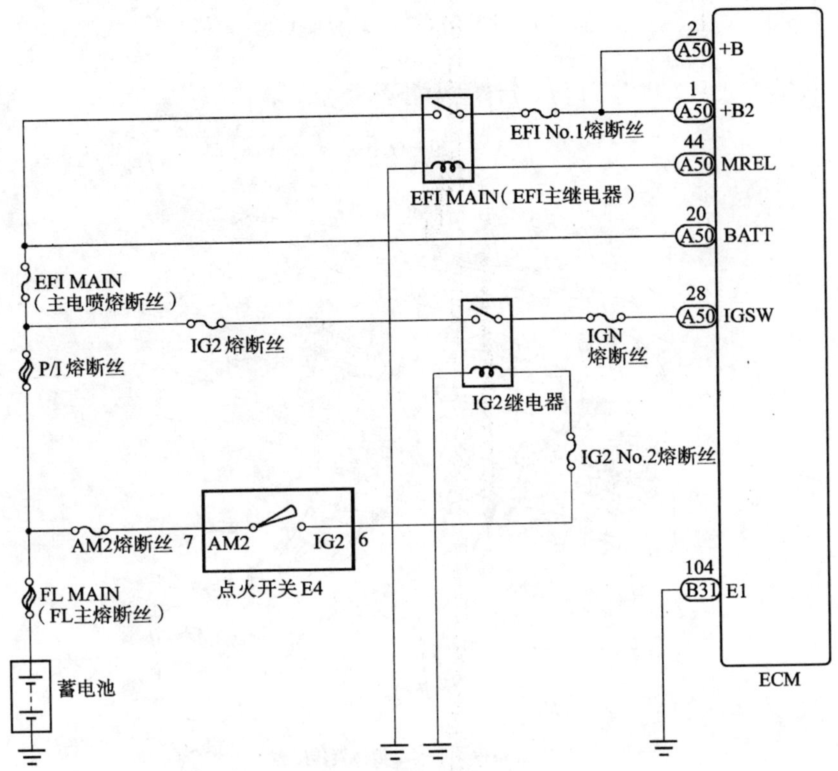

图 2-25　发动机 ECM 供电电路

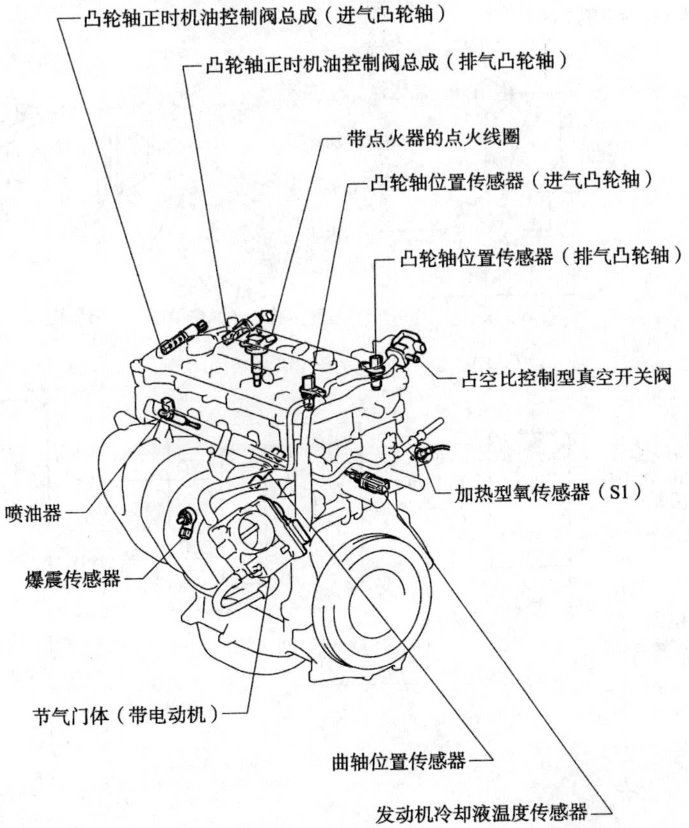

凸轮轴正时机油控制阀总成（进气凸轮轴）
凸轮轴正时机油控制阀总成（排气凸轮轴）
带点火器的点火线圈
凸轮轴位置传感器（进气凸轮轴）
凸轮轴位置传感器（排气凸轮轴）
占空比控制型真空开关阀
加热型氧传感器（S1）
喷油器
爆震传感器
节气门体（带电动机）
曲轴位置传感器
发动机冷却液温度传感器

图 2-26　发动机电控系统主要元件位置分布图（一）

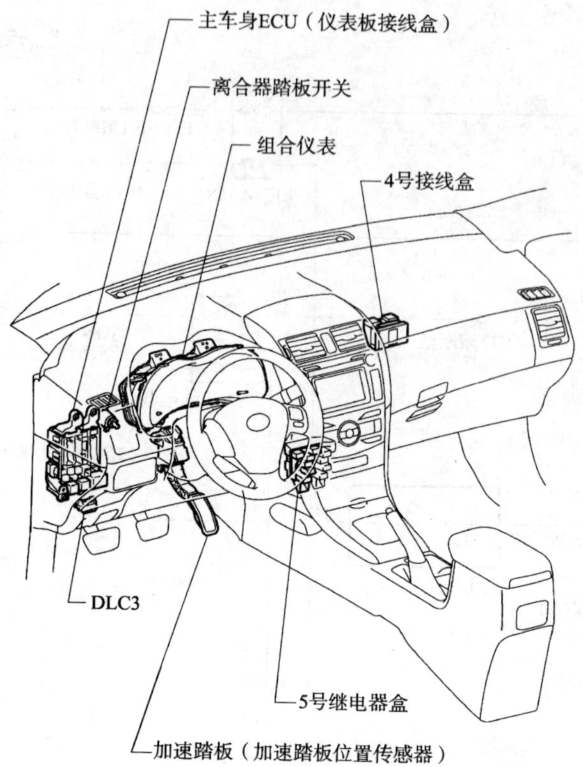

图 2-27　发动机电控系统主要元件位置分布图(二)

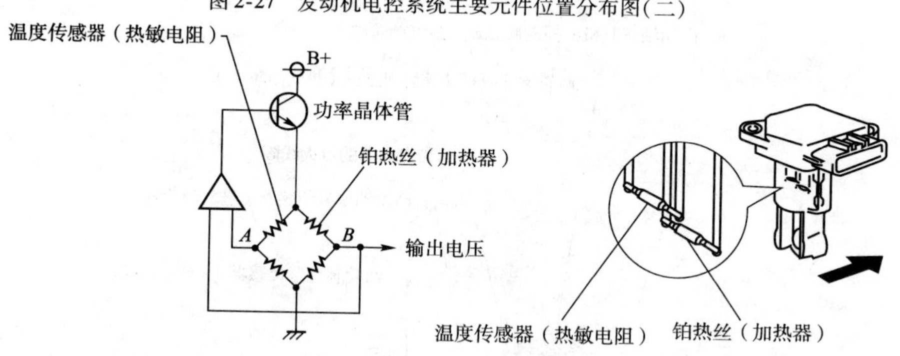

图 2-28　空气流量计内部结构图

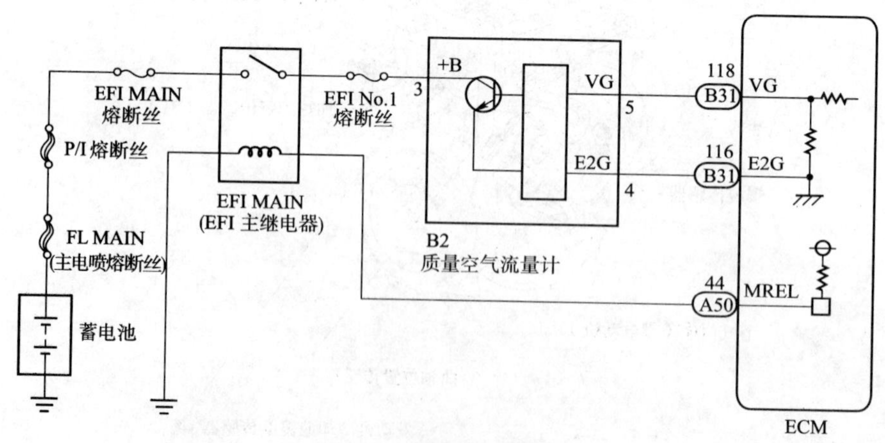

图 2-29　空气流量计电路图

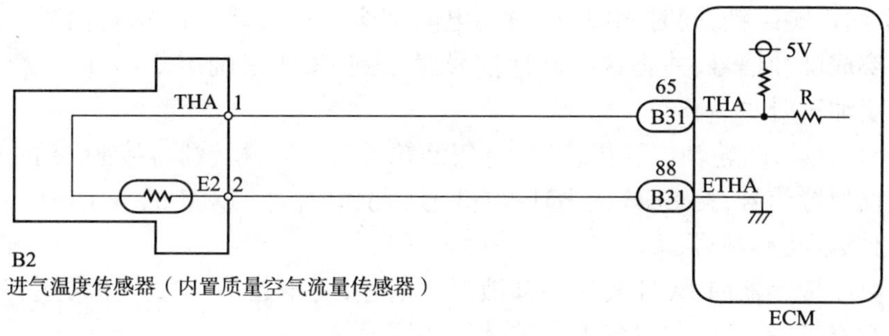

图 2-30　进气温度传感器电路图

(3)曲轴位置传感器

曲轴和凸轮轴位置传感器电路如图 2-31 所示。

曲轴位置传感器向 ECM 提供发动机转速、曲轴转角及上止点信号，用来控制发动机点火和喷油正时。

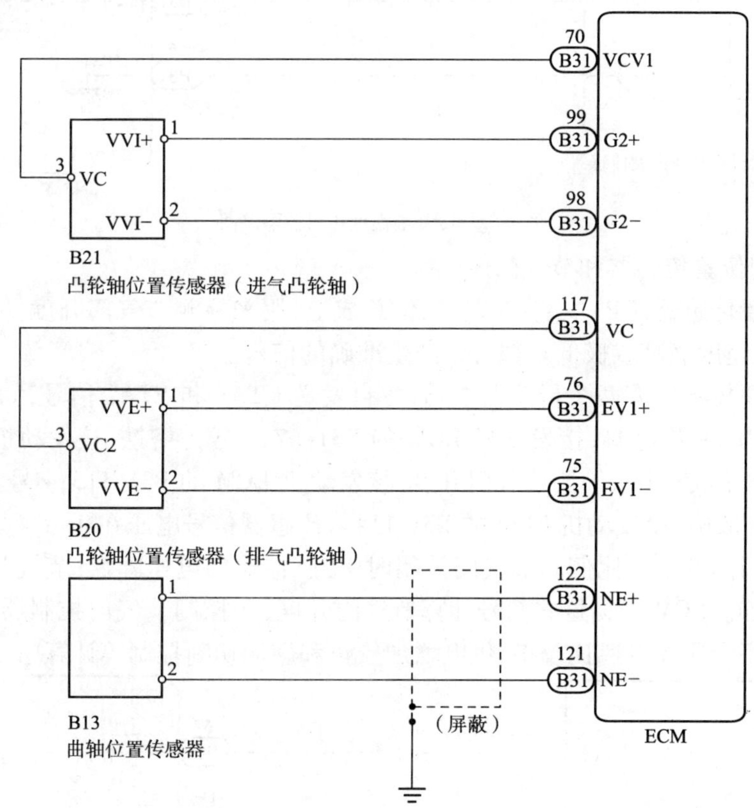

图 2-31　曲轴和凸轮轴位置传感器电路图

曲轴位置传感器 1 号输出曲轴位置信号，接 ECM 的 B31-122；曲轴位置传感器 2 号为搭铁，接 ECM 的 B31-11。

(4)凸轮轴位置传感器

卡罗拉轿车有两个凸轮轴可变气门正时(VVT)传感器，即进气凸轮轴位置传感器和排气凸轮轴位置传感器。

可变气门正时(VVT)传感器(G 信号)由磁铁和电阻元件组成。VVT 凸轮轴主动齿轮有一个信号盘，信号盘的外围圆周上有 3 个齿，齿轮旋转时，信号盘和耦合线圈间的气隙会发生改变,从而影响磁铁,同时 MRE 材料的电阻就会发生波动。凸轮轴位置传感器将齿轮旋转数据转换成脉冲信号,并将这些脉冲信号发送到 ECM 来确定凸轮轴角度,并控制燃油喷射时间和喷油正时。

如图 2-31 所示,凸轮轴位置传感器(进气凸轮轴)2 号为搭铁脚,接 ECM 的 B31-98;1 号脚输出凸轮轴位置信号,接 ECM 的 B31-99;3 号为供电脚,接 ECM 的 B31-70。

(5)冷却液温度传感器

冷却液温度传感器向 ECM 提供冷却液温度信号,用于起动、怠速、正常运行时的点火正时和喷油脉宽修正,其结构与进气温度传感器相同。

冷却液温度传感器电路如图 2-32 所示,该传感器有两个引脚,1 号脚为搭铁脚,接发动机 ECM 的 B31-96;2 号脚输出冷却液温度信号,接发动机 ECM 的 B31-97。

图 2-32 冷却液温度传感器电路图

(6)节气门位置传感器和节气门体

节气门位置传感器(TP)安装在节气门体总成上,用来检测节气门开度。该传感器使用霍尔效应元件,速度极高或极低时都可以产生准确的信号。

节气门位置传感器有两个传感器电路,各自发送 VTA1 和 VTA2 信号,如图 2-33 所示。节气门体 5 号为 5V 供电脚,接发动机 ECM 的 B31-67;3 号为搭铁,接发动机 ECM 的 B31-91;6 号为 VTA1 信号,用来检测节气门开度,接发动机 ECM 的 B31-115;4 号为 VTA2 信号,用来检测 VTA1 故障,接发动机 ECM 的 B31-114。传感器信号电压在 0 ~ 5V 之间变化,其变化幅度与节气门的开度成比例。节气门关闭时,传感器输出电压降低;节气门打开时,传感器输出电压增加。ECM 根据这些信号计算节气门开度,并控制节气门控制器来适应驾驶情况。这些信号还会用在空燃比校正、供电增加校正和燃油切断控制等计算中。

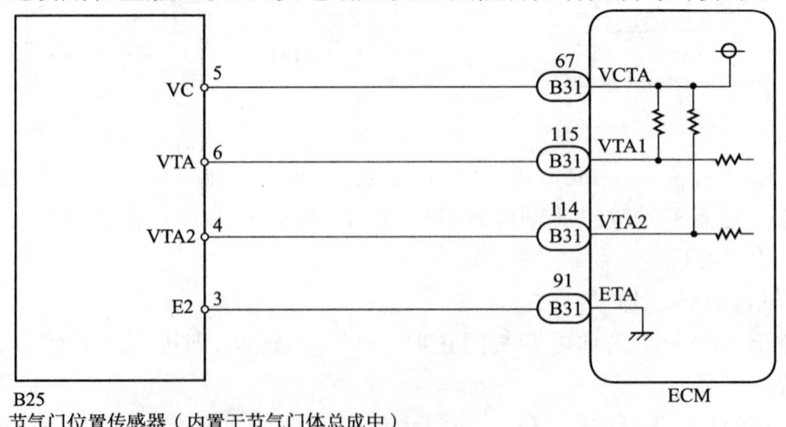

图 2-33 节气门位置传感器电路图

电子节气门内有一个节气门执行器,受 ECM 的控制,并且用齿轮开启或关闭节气门,节气门执行器电路如图 2-34 所示。节气门体 1 号为节气门电动机负极,接发动机 ECM 的 B31-41;2 号为节气门电动机正极,接发动机 ECM 的 B31-42。

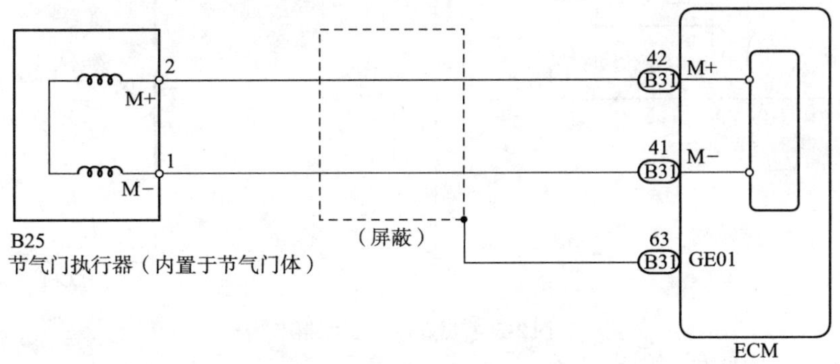

图 2-34 节气门执行器电路图

(7)加速踏板位置传感器

加速踏板位置传感器(APP)安装在加速踏板支架上,有两个传感器电路:VPA(主)和 VPA2(副),其电路如图 2-35 所示。其中,加速踏板位置传感器 1 号、4 号为供电脚,分别接发动机 ECM 的 A50-58、A50-57;传感器 6 号为 VPA 信号输出,接发动机 ECM 的 A50-55;传感器 3 号为 VPA2 信号输出,接发动机 ECM 的 A50-56;施加到 ECM 的 VPA 和 VPA2 端子电压,根据加速踏板(节气门)开度的比例在 0 ~ 5V 之间变化。来自 VPA 的信号显示了实际加速踏板开度(节气门开度),并用于发动机控制;来自 VPA2 的信号发送 VPA 电路的工作状态,用来检查 APP 传感器自身的情况。

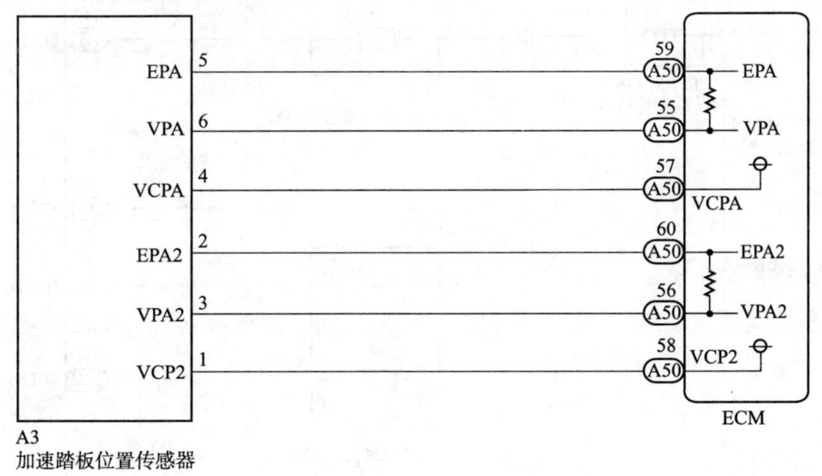

图 2-35 节气门执行器电路图

ECM 通过来自 VPA 和 VPA2 的信号监视实际加速踏板开度(节气门开度),并根据这些信号控制节气门执行器。

(8)爆震传感器

爆震传感器安装在发动机缸体上用来检测发动机爆燃。当爆燃引起发动机缸体震动时,会产生电压,可通过点火正时延迟来抑制发动机爆燃。爆震传感器电路如图 2-36 所示。爆震传感器 2 号输出爆燃信号,接发动机 ECM 的 B31-110;爆震传感器 1 号为搭铁,接发动机 ECM 的 B31-111。

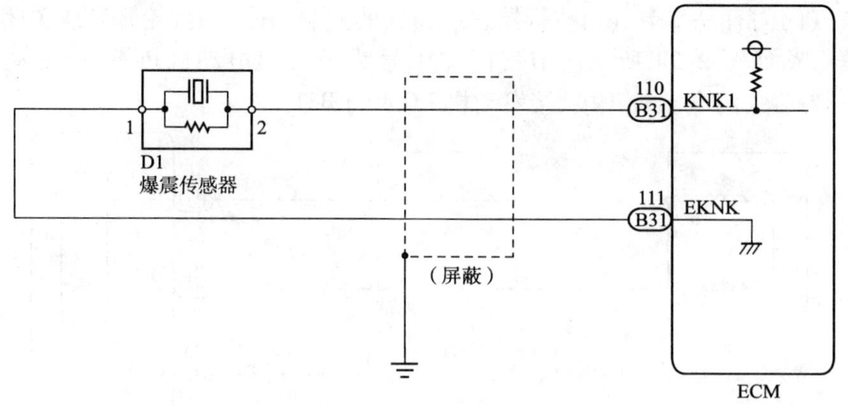

图 2-36 爆震传感器电路图

(9)加热型氧传感器

加热型氧传感器用来检测排气中氧的含量,并将信号传递给 ECM,ECM 根据此信息进行燃油闭环控制,使发动机在最佳的工况工作,并使尾气中的废气能够在三元催化剂中得到最大限度的转化和净化。S1 加热型氧传感器安装在三元催化转化器(TWC)前部,并位于发动机总成附近;S2 加热型氧传感器安装在三元催化转化器(TWC)后部。加热型氧传感器电路如图 2-37 所示,其中传感器的 2 号为供电脚,3 号为信号输出脚,1 号和 4 号为搭铁脚。

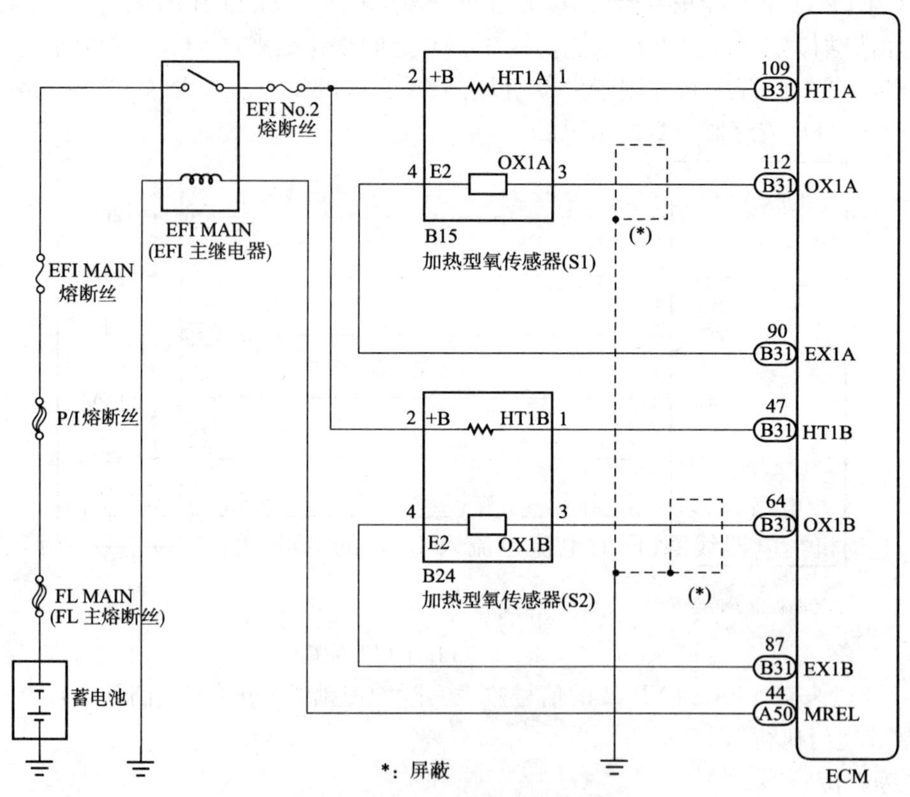

图 2-37 加热型氧电路图

3. 执行器工作电路

(1)喷油器

喷油器电路如图 2-38 所示。当点火开关位于 ON(IG)时,蓄电池电压→FL 主熔断丝→

AM2 熔断丝→点火开关→2 号 IG2 熔断丝→IG2 继电器线圈。此时,IG2 继电器线圈通电,其触点闭合。

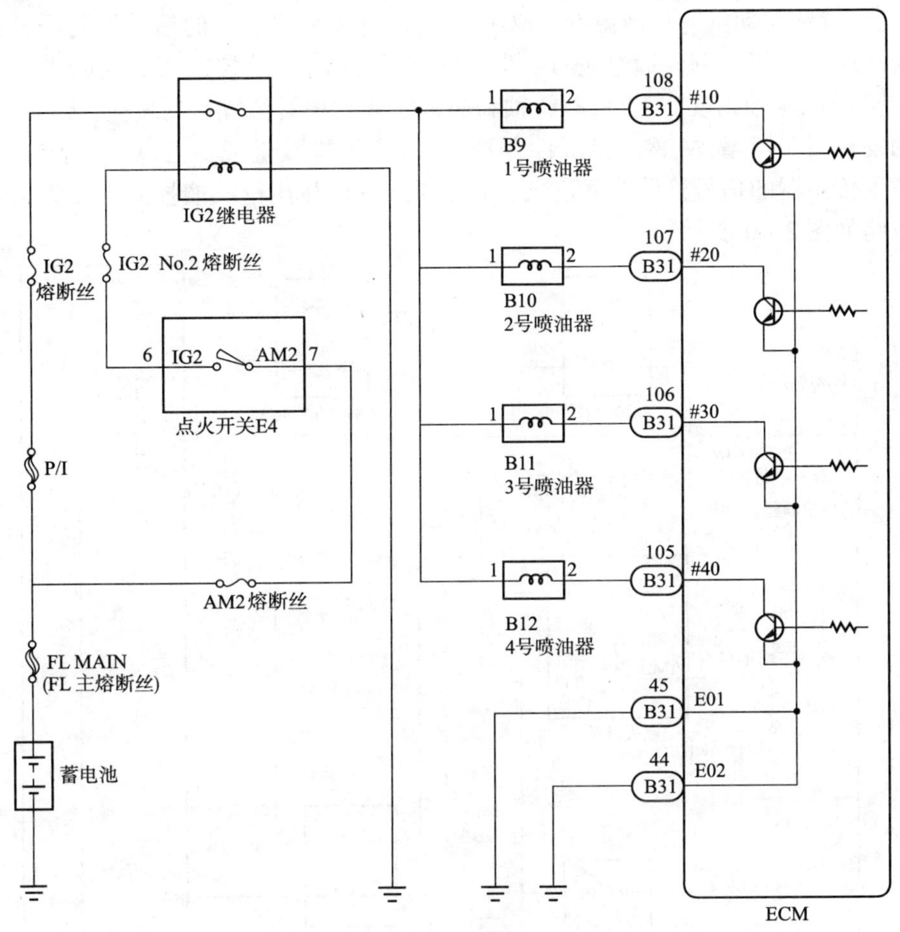

图 2-38 喷油器电路图

蓄电池电压→FL 主熔断丝→P/I 熔断丝→IG2 熔断丝→IG2 继电器触点→1 号、2 号、3 号、4 号喷油器的 1 号脚,喷油器的 2 号脚受 ECM 控制。

(2)燃油泵控制电路

燃油泵控制电路 2-39 所示,当发动机转动时,电流从点火开关(电源控制 ECM)的端子 ST1 流入起动机继电器线圈,同时电流也流入 ECM 的 A50-48(STA)信号。起动机起动,ECM 的 A50-44 输出高电位信号,主喷油继电器线圈通电,主继电器触点闭合;电流从点火开关的 IG2 端子经 2 号 IG2 熔断丝流入 IG2 继电器,IG2 线圈通电,其触点闭合。

当 STA 信号和 NE 信号被输入至 ECM,Tr 接通,电流流入燃油泵继电器的线圈,继电器接通,蓄电池电压→FL 主熔断丝→P/I 熔断丝→主电喷熔断丝→主电喷继电器触点→燃油泵继电器触点→燃油泵,燃油泵运行。

在生成 NE 信号的同时(发动机运转),ECM 使 Tr 一直处于 ON(燃油泵继电器接通),燃油泵也始终在运转。当发动机因事故而停止运转时,燃油泵自动停止运转。

(3)凸轮轴正时机油控制阀

凸轮轴正时机油控制阀包括进气凸轮轴正时机油控制阀和排气凸轮轴正时机油控制阀。可变气门正时(VVT)系统包括 ECM、凸轮轴正时机油控制阀总成和 VVT 控制器。ECM

向凸轮轴正时机油控制阀总成传送一个目标占空因数控制信号，这个控制信号用来调节提供给 VVT 控制器的机油压力。凸轮轴正时控制是根据发动机工作状态来执行的，如进气量、节气门位置和发动机冷却液温度。ECM 根据来自多个传感器的信号控制凸轮轴正时机油控制阀总成。VVT 控制器通过进气（排气）凸轮轴正时机油控制阀总成的机油压力来调节进气（排气）凸轮轴角度。最终，凸轮轴和曲轴之间的相对位置达到最佳，从而使各种行驶条件下的发动机转矩增加，燃油经济性得到改善，废气排放量减少。ECM 使用来自凸轮轴和曲轴位置传感器的信号检测实际进气（排气）门正时，并执行反馈控制。凸轮轴正时机油控制阀电路如图 2-40 所示。

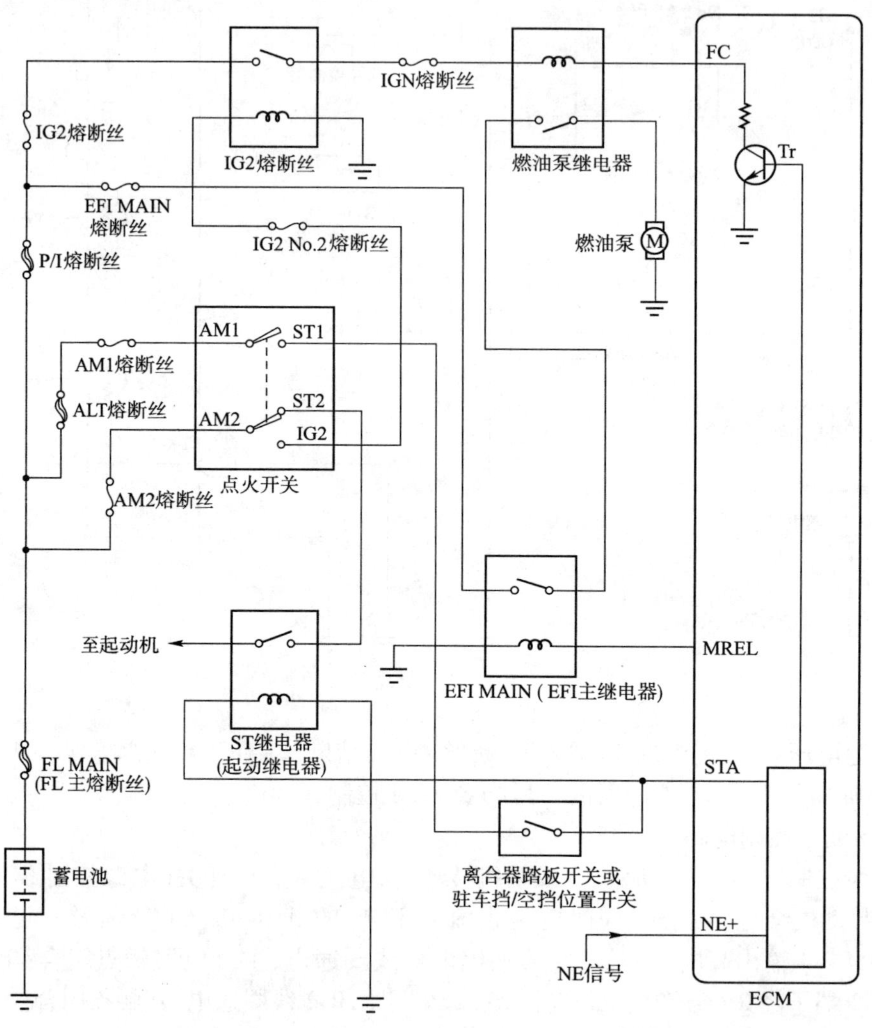

图 2-39　燃油泵电路图

ECM 的 B31-100 和 B31-123 端子外接进气侧凸轮轴正时机油控制阀总成 B23，其中 B31-100 为控制脚，接 B23 的 1 号；ECM 的 B31-60 和 B31-61 端子外接排气侧凸轮轴正时机油控制阀总成 B22，其中 B31-60 为控制脚，接 B22 的 1 号。

(4)燃油蒸发排放控制系统净化控制阀

为减少 HC 排放，将来自燃油箱的蒸发燃油通过活性炭罐后再排入进气歧管中，使之在汽缸中燃烧。

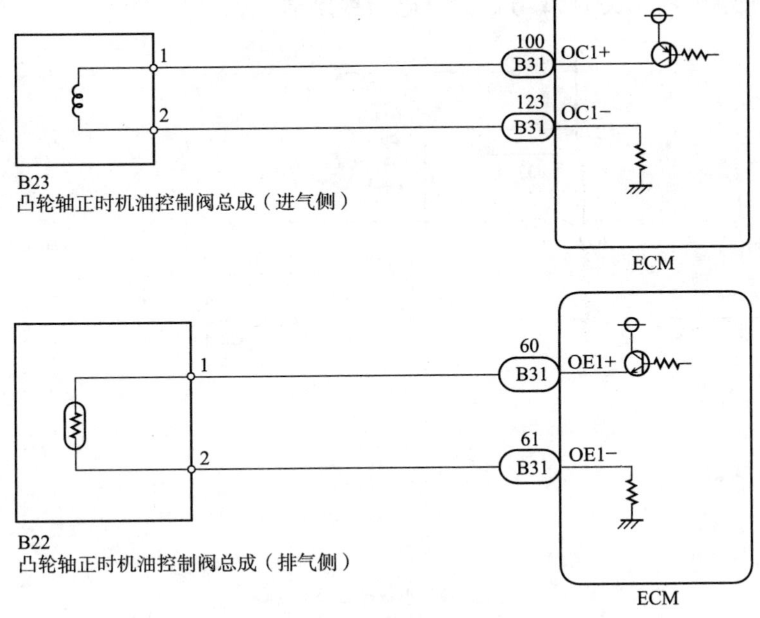

图 2-40　凸轮轴正时机油控制阀电路图

燃油蒸发排放控制系统净化控制阀电路如图 2-41 所示。当发动机运转时，发动机 ECM 的 A50-44 输出高电位信号，主电喷继电器通电，其触点闭合，蓄电池电压→FL 主熔断丝→主电喷熔断丝→主电喷继电器触点→2 号电喷熔断丝→净化 VSV 阀 B19 的 1 号脚，从而使 HC 排放的进气量在暖机后适于驾驶情况（如发动机负荷、发动机转速、车速等）。

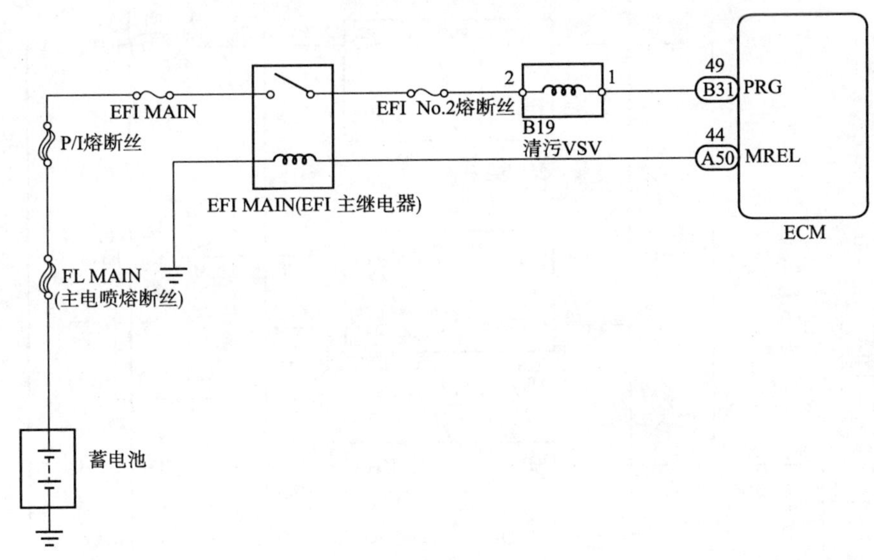

图 2-41　燃油蒸发排放控制系统净化控制阀电路图

(5) 点火电路

卡罗拉轿车采用了 DIS（直接点火系统），DIS 可提高点火正时的精度，减少高压损耗，并因淘汰了分电器而提高了点火系统的整体稳定性，发动机中的 DIS 为独立的点火系统，每个汽缸都有一个带点火器的点火线圈。

点火电路如图 2-42 和图 2-43 所示，当点火开关打开时，点火电压经 7.5A 的 2 号 IG2 熔断丝供电给点火继电器。此时,2 号点火继电器线圈通电,其触点闭合。

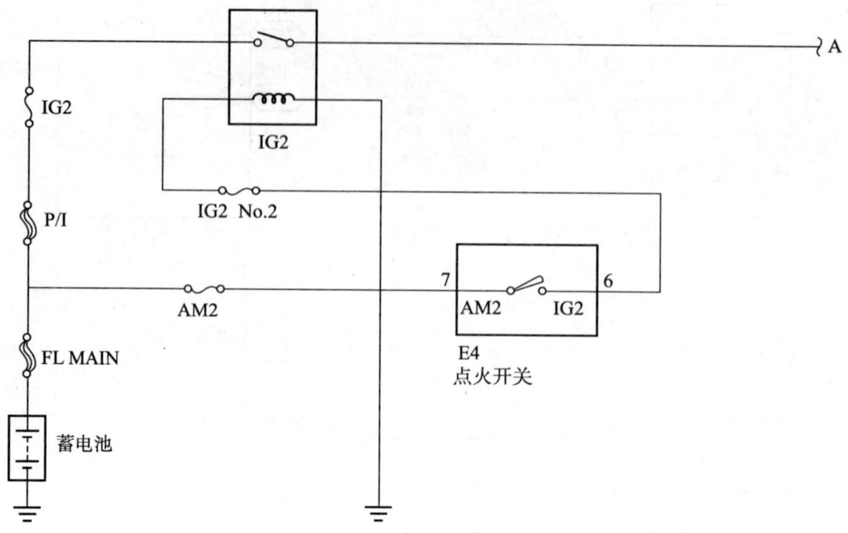

图 2-42　点火电路图(一)

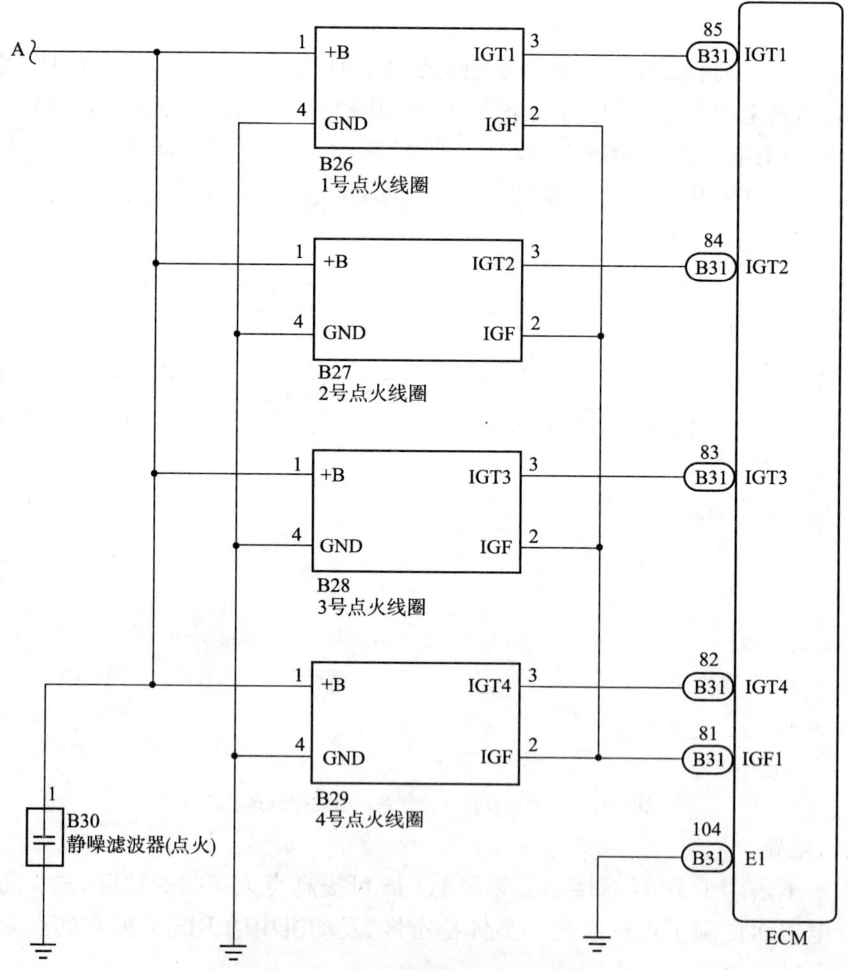

图 2-43　点火电路图(二)

蓄电池电压→15A 的 IG2 熔断丝→2 号点火继电器→分别供给 1 号点火线圈 1 号、2 号点火线圈 1 号、3 号点火线圈 1 号、4 号点火线圈 1 号。其中,点火线圈 4 号为搭铁、点火线圈 2 号为 IGF 电压信号(点火反馈信号)、点火线圈 3 号为 IGT 电压信号(点火正时信号)。

4. MIL(故障指示灯)电路

MIL 用来指示 ECM 检测到的车辆故障。当点火开关置于 ON 位置时,给 MIL 电路供电,并且 ECM 提供电路搭铁以亮起 MIL。

MIL 操作可以目视检查:当点火开关首次置于 ON 位置时,MIL 应亮起,发动机起动后,MIL 应熄灭。如果 MIL 一直亮起或不亮,可以使用汽车故障诊断仪检查故障。MIL 电路如图 2-44 所示。

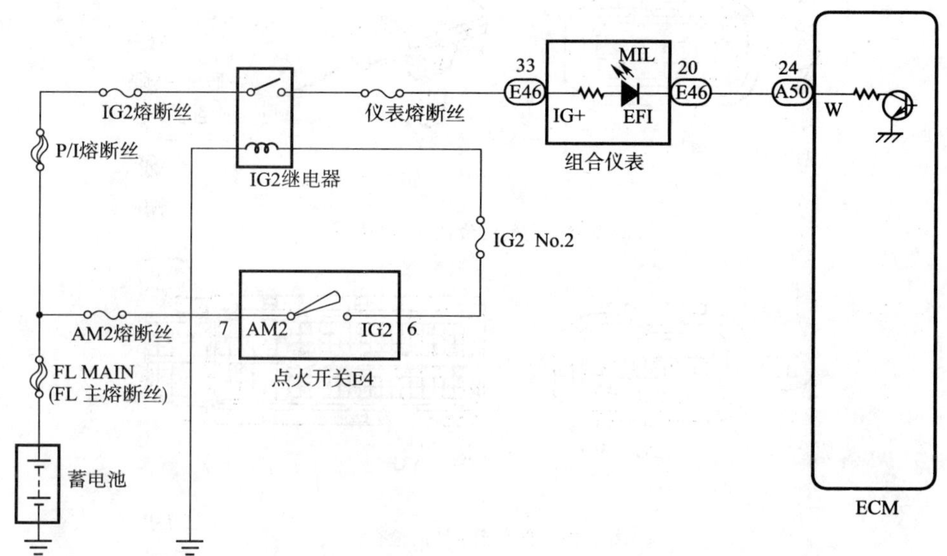

图 2-44 MIL(故障指示灯)电路图

(二)发动机动力控制系统的部件检修

1. 空气流量计的检查

(1)测量空气流量计电源电压

①断开空气流量计 B2 连接器。

②将点火开关转到 ON(IG)。

③测量电压,如图 2-45a)和表 2-4 所示。

(2)测量空气流量计 VG 电压

①断开空气流量计 B2 连接器。

②在端子 +B 和 E2G 之间施加蓄电池电压。

③将万用表正极(+)表笔和端子 VG 连接,负极(-)表笔和端子 E2G 连接。

④测量电压,如图 2-45b)和表 2-4 所示。

(3)检查空气流量计与 ECM 之间的连接

①断开空气流量计 B2 连接器。

②断开 ECM 连接器。

③检查空气流量计与 ECM 之间的连接,如图 2-46 和表 2-4 所示。

空气流量计的检查 表2-4

检 查 项 目	万用表两表笔连接	检 查 条 件	规定状态(标准)
测量空气流量计电源电压	B2-3(+B)~车身搭铁	点火开关置于ON位置	9~14V
测量空气流量计VG电压	B2-5(VG)~B2-4(E2G)	向端子+B和E2G之间施加蓄电池电压	0.2~4.9V
检查空气流量计与ECM之间的连接(断路检查)	B2-5(VG)~B31-118(VG)	始终	小于1Ω
	B2-4(E2G)~B31-116(E2G)	始终	小于1Ω
检查空气流量计与ECM之间的连接(短路检查)	B2-5(VG)或B31-118(VG)~车身搭铁	始终	10kΩ或更大

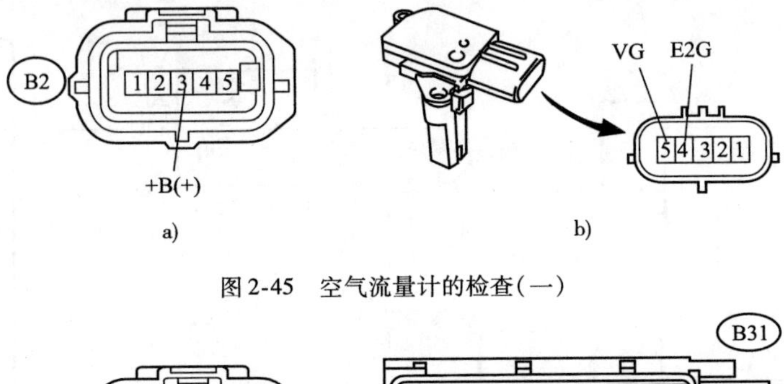

图2-45 空气流量计的检查(一)

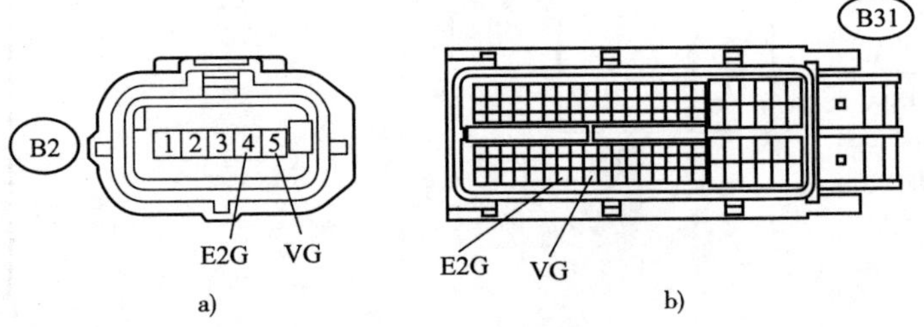

图2-46 空气流量计的检查(二)

2. 进气温度传感器的检查

检查进气温度传感器,测量端子间的电阻,空气流量计端子、进气温度传感器电阻值与温度关系如图2-47所示。一般在20℃时电阻值为2.21~2.69kΩ,60℃时电阻值为0.49~0.67kΩ。电阻值若不正常,应更换进气温度传感器。

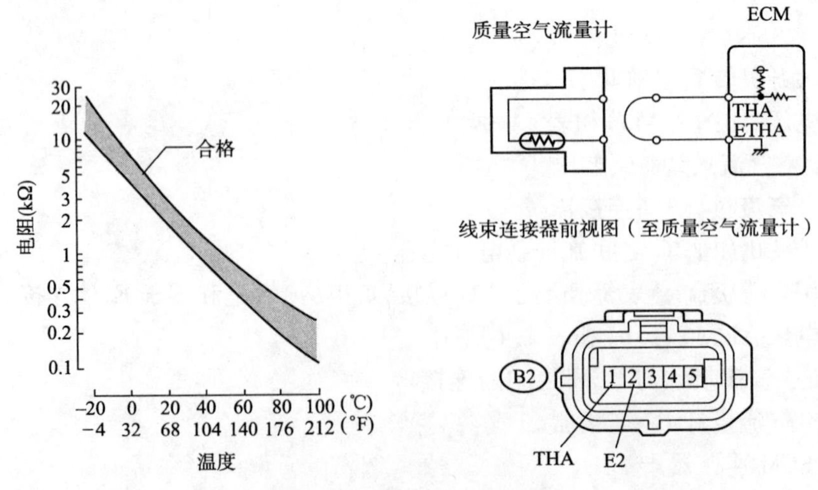

图2-47 进气温度传感器的检查

当 ECM 检测到故障码 P0110、P0112 或 P0113 时，主要应检查以下几个方面：

(1)传感器电路导线的通断情况检查，检查是否存在短路或断路。

(2)传感器本身的检查，可通过对进气温度传感器电阻的测量来确定。

(3)检查 ECM 是否存在故障。

3. 曲轴位置传感器的检查

(1)故障现象

若发生故障，车辆不能起动。

(2)测量方法

①传感器的检查：断开曲轴位置传感器(CKP)的 B13 连接器；用万用表测量 1 号和 2 号两端的电阻，一般应为 1850 ~ 2450Ω，如图 2-48 所示。

线束连接器前视图（至曲轴位置传感器）

线束连接器前视图（至 ECM）

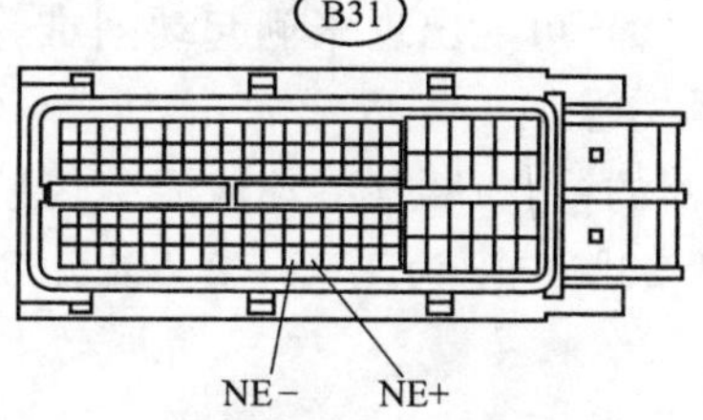

图 2-48　曲轴位置传感器的检查

②导线连接的通断检查：断开曲轴位置传感器和 ECM 的连接器，用万用表分别测量 B13-1(NE +) ~ B31-122(NE +)、B13-2(NE-) ~ B31-121(NE-)的电阻，正常应小于 1Ω。

③导线连接的短路检查：断开曲轴位置传感器和 ECM 的连接器，用万用表分别测量 B13-1(NE +)或 B31-122(NE +) ~ 车身搭铁、B13-2(NE-)或 B31-121(NE-) ~ 车身搭铁的电阻，正常应大于 10kΩ 或更大。

4. 凸轮轴位置传感器的检查

(1)故障现象

若发生故障，可能出现车辆不能起动、排放超标或油耗增加等。

(2)检测方法

当 ECM 检测到故障码 P0335、P0339、P0340、P0342、P0343 或 P0365、P0367、P0368 时，主要应检查以下几个方面：

①进气或排气凸轮轴位置传感器电路导线的通断情况检查，检查是否存在短路或断路。

②进气或排气凸轮轴位置传感器本身的检查。

③进气或排气凸轮轴正时齿轮的检查。

④正时链条跳齿的检查。

⑤检查 ECM 是否存在故障。

(3)测量方法

①VC 电压检查：断开凸轮轴位置传感器的 B21 连接器，打开点火开关，用万用表测量 B21-3 ~ 车身搭铁的电压，一般应为 4.5 ~ 5.0V，如图 2-49 所示。

②断路检查：断开凸轮轴位置传感器和 ECM 的连接器，用万用表分别测量 B21-1 (VVI1 +) ~ B31-99(G2 +)、B21-2(VVI1-) ~ B31-98(G2-)的电阻，正常应小于 1Ω。

③短路检查：断开凸轮轴位置传感器和 ECM 的连接器，用万用表分别测量 B21-1（VVI1 +）或 B31-99（G2 +）~车身搭铁、B21-2（VVI1-）或 B31-98（G2-）~车身搭铁的电阻，正常应大于 10kΩ 或更大。

④排气侧凸轮轴位置传感器及其线路检查方法相同。

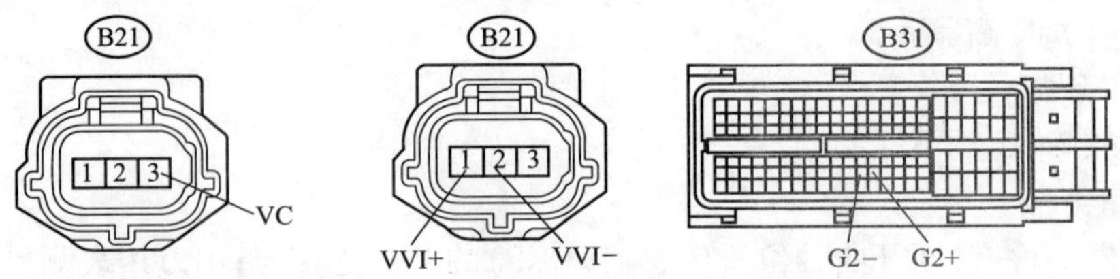

图 2-49　凸轮轴位置传感器的检查

5. 冷却液温度传感器的检查

（1）故障现象

若发生故障，可能出现车辆起动困难等故障。

（2）检测方法

①传感器的检查：断开冷却液温度传感器的 B3 连接器；用万用表测量 1 号和 2 号两端的电阻，一般 20℃电阻为 2.35 ~2.59kΩ，80℃电阻为 0.310 ~0.326kΩ，如图 2-50 所示。

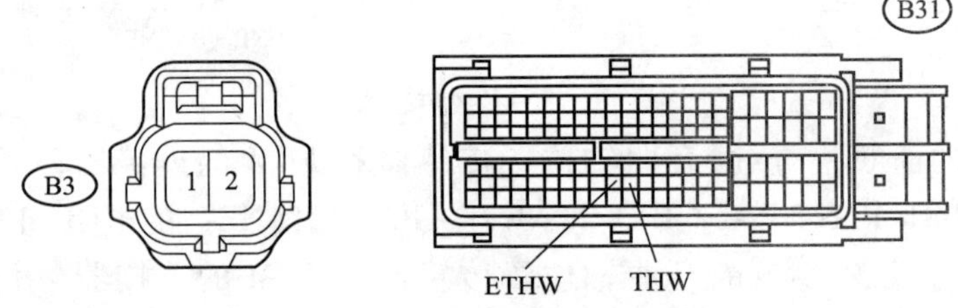

图 2-50　冷却液温度传感器的检查

②导线连接的通断检查：断开冷却液温度传感器和 ECM 的连接器，用万用表分别测量 B3-2 ~ B31-97（THW）、B3-1 ~ B31-96（ETHW）的电阻，正常应小于 1Ω。

③导线连接的短路检查：断开冷却液温度传感器和 ECM 的连接器，用万用表分别测量 B B3-2 或 B31-97（THW）~车身搭铁、B3-1 或 B31-96（ETHW）~车身搭铁的电阻，正常应大于 10kΩ 或更大。

6. 节气门位置传感器的检查

（1）VC 电压检查：断开 B25 连接器，然后点火开关置于 ON（IG），测量 B25-5（VC）~ B25-3（E2）端子间的电压，正常应为 4.5 ~5.5V，如图 2-51 所示。

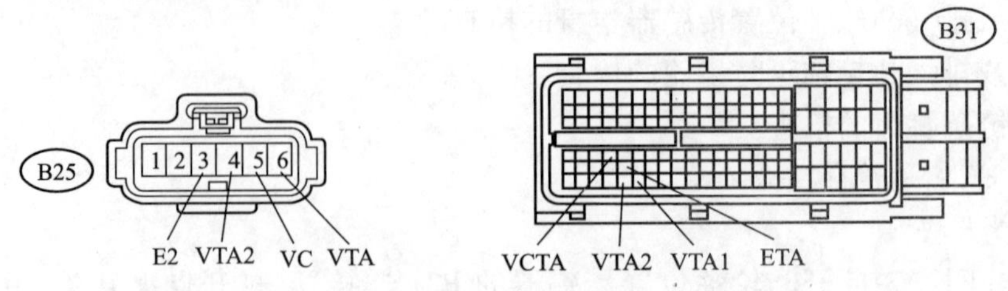

图 2-51　节气门位置传感器的检查

（2）导线连接的通断检查：断开节气门位置传感器和 ECM 的连接器，用万用表分别测量 B25-5 ~ B31-67、B25-6 ~ B31-115、B25-4 ~ B31-114、B25-3 ~ B31-91 的电阻，正常应小于 1Ω。

(3)导线连接的短路检查:断开节气门位置传感器和 ECM 的连接器,用万用表分别测量 B25-5 或 B31-67 ~ 车身搭铁、B25-6 或 B31-115 ~ 车身搭铁、B25-4 或 B31-114 ~ 车身搭铁、B25-3 或 B31-91 ~ 车身搭铁的电阻,正常应大于 10kΩ 或更大。

7. 爆震传感器的检查

(1)故障现象

若发生故障,可能出现车辆加速不良等故障。

(2)检测方法

①断开 D1 爆震传感器连接器,测量传感器 1 号和 2 号端子间的电阻,如图 2-52 所示,20℃时电阻应为 120 ~ 280kΩ。

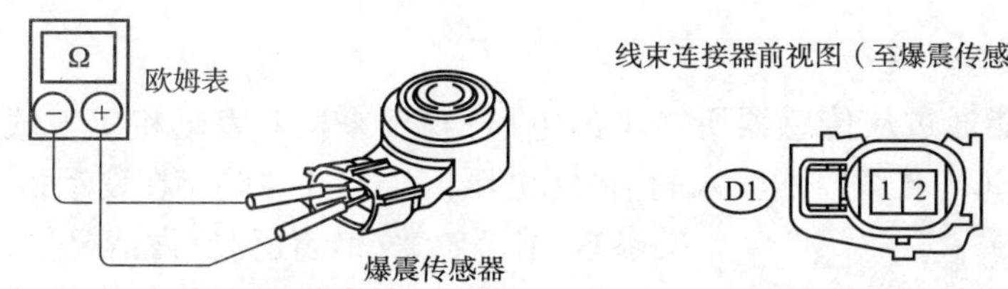

图 2-52 爆震传感器的检查

②断开 D1 爆震传感器连接器,然后打开点火开关至 ON(IG),测量传感器 1 号和 2 号端子间的电压,如图 2-41 所示,正常应为 4.5 ~ 5.5V。

8. 加热型氧传感器的检查

(1)故障现象

若发生故障,可能出现车辆怠速不良、加速不良、尾气超标、油耗过大等故障。

(2)检测方法

①断开 S1 加热型氧传感器 B15 或 S2 加热型氧传感器 B24 连接器。

②测量电阻,20℃时,S1 加热型氧传感器 1 号与 2 号电阻应为 5 ~ 10Ω, 1 号与 4 号电阻应为大于 10kΩ 或更大;S2 加热型氧传感器 1 号与 2 号电阻应为 11 ~ 16Ω,1 号与 4 号电阻应为大于 10kΩ 或更大,如图 2-53 所示。

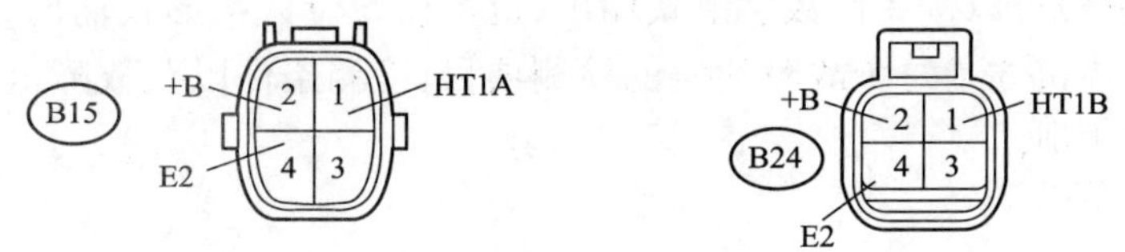

图 2-53 加热型氧传感器的检查

9. 喷油器的检查

(1)故障现象

若发生故障,可能出现车辆怠速不良、加速不良、不能起动或起动困难等故障。

(2)检测方法

拆下喷油器连接器,测量喷油器两端子间的电阻,正常应为 11.6 ~ 12.4Ω。

10. 燃油泵的检查

拆下燃油泵连接器,测量燃油泵两端子间的电阻,正常应为 0.2 ~ 3.0Ω;如果结果不符合规定,则更换燃油泵。

任务2　汽油发动机电控系统的故障诊断及案例分析

一、任务引入

学会了电路分析及部件检测后,关键还要学会如何进行故障诊断。怎样诊断?思路是什么?应当注意什么?如何进行案例分析?以下以丰田卡罗拉为例介绍汽油发动机电控系统的故障诊断,从而培养学生灵活的排故思路,提高学生分析问题、解决问题的实践能力。

二、相关知识

1.故障诊断原理

发动机ECM能通过从传感器所输出的电压信号,来检测发动机工况或车辆的行驶状况。因此,发动机ECM连续监测输入的信号(电压信号),并与储存在发动机ECM存储器中的参数相比较,来确定任何反常情况。

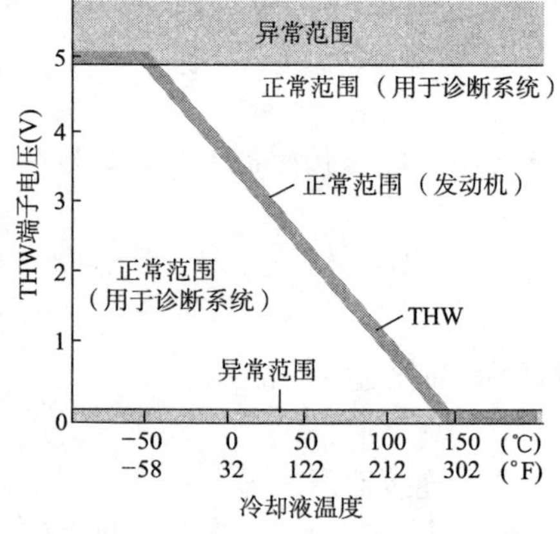

图2-54　冷却液温度传感器的特性

图2-54反映了冷却液温度传感器的特性。在正常情况下,冷却液温度传感器的电压变动范围为0.1～4.8V。如果发动机ECM的输入电压处于这一范围,则发动机ECM认为工况正常。如果短路(输入电压小于0.1V)或断路(输入电压高于4.8V),则发动机ECM确认为工况失常。然而,即使输入电压处于0.1～4.8V的正常诊断范围内,也会依据发动机的工况,诊断出是否存在故障。发动机ECM监测的条件不同,所监测到故障代码也有所不同,例如,行车的条件、发动机冷却液的温度变化等,可能与实际故障代码会有所不同。所以,详细内容请参阅修理手册。

2.故障诊断代码的输出

DTC(故障代码)可以按2位数字形式输出,也可按5位数字形式输出,如图2-55所示。在修理手册中,具体讲述了每个故障代码的检测项目、检测条件以及故障范围。所以故障排除时,请参阅修理手册。

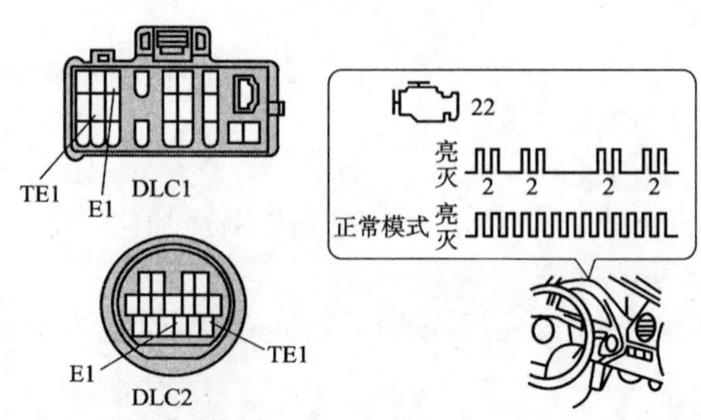

图2-55　故障诊断代码的输出

(1)5 位数的故障代码

对于 5 位数的故障代码,可用汽车故障诊断仪接到 DLC3,能直接与发动机 ECM 交换数据,并将该代码显示在测试仪的显示屏上,以便确认。

(2)2 位数的故障代码

从故障指示灯的闪烁模式上,可以确认 2 位数的故障代码。可连接 DLC1 的 TE1(TC)与 E1(CG)端子,使故障指示灯闪烁,输出故障代码。根据指示灯的闪烁模式,确定该故障代码。

3. 失效保护和备份功能

(1)失效保护功能

如果 ECM 从任何信号输入系统中检测到故障时,失效保护功能将以储存在发动机 ECM 中的标准值,来连续控制带有异常信号的线路,从而防止可能引起发动机故障或催化转化器过热,导致发动机停止运转。

异常信号电路和失效保护功能的关系如表 2-5 所示。

异常信号电路和失效保护功能的关系　　表 2-5

带异常信号的电路	端子名称	失效保护功能
点火确认信号电路	IGF	喷油停止
歧管压力传感器信号电路	PIM	燃油喷射持续时间和点火正时可通过 VTA 节气门打开和发动机转速来确定或计算
空气流量计信号电路	VG	燃油喷射持续时间和点火正时可通过 VTA 节气门打开和发动机转速来确定或计算
节气门位置传感器信号电路	VTA	控制在标准值(阀门开度:0 或 25°)
冷却液传感器信号电路	THW	控制在标准值(冷却液温度:80℃)
进气温度传感器信号电路	THA	控制在标准值(进气温度:20℃)
爆震传感器信号电路	KNK	校正延迟角被开到最大值

(2)备份功能

当发动机 ECM 中的微机发生故障时,备份功能转变到备用集成电路的固定信号,允许车辆继续行驶。备份功能仅能控制基本的功能,因此它不能提供和发动机正常运行时相同的性能。

如果微机不能输出点火正时(IGT)信号,发动机 ECM 就转换到备份模式。一旦执行了备份模式,燃料喷射持续时间和点火正时就根据起动机信号(STA)和 IDL 信号分别以固定值进行控制。这种情况下故障指示灯点亮,以通知驾驶员有故障发生。

4. 故障症状表

故障症状表如表 2-6 所示,该表可帮助诊断故障原因。故障原因的可能性按由小到大的顺序表示,按顺序检查每个可疑部件。必要时,维修或更换的故障的零件,或进行调整。

发动机故障症状表　　表 2-6

故障症状	可疑部位
发动机不能转动(不能起动)	停机系统
	起动机信号电路
	起动机
无初始燃烧(不能起动)	ECM 电源电路
	VC 输出电路
	曲轴位置传感器
	燃油泵控制电路
	点火系统
	喷油器电路
	气门正时
发动机转动正常但起动困难	燃油泵控制电路
	燃油泵
	发动机冷却液温度传感器
	点火系统
	喷油器
	压缩
	喷油器电路
	进气系统
	节气门体
发动机转速过高(怠速不良)	空调信号电路
	节气门体
	节气门体控制
	发动机冷却液温度传感器
	PCV 软管
	PCV 系统
	ECM 电源电路
发动机转速过低(怠速不良)	燃油泵控制电路
	节气门体
	节气门体控制
	进气系统
	PCV 软管
	PCV 系统
怠速不稳	压缩(发动机机械部分)
	加热型氧传感器(S1)
	加热型氧传感器(S2)
	质量空气流量计
	点火系统

续上表

故障症状	可疑部位
怠速不稳	空调信号电路
	燃油管路(堵塞)
	燃油泵
	进气系统
	PCV 软管
	PCV 系统
抖动(怠速不良)	PCV 软管
	PCV 系统
	质量空气流量计
	加热型氧传感器(S1)
空调动作时发动机失速	空调信号电路(压缩机电路)
	ECM
喘抖/加速不良(操作性能差)	燃油管路
	燃油泵
	气门正时
	质量空气流量计
	节气门体
	爆震传感器

5. ECM 端子

卡罗拉汽车发动机 ECM 端子如图 2-56 所示。

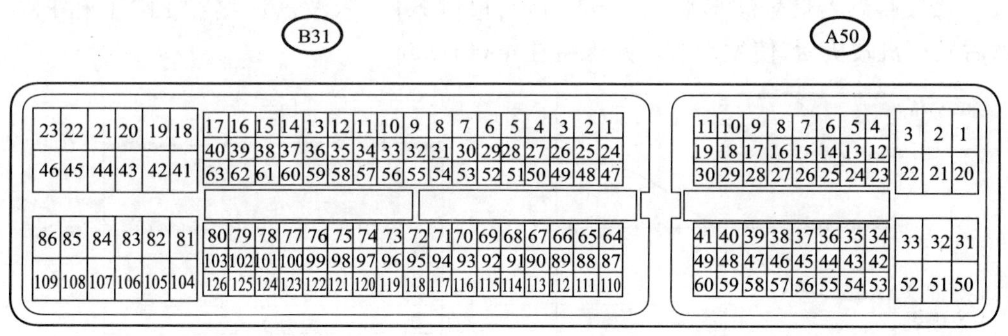

图 2-56　发动机 ECM 端子

6. 波形分析

(1)点火器 IGT 信号波形如图 2-57 所示,检测条件:示波器连接在 IGT(1 ~4)和 E1、IGF 和 E1 之间,然后发动机暖机后怠速运转。

(2)曲轴位置传感器和可变气门正时(VVT)传感器波形如图 2-58 所示,检测条件:示波器 CH1 连接在 G2 + 和 G2 – 之间、CH1 连接在 EV1 + 和 EV1 – 之间、CH2 连接在 NE + 和 NE – 之间,然后发动机暖机后怠速运转。

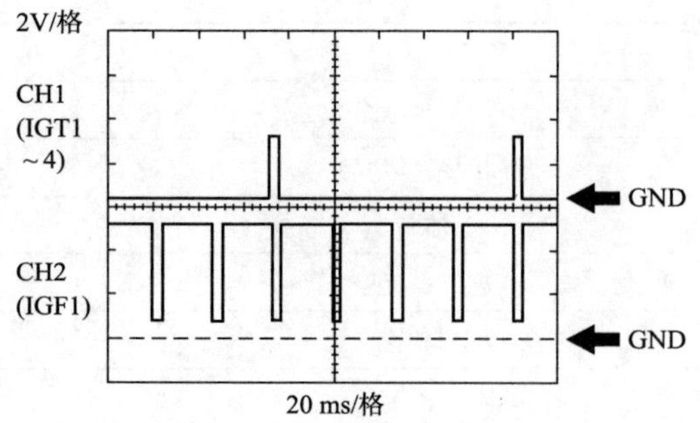

图 2-57　点火器 IGT 信号波形

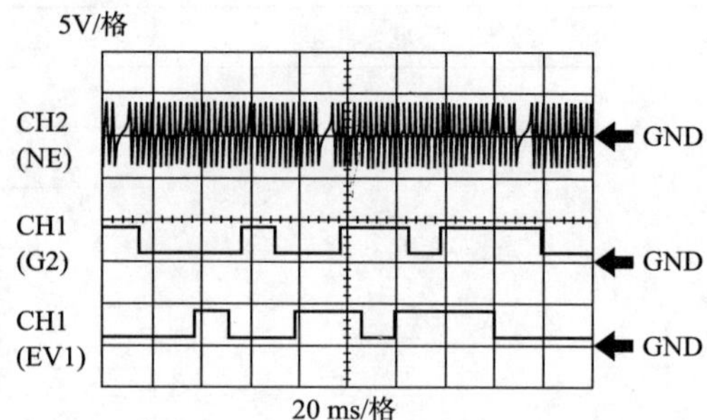

图 2-58　曲轴位置传感器和可变气门正时(VVT)传感器波形

(3)1 ~4 号喷油器信号波形如图 2-59 所示,检测条件:发动机暖机后怠速运转。

(4)加热型氧传感器(B1 S1)信号波形如图 2-60 所示,检测条件:示波器连接在 OX1A 和 EX1A 之间,然后发动机预热后,保持发动机转速 2500r/min 并持续 2min。

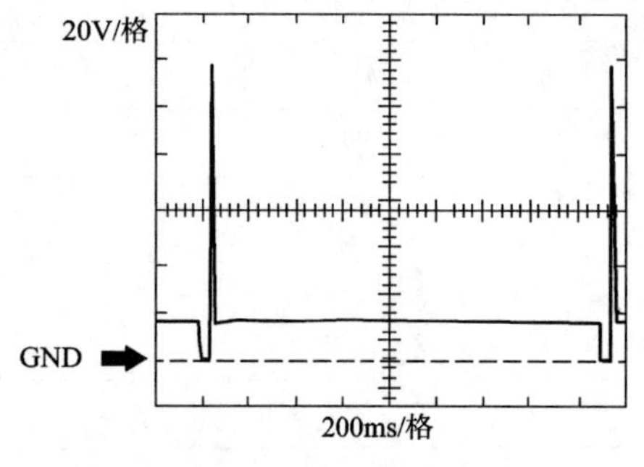

图 2-59　喷油器信号波形

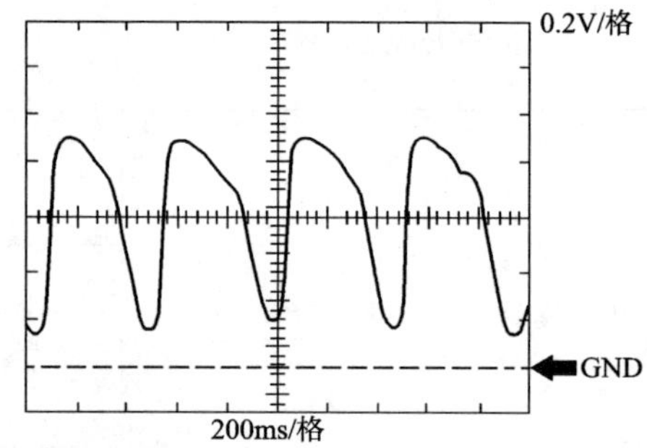

图 2-60　加热型氧传感器(B1 S1)信号波形

(5)加热型氧传感器(B1 S2)信号波形如图 2-61 所示,检测条件:示波器连接在 OX1B 和 EX1B 之间,然后发动机预热后,保持发动机转速 2500r/min 并持续 2min。

(6)爆震传感器信号波形如图 2-62 所示,检测条件:示波器连接在 KNK1 和 EKNK 之间,然后发动机暖机后,使发动机转速保持在 4000r/min。

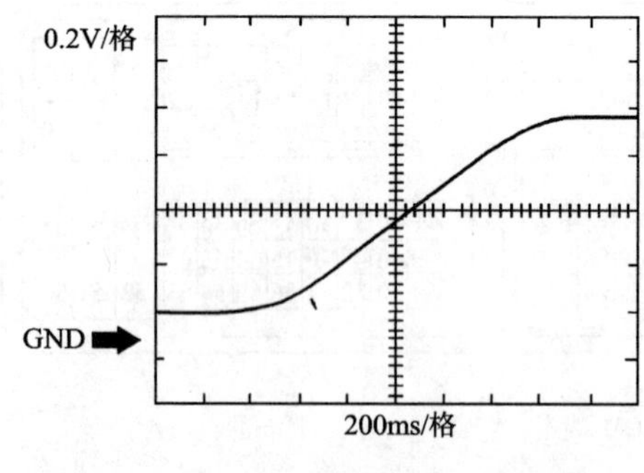

图 2-61　加热型氧传感器(B1 S2)信号波形

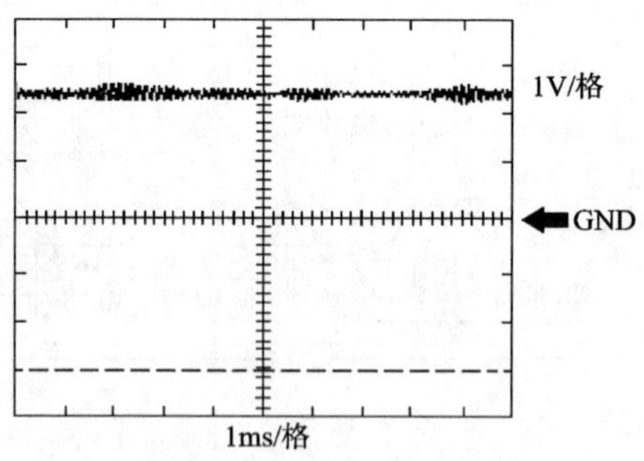

图 2-62　爆震传感器信号波形

(7)车速信号波形如图 2-63 所示,检测条件:示波器连接在 SPD 和 E1 之间,然后驱动轮缓慢旋转。

(8)节气门执行器正极端子信号波形如图 2-64 所示,检测条件:示波器连接在 M + 和 ME01 之间,然后发动机暖机后怠速运转。

(9)节气门执行器负极端子信号波形如图 2-65 所示,检测条件:示波器连接在 M - 和

ME01 之间,然后发动机暖机后怠速运转。

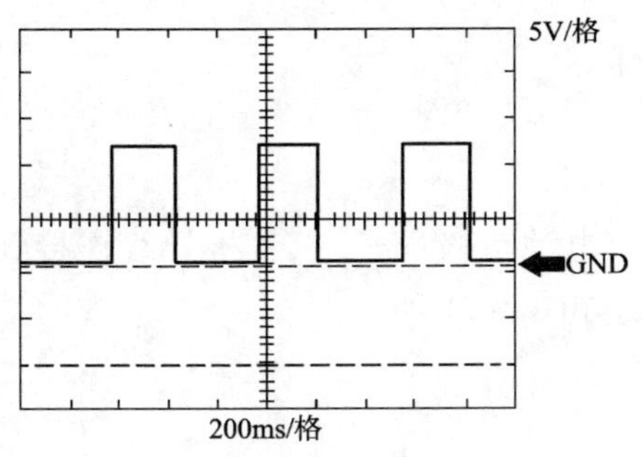

图 2-63 车速信号波形

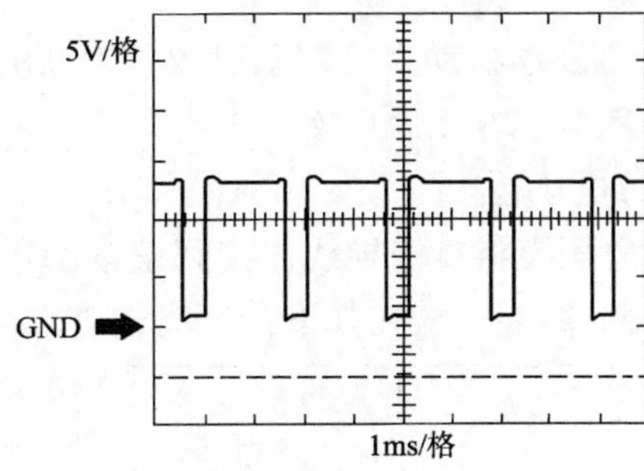

图 2-64 节气门执行器正极端子信号波形

(10)发动机转速信号波形如图 2-66 所示,检测条件:示波器连接在 TACH 和 E1 之间,然后发动机暖机后怠速运转。

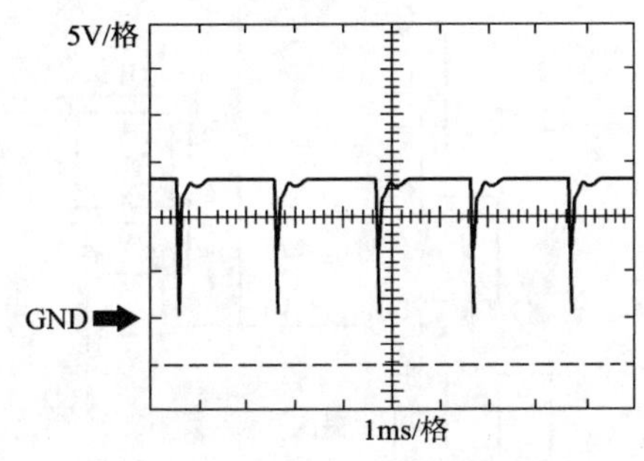

图 2-65 节气门执行器负极端子信号波形

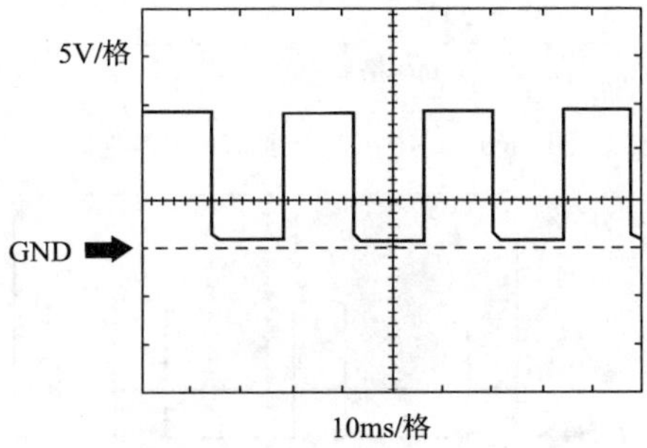

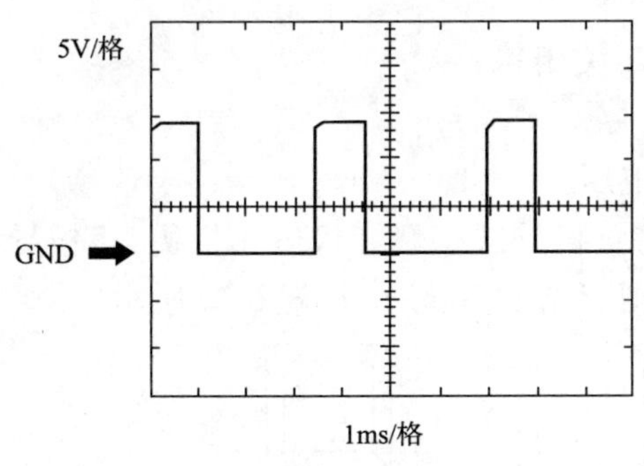

图 2-66 发动机转速信号波形

(11)进气凸轮轴正时机油控制阀信号波形如图 2-67 所示,检测条件:示波器连接在 OC1 + 和 OC1 - 之间,然后发动机暖机后怠速运转。

(12)CAN-CANH 通信信号波形如图 2-68 所示,检测条件:示波器连接在 CANH 和 E1 之间,然后发动机停机且点火开关置于 ON 位置。

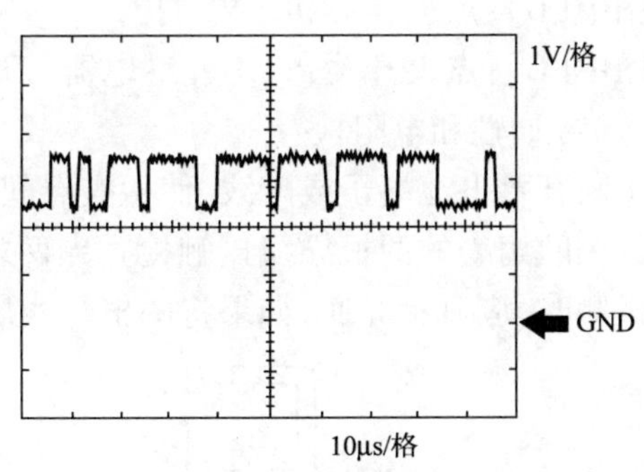

图 2-67 进气凸轮轴正时机油控制阀信号波形

图 2-68 CAN-CANH 通信信号波形

(13)CAN-CANL 通信信号波形如图 2-69 所示,检测条件:示波器连接在 CANL 和 E1 之间,然后发动机停机且点火开关置于 ON 位置。

(14)排气凸轮轴正时机油控制阀信号波形如图 2-70 所示,检测条件:示波器连接在 OE1 + 和 OE1 - 之间,然后发动机暖机后怠速运转。

三、任务实施

(一)发动机动力控制系统故障诊断的基本操作

1.汽车电路的常见故障检查

(1)电压检查

用电压表将负极导线连接到正常的搭铁点或蓄电池负极端子上,正极导线连接到连接器或零部件端子上,在如下情况时检查点应有电压,如图 2-71 所示。

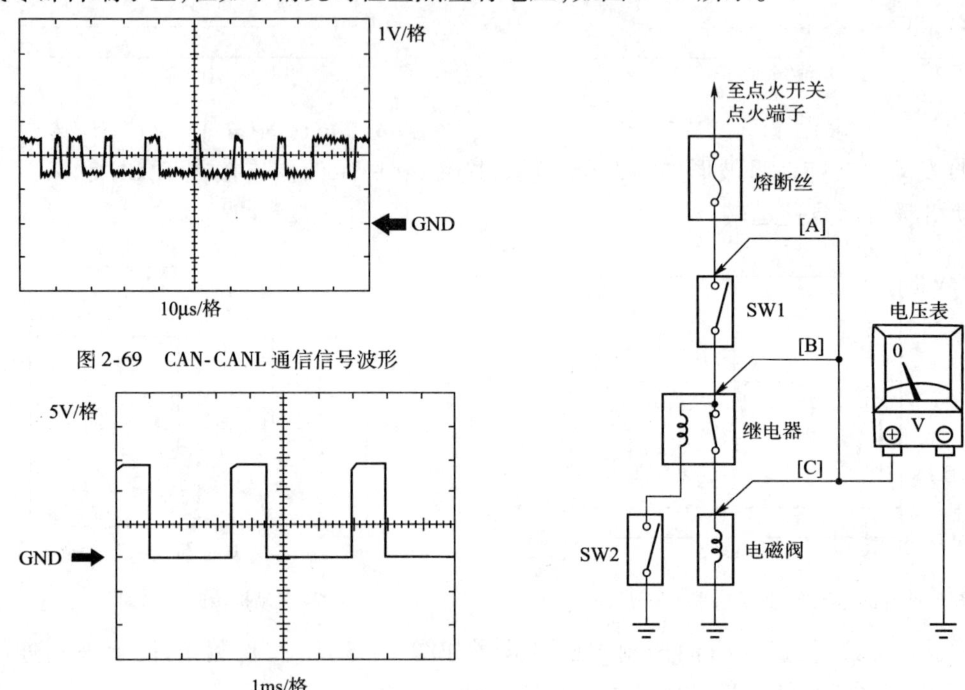

图 2-69　CAN-CANL 通信信号波形

图 2-70　排气凸轮轴正时机油控制阀信号波形

图 2-71　电路中电压检查

图中[A]:点火开关打开。

图中[B]:点火开关和 SW1 打开。

图中[C]:点火开关、SW1 和继电器打开(SW2 关闭)。

(2)导通性和电阻检查

①断开蓄电池端子或配线,使检查点间没有电压。

②用欧姆表的两根导线接触检查点两端。将负极导线接触二极管正极侧,正极导线接触负极侧时,应显示导通;如果将两根导线反接,则应显示不导通,如图 2-72 所示。

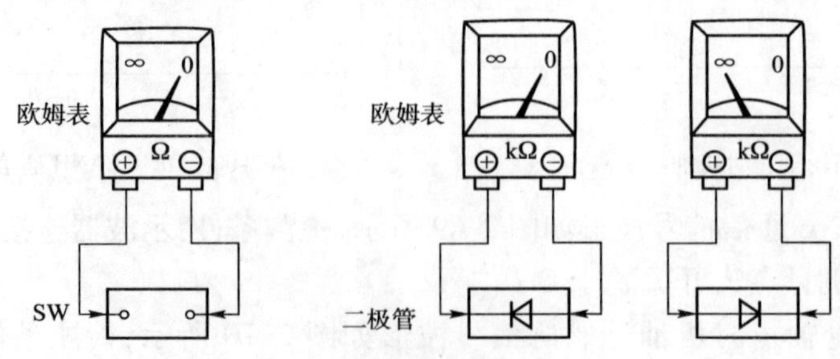

图 2-72　导通性和电阻检查

(3)查找短路电路

①拆下熔断的熔断丝并断开熔断丝的所有负载。

②在熔断丝的位置连接测试灯。

③在如下情况下测试灯亮，如图 2-73 所示。

图中[A]:点火开关打开。

图中[B]:点火开关和 SW1 打开。

图中[C]:点火开关、SW1 和继电器打开（连接继电器）和 SW2 关闭（或断开 SW2）。

④查看测试灯时，断开并重新连接连接器。测试灯仍点亮的连接器和测试灯熄灭的连接器之间短路。

⑤沿车身轻微晃动故障线束以准确找出短路部位。

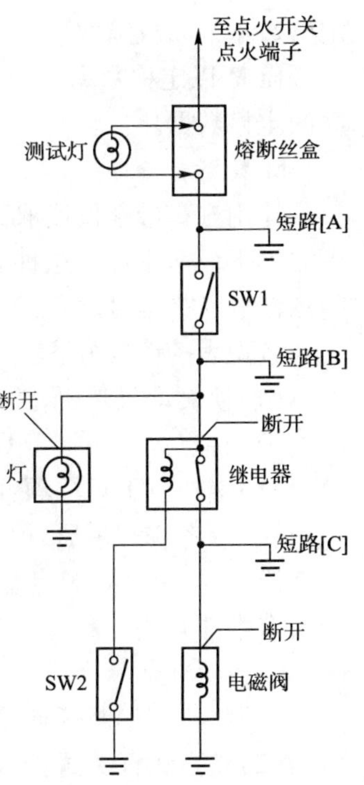

图 2-73 查找短路电路

2. 诊断系统

在对配备欧洲车载（EURO-OBD）的车辆进行故障排除时，必须将车辆连接到 OBD 诊断工具上，然后读取车辆 ECM 输出的各种数据。

EURO-OBD 规范要求车辆的车载计算机在检测到以下零件部件中存在故障时，亮起仪表板上的故障指示灯（MIL）：

(1)排放控制系统零部件。

(2)传动系统控制零部件（影响车辆排放）。

(3)车载计算机：由 ISO 15765-4 规定的诊断故障码（DTC）将会记录在 ECM 存储器中。如果在 3 个连续循环中未重复出现故障，MIL 会自动熄灭，但 DTC 仍会在 ECM 存储器中保留记录。

3. DTC 检查与清除

(1)检查 DTC（使用汽车诊断仪）

①将汽车诊断仪连接到 DLC3。

②将点火开关置于 ON 位置并开启汽车诊断仪。

③选择以下菜单项：Powertrain/Engine and ECT/DTC。

④检查 DTC 和定格数据，并将其记录下来。

⑤检查 DTC 的详细信息。

(2)清除 DTC（使用汽车诊断仪）

①将汽车诊断仪连接到 DLC3。

②将点火开关置于 ON 位置并开启汽车诊断仪。

③选择以下菜单项：Powertrain/Engine and ECT/DTC/Clear。

④按下 YES 按钮。

(3)清除 DTC（不使用汽车诊断仪）：执行下列操作中的任一操作，便可清除 DTC。

①将蓄电池负极电缆端子断开 1min 以上。

②将 EFI NO.1 和 ETCS 熔断丝从发动机舱继电器盒（位于发动机舱内）上断开 1min 以上。

4. 定格数据

存储 DTC 时，ECM 将车辆和驾驶条件信息记录为定格数据。进行故障诊断时，可借助定格数据判断故障发生时车辆是运行还是停止，空燃比是稀还是浓以及其他记录数据。

ECM 以定格数据的形式每 0.5s 记录一次发动机状态，使用汽车诊断仪，可检查五组独立的定格数据。

5. 数据表

使用汽车诊断仪读取数据表，可以读取开关、传感器、执行器及其他项的数值或状态，而无需拆下任何零件。这种非侵入式检查方法非常有用，因为可在扰动零件或配线之前发现间歇性故障或信号。

数据表的读取方法：

(1)使发动机暖机，然后将汽车诊断仪连接到 DLC3。

(2)将点火开关置于 ON 位置并开启汽车诊断仪。

(3)选择以下菜单项：Powertrain/Engine and ECT/Data List。

(4)参考修理手册，检查数值。

说明：如果没有规定怠速运转条件，则变速器换挡杆应在空挡位置，并且关闭空调开关和所有附件开关。

6. 主动测试

(1)将汽车诊断仪连接到 DLC3。

(2)将点火开关置于 ON 位置并开启汽车诊断仪。

(3)选择以下菜单项：Powertrain/Engine and ECT/Active Test。

(4)参考诊断仪界面提示说明进行主动测试。

(二)发动机动力控制系统故障诊断的案例分析

1. 案例 1：卡罗拉 1ZR-FE 发动机不能起动(起动系工作正常)

(1)故障现象

发动机不能起动，无初始燃烧(不能起动)。

(2)诊断步骤

①维修准备工作：安装座椅套、转向盘套、地板垫；安装翼子板布、前格栅布；放置车轮挡块、连接尾气抽排管；检查发动机机油、冷却液、制动液；仪器/资料/工具等准备情况；记录车辆信息，填写维修工单。

②确认故障症状：将点火开关置于 ON 位置，观察仪表板上的发动机故障指示灯，发现不亮；再次试着起动发动机，发动机无起动迹象，不能被起动。

③诊断仪器检测：将汽车诊断仪连接到 DLC3，将点火开关置于 ON 位置并开启汽车诊断仪，按照诊断仪界面提示说明进行操作，检测发现汽车诊断仪与发动机 ECM“无法通信”。

④分析故障原因：根据发动机“无法起动”及诊断仪“无法通信”的检测结果，结合故障症状表 2-6 分析，故障原因为“ECM 电源电路”或“VC 输出电路”两个方面。

⑤检修排除故障：首先检查 ECM 电路，检查结果为正常；依次检查凸轮轴位置传感器、节气门位置传感器及加速踏板位置传感器，检查发现当拔下进气侧凸轮轴位置传感器时，MIL 故障灯点亮，再次插上进气侧凸轮轴位置传感器的连接器，故障灯又不亮，说明故障发生在进气侧凸轮轴位置传感器，更换进气侧凸轮轴位置传感器，然后清除故障码并试车，结果一切正常。

⑥验证故障是否被排除：起动发动机，试车一切正常；再次利用汽车故障诊断仪检测，显示“系统正常”，说明故障被排除。

2. 案例 2：卡罗拉 1ZR-FE 发动机起动后很快熄火

(1)故障现象

发动机有起动迹象，但起动后马上熄火。

(2)诊断步骤

①维修准备工作：安装座椅套、转向盘套、地板垫；安装翼子板布、前格栅布；放置车轮挡块、连接尾气抽排管；检查动机机油、冷却液、制动液；仪器/资料/工具等准备情况；记录车辆信息，填写维修工单。

②确认故障症状：将点火开关置于 ON 位置，观察仪表板上的发动机故障指示灯，发现点亮；起动发动机后故障灯熄灭，但发动机很快又熄火。

③诊断仪器检测：将汽车诊断仪连接到 DLC3，将点火开关置于 ON 位置并开启汽车诊断仪，按照诊断仪界面提示说明进行操作，读取故障码时显示“系统正常”；读取数据流发现“MAF 0.01g/s”，这不正常。

④分析故障原因：根据故障症状，结合检测结果，分析故障原因可能为空气流量计或其控制线路存在故障。

⑤检修排除故障：拔下空气流量计连接器，发现连接器针孔锈蚀严重，于是对其表面进行处理，然后装回原车进行试验，发动机能顺利起动并且不熄火。

⑥验证故障是否被排除：起动发动机，试车一切正常；再次利用汽车故障诊断仪检测，读取故障码和数据流，显示均为正常，说明故障被排除。

项目小结

本项目让学生熟悉汽油发动机电控系统的基本结构和故障机理，掌握了电控常见部件的检测方法及故障诊断的基本流程，提高了汽车故障诊断过程中分析问题与解决问题的综合能力，为后续学习及毕业实践打下了坚实的基础。

项目3　汽车底盘电控系统的故障诊断

任务目标

最终目标

熟悉自动变速器、电动转向、制动防滑等电控系统的基本控制原理，掌握电路分析、部件检测及故障诊断与排除的操作方法和规范流程，培养解决问题的实践能力。

促成目标

1. 熟悉汽车电控故障诊断与排除的基本流程，掌握填写维修工单的方法；
2. 掌握汽车万用表、汽车诊断仪的使用方法，分析故障症状及可能原因；
3. 熟悉查阅汽车修理手册及电路图的方法，学会编制诊断流程图；
4. 学会分析电路、检测线路及其部件，会排除电控系统的常见故障；
5. 结合实训案例，学会撰写汽车电控故障的维修案例；
6. 养成作业过程中遵循5S理念的习惯，培养学生职业素养。

引言

汽车底盘电控系统的故障诊断与排除是汽车维修作业的常见工作，教学内容主要包括熟悉基本原理、学会电路分析、掌握部件检测、学会故障诊断等。

通过自动变速器、电动转向、制动防滑等电控系统故障诊断与排除的实践训练，增强学生规范化操作意识，提高规范化操作水平，培养学生分析问题和解决问题的职业能力，为实现学生“零距离”就业打下坚实的基础。

任务1　自动变速器电控系统的电路分析与故障诊断

一、任务引入

现代汽车广泛采用自动变速器，而行驶中经常遇到汽车动力不足、无法升降挡、换挡冲击等症状。汽车维修中，怎么维修？怎么试验？下面以丰田卡罗拉汽车为例介绍自动变速器电控系统的电路原理、识读技巧及部件检修，引导学生学习基础知识，学会故障诊断。

二、相关知识

1. 自动变速器电控系统概述

现代汽车发动机和自动变速器大多共用一个ECM，它利用安装在发动机和自动变速器上的传感器和开关的信号控制换挡正时以及对液压控制装置的电磁阀的控制锁定，以保持最佳驾驶状态,如图 3-1 所示。此外,ECM 具有传感器等故障时的诊断和故障防护功能。

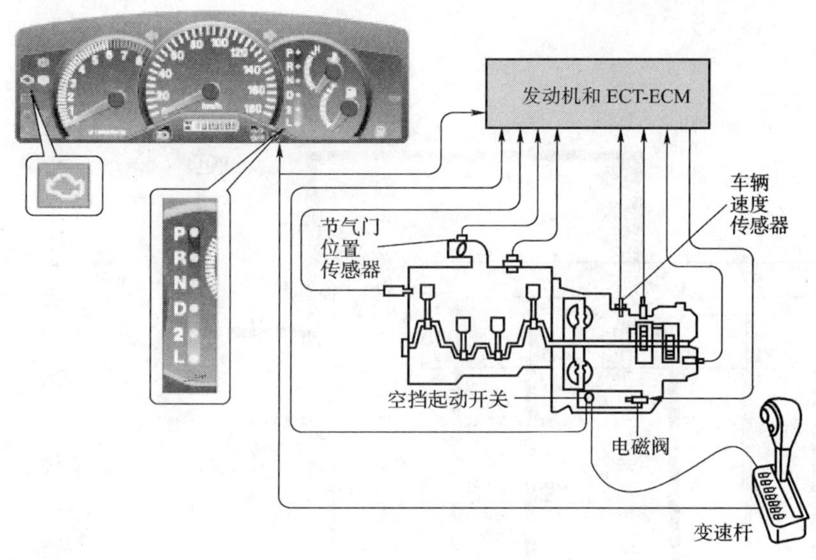

图 3-1　自动变速器电控系统概述

2. 传感器及开关

传感器及开关的作用是收集各种数据,用于确定各种控制(装置)的各种数据并将它们变换成电信号,然后传送到发动机和 ECT ECM。

(1)自动变速器油温传感器

油温传感器安装在电控变速器电磁阀体内,直接检测自动变速器油温。它将油温转换为电信号,输入 ECT ECM,用于对离合器和抽动压力的修正,以保持平滑的换挡质量。

(2)转速传感器

ECM 通过转速传感器信号,检测齿轮换挡时间,并根据各种条件适当控制发动机转矩和液压,执行平滑的齿轮换挡。

(3)驻车/空挡位置开关

驻车/空挡位置开关电路如图 3-2 所示,当点火开关接通时,蓄电池电压经熔断丝后施加到驻车/空挡位置开关 B88 的 2 号脚。当驻车/空挡位置开关位于"P"位时,驻车/空挡位置开关的 2 号脚和 6 号脚接通,蓄电池电压施加在 ECM B31-73 端子上,此时,ECM 判断驻车/空挡位置开关位于"P"挡。当驻车/空挡位置开关移至不同的挡位时(R、N、D、2、L),蓄电池电压施加在相应的端子 B31-53、B31-54、B31-55、B31-74 上,ECM 即可判断出挡位位置。

(4)变速器换挡电磁阀

换挡电磁阀电路如图 3-3 所示,在换挡期间,S1 和 S2 电磁阀控制液压,ST 电磁阀仅在从 3 挡升 4 挡和 4 挡降 3 挡时工作,换挡电磁阀的接通和断开由 ECM 控制。ECT 根据来自停车灯开关、车速传感器、转速传感器以及油温传感器等的输入数据,控制每一个电磁阀的接通和断开。若换挡电磁阀中的一个电路发生断路或短路,ECM 通过控制正常换挡电磁阀仍可顺利控制汽车(失效保护功能)。

(5)停车灯开关

制动踏板在被踩下时,发动机和 ECT ECM 取消锁定,这将防止发动机因锁定而熄火。停车灯开关电路如图 3-4 所示。

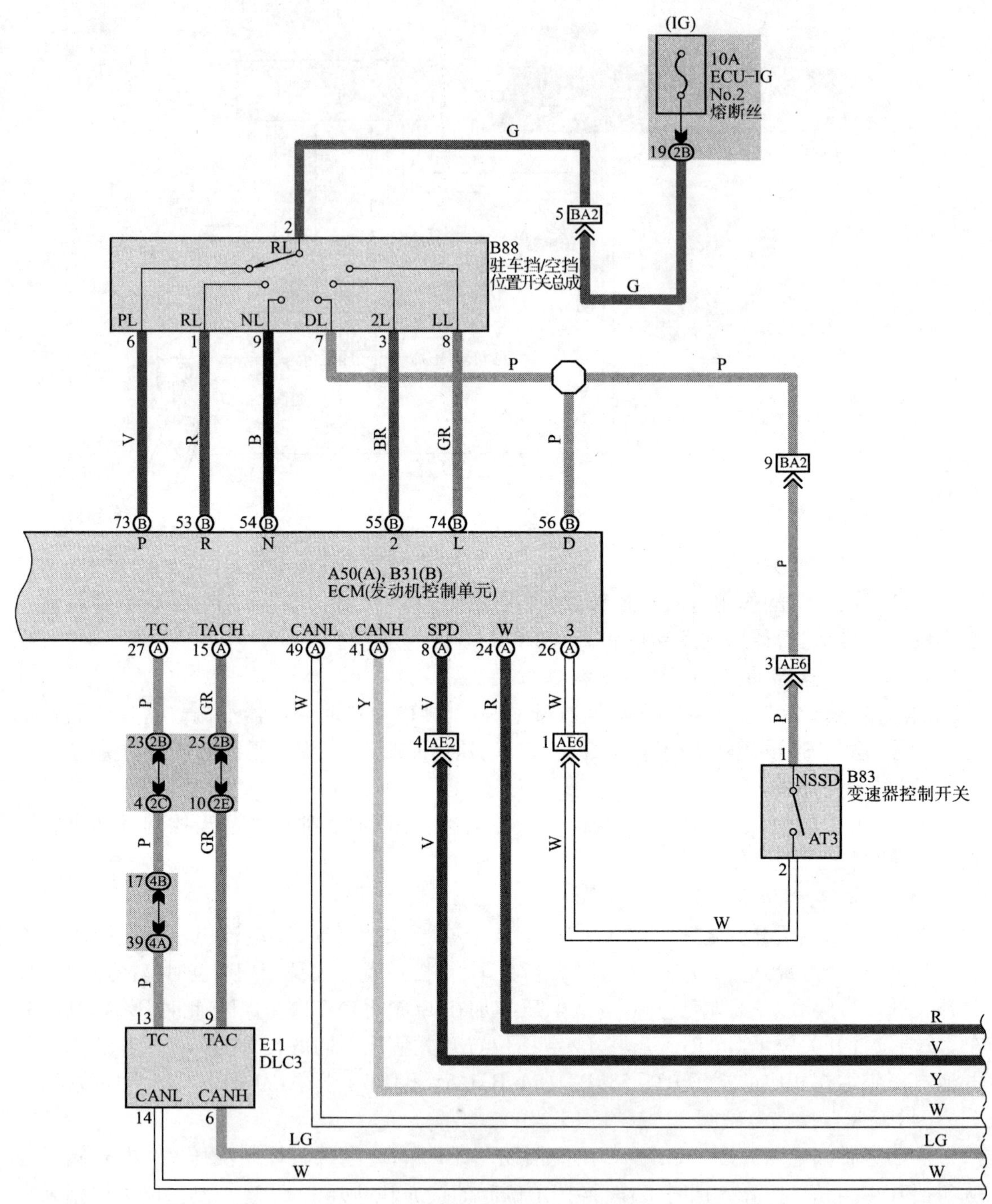

图 3-2　驻车/空挡位置开关电路

3. 自动变速器的主控制

发动机和 ECT ECM 进行下列控制：换挡正时控制、锁定控制、挠性锁定控制和其他控制，ECT 汽车通过以上各种控制装置可以平稳和舒适地驾驶，如图 3-5 所示。

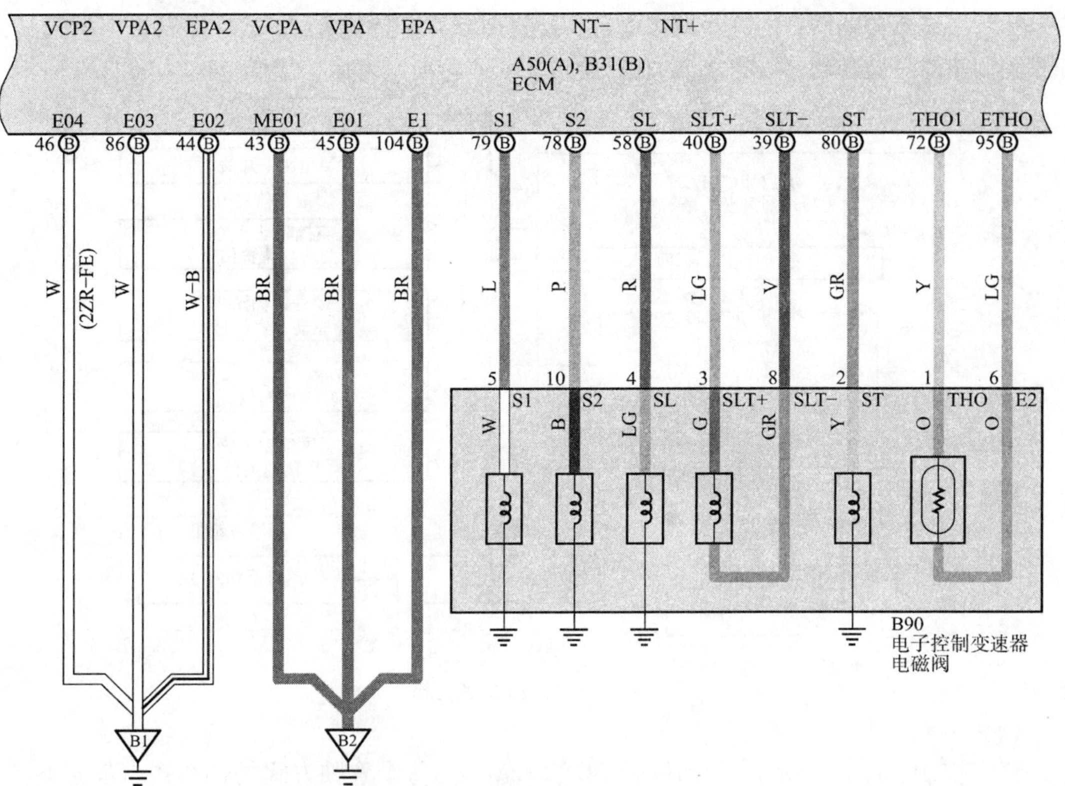

图 3-3　换挡电磁阀电路

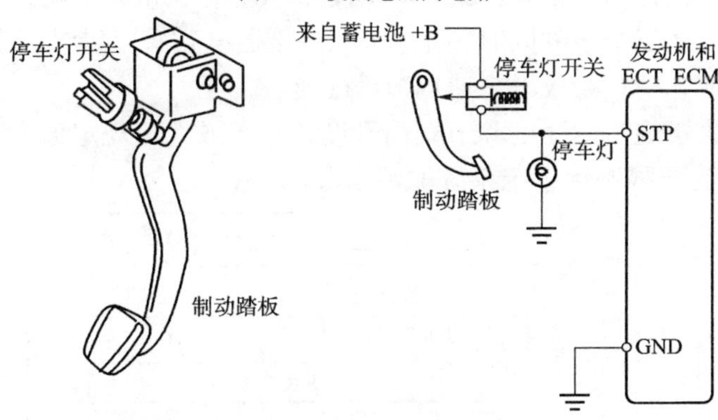

图 3-4　停车灯开关电路

图 3-5　自动变速器的主控制

(1)换挡正时控制

发动机和 ECT ECM 已将每个换挡杆位置和每个传动方式的最佳换挡方式编程存入存储器。依据换挡方式,ECM 根据车速传感器的车速信号,利用节气门位置传感器的节气门开度角信号和利用各个传感器/开关信号，将电磁阀接通或断开。依此方式，ECM 操纵每个电磁阀，打开或关闭至离合器和制动器的液流通道，使自动变速器换入高速挡或低速挡，如图 3-6 所示。

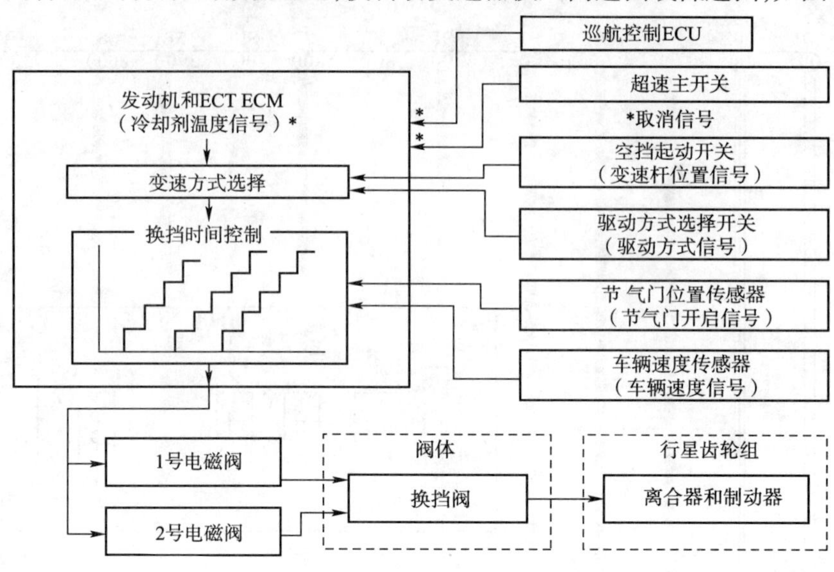

图 3-6　换挡正时的控制

（2）锁定控制

锁定控制如图 3-7 所示，发动机和 ECT ECM 已为每个驾驶方式的锁止离合器运转方式编程并存入存储器。根据这个锁定方式，ECM 按照车速信号和节气门开度角信号将电磁阀接通或断开。如果下面三个条件同时满足，ECM 将接通电磁阀以操纵锁定系统：

①汽车以 2 挡或 3 挡行驶或以超速挡“D”行驶。

②车速等于或大于规定的速度和节气门开度角等于或大于规定值。

③ECM 已接收到非强制性锁定系统取消信号。

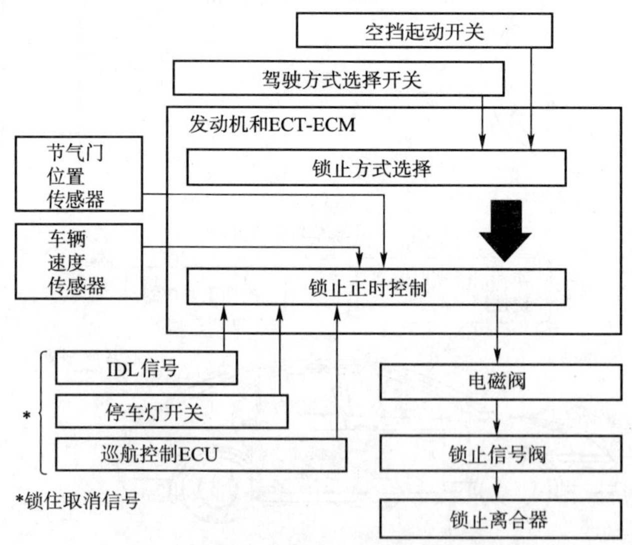

图 3-7　锁定控制

ECM 控制锁定时间以减少换挡期间的冲击。如果自动变速器换入高速挡或低速挡，而且锁定系统正在运行时，则 ECM 使锁定系统无效，这有助于减少换挡冲击。在换入高速挡或低速挡后，ECM 使锁定系统重新有效。然而，在下列条件下，ECM 将强迫取消锁定：

①停车灯开关接通（制动期间）。

②节气门位置传感器的 IDL 点闭合。

③冷却液温度低于一定的温度。

④车速降至约 10km/h 或大大低于设定速度且匀速行驶。

（3）挠性锁定控制

挠性锁定控制如图 3-8 所示，挠性锁止离合器系统通过稳定和保持锁止离合器的微小打滑来扩大锁定工作区，以改善燃油的经济性。发动机和 ECT ECM 根据节气门开度角和车速来确定挠性锁定工作区，然后 ECM 将一信号送至线性电磁阀（SLU）。

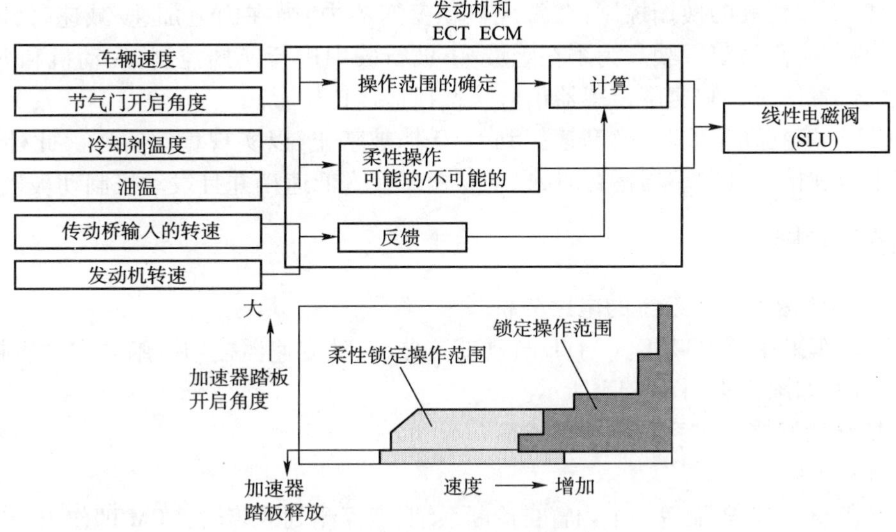

图 3-8 挠性锁定控制

此外，ECM 利用发动机转速和自动变速器输入速度传感器信号来检测液力变矩器泵轮（发动机）和涡轮（自动变速器）转速之间的差，这使得反馈控制将液力变矩器（流体动力传递）和锁止离合器（机械动力传递）的动力传递分配最佳化。

（4）其他控制

①油路压力最佳控制：ECT 利用节气门位置传感器检测加速踏板开度角（负载）和控制油路压力。油路压力利用线性电磁阀（SLT）控制。通过使用线性电磁阀（SLT），油路压力根据发动机转矩信息以及液力变矩器和自动变速器的内部运行条件得到最佳控制。因此，油路压力可以根据发动机输出，行驶条件和 ATF 温度精确地控制，从而实现平稳换挡特性和使油泵工作负载比最佳。

维修提示：如果电磁阀（SLT）故障，内阀将被固定在顶部（Hi 侧），所以在换挡期间将会有较大的冲击。

②离合器压力最佳控制：线性电磁阀（SLT）用于离合器压力的最佳控制。ECM 监测来自各种类型传感器，如输入涡轮速度传感器的信号，使线性电磁阀（SLT）能够根据发动机输出和行驶条件精确控制离合器压力。其结果是实现平稳换挡特性。

③离合器对离合器压力控制：自动变速器换挡时，液压从一个元件释放并用于另一个。采用离合器对离合器压力控制使这一过程平稳，这将控制 ECM 向线性电磁阀（SLT）发送一个信号以及作用于蓄压器背压侧的液压最佳比。

④发动机转矩控制：自动变速器内行星齿轮装置的离合器和制动器的接合是通过自动变速器内换高速或低速挡时瞬间延迟发动机点火时间来平稳控制的。当 ECM 根据各个传感器的信号判断换挡正时时，它触发换挡控制电磁阀进行换挡。换挡开始时，ECM 延迟发动机点火时间以减少发动机转矩，其结果是行星齿轮装置的离合器和制动器的接合力减弱，以使换挡平稳进行。

⑤"N"到"D"车身后部下沉控制器：当自动变速器从"N"区换到"D"区时，车身后部下沉控制系统防止驱动桥直接换到头挡，使其首先换到 2 挡或 3 挡，然后换到头挡。这是为了降低换挡冲击和汽车车身后部的下沉。车身后部下沉控制仅在以下条件全部同时存在时才起作用：汽车被停车、停车灯开关接通、自动变速器正在从"N"区换到"D"区和冷却液温度升高。

⑥上坡/下坡驾驶的换挡控制：在常规自动变速器中，当在山上加速/减速时，因情况变化而频繁换挡，妨碍稳定行驶。为了在上坡/下坡行驶中进行换挡控制，发动机和 ECT ECM 使用节气门位置传感器和速度传感器信号来选择最佳挡位置。

当 ECM 测定到在爬坡时，换高速挡到 O/D 挡被禁止，以实现稳定行驶。此外，当 ECM 确定是在下坡和检测到制动器运行时，自动变速器换入低速挡并且发动机制动被接合。

三、任务实施

（一）自动变速器电控系统的电路分析

卡罗拉轿车采用了 U340E、U341E 自动变速器，自动变速器控制电脑与发动机控制单元合二为一，电路如图 3-9 ~ 图 3-15 所示。

（二）自动变速器电控系统的故障诊断

1. 诊断系统概述

发动机和 ECT ECM 配备一个内置自诊断系统，当探测到故障时，ECM 即作出一次诊断并将故障信息存储起来，以便维修技术人员在 ECT 故障排除时可迅速地确定故障部件或回路。

2. 故障症状表

当认为故障在电气系统时，参考表 3-1 可帮助诊断故障。故障原因的可能性按由小到大的顺序表示，按顺序检查每个可疑部件。必要时，维修或更换的故障的零件或调整。

3. 故障诊断的基本原则

（1）分清故障引起的部位。

（2）坚持先简后难、逐步深化的原则。

（3）区别故障的性质。

（4）充分利用自动变速器各个检验项目，为查找故障提供思路与线索。

（5）充分利用电控自动变速器的自诊断功能。

（6）必须在拆检后才能确诊的故障，应是故障诊断的最后程序，绝对不要轻易分解电控自动变速器。

（7）诊断的整个过程都应在修理手册的参照指导下进行，掌握必要的结构原理图、电路图等。

4. 故障诊断的一般流程

在汽车维修行业中，故障诊断是难点，尤其是自动变速器的故障诊断。很多修理人员对故障无从下手，或上来就大拆大卸，试图通过解体和重装来解决问题，结果非但不能消除原有的症状，反而可能加重症状，或增加新的故障。因此，必须在掌握原理和了解具体结构的基础上，对照准确的维修数据，按照科学的步骤进行诊断，才能保证准确地查找出故障部位，以下是自动变速器故障诊断的一般流程。虽然它可能并不适用于所有自动变速器,但却提供了一个通用的诊断思路。

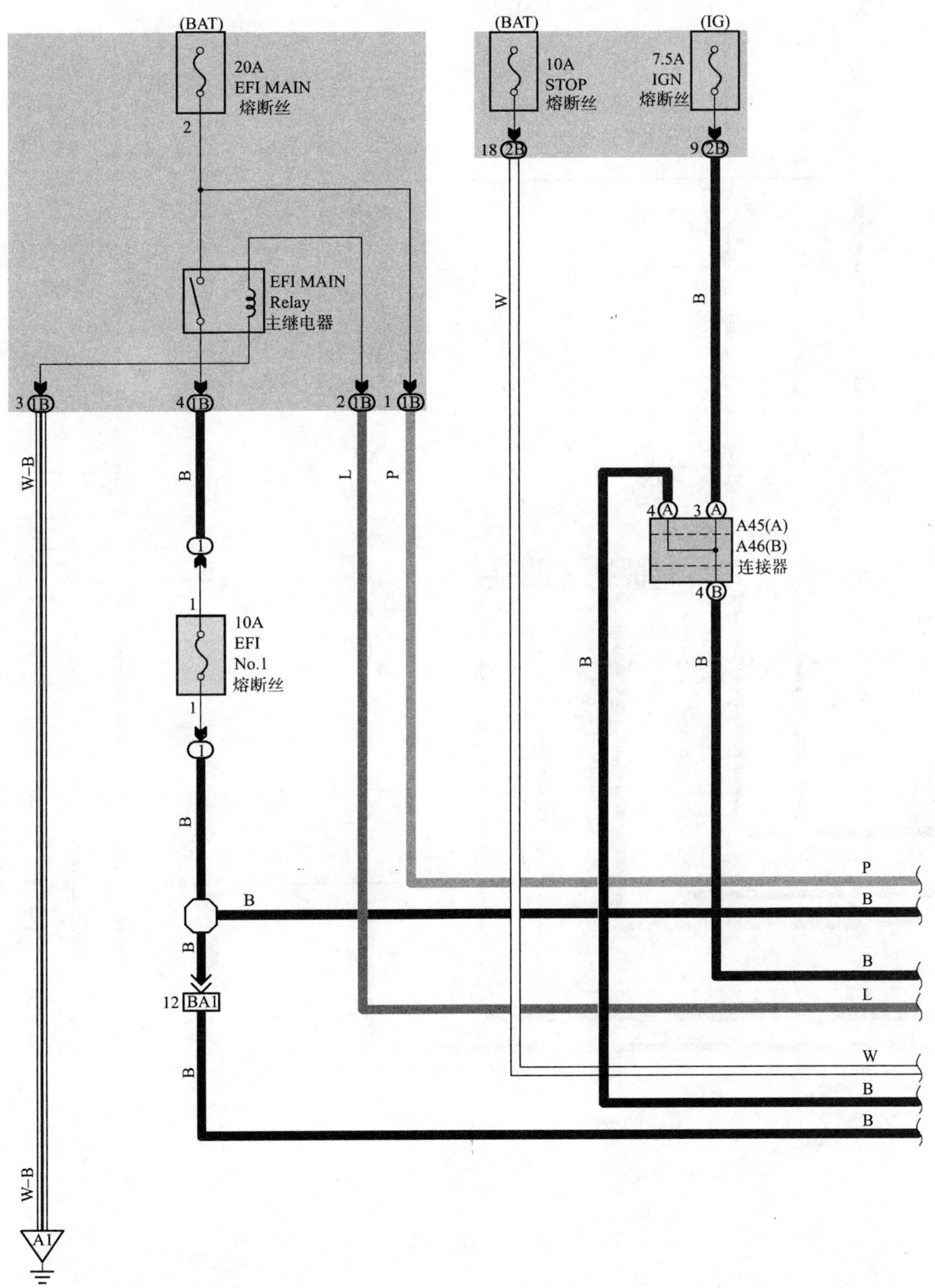

图 3-9　自动变速器电控系统电路(一)

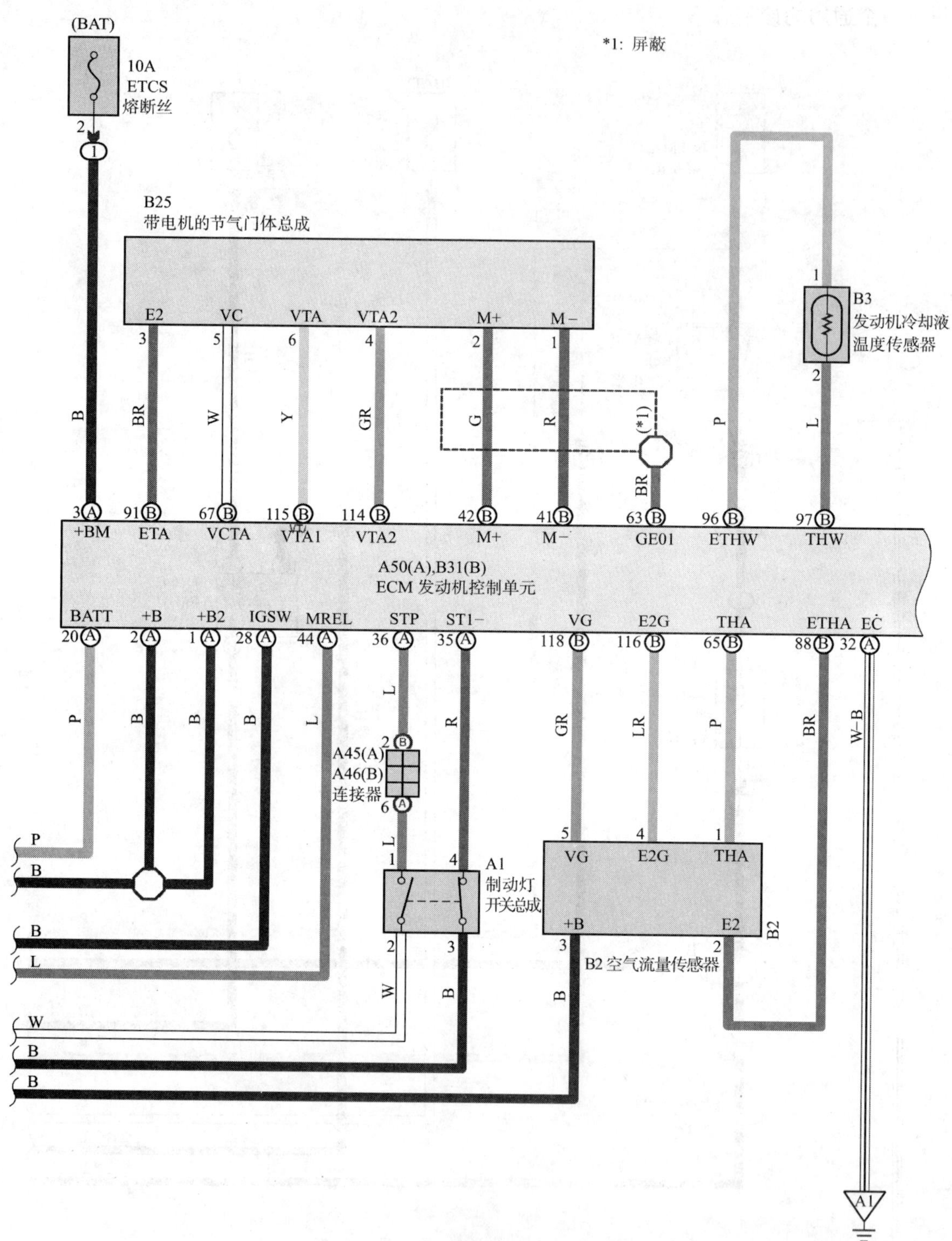

图 3-10　自动变速器电控系统电路(二)

(1)第一步,确认故障内容

要与客户进行沟通,了解故障内容,必要时通过道路试验来确认故障内容。因为客户是从使用的角度来反映故障,并不能专业地、确切地描述故障。例如,初次驾驶自动变速器汽车的客户抱怨说车辆在D挡突然加速时有瞬间打滑现象,经路试并没有发现客户反映的问题。后与客户一起路试,沟通后发现客户指的是车速在70km/h左右,发动机转速在2200r/min,匀速在D挡行驶时,猛踩加速踏板时的强制降挡现象,发动机转速瞬间升高是正常的。给客户讲过简单原理并看过维修数据后,问题解决。

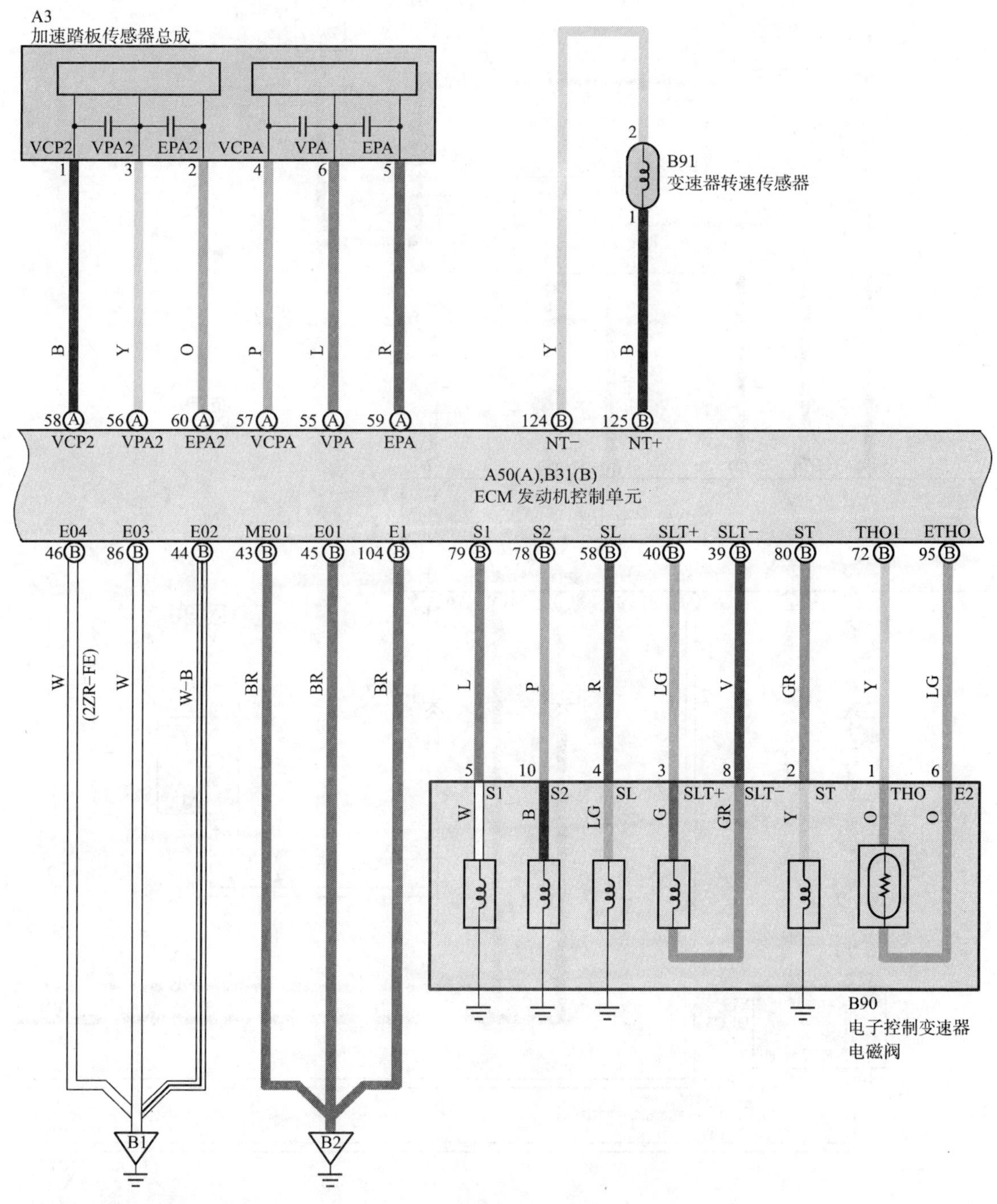

图3-11 自动变速器电控系统电路(三)

(2)第二步,初步检查与调整

①自诊断检查:确认故障后,首先查看自动变速器的故障指示灯,并通过自诊断系统读取故障码,有两种方法,一是使用汽车故障诊断仪,另一种是采用各车型的手动读码方法。

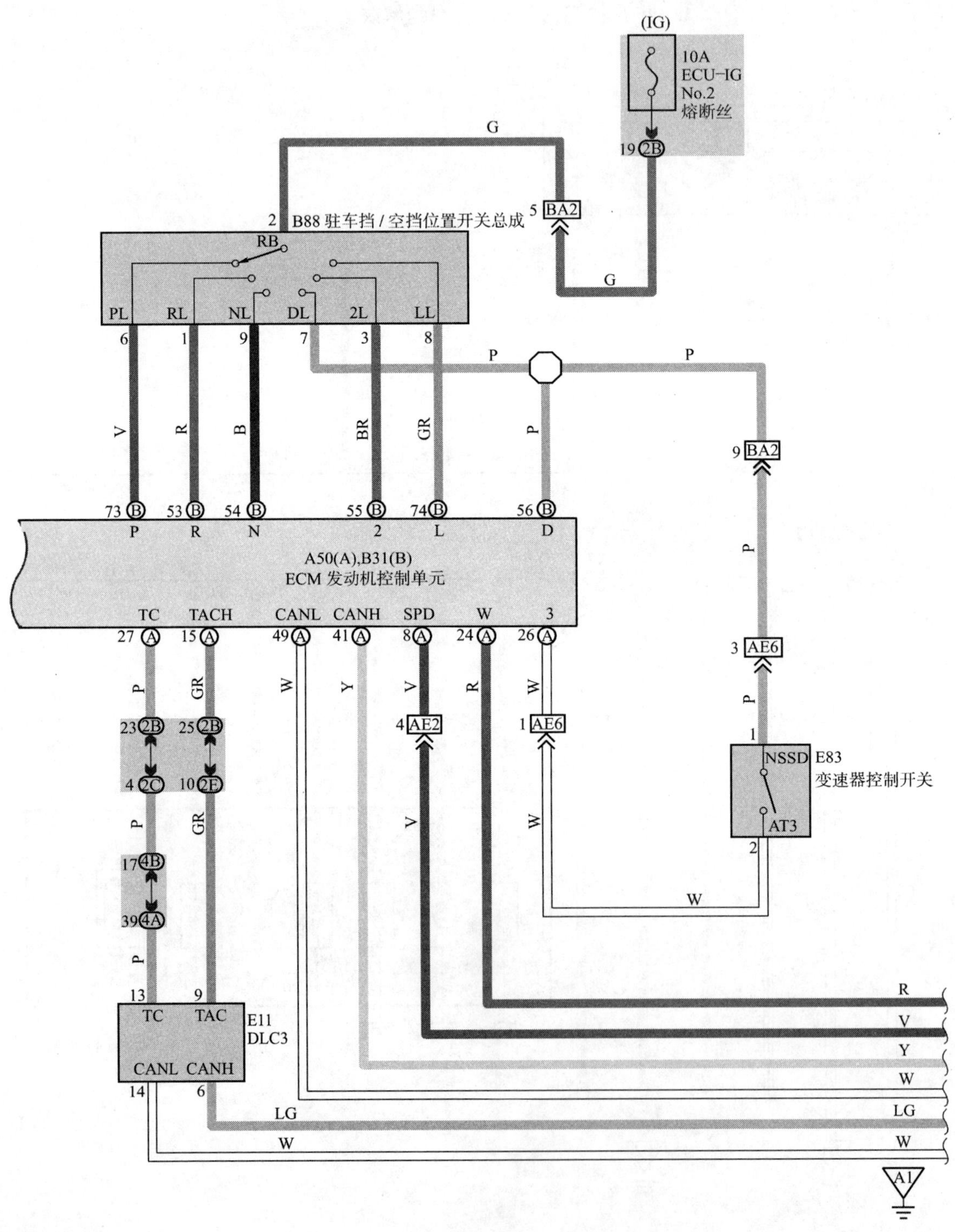

图3-12 自动变速器电控系统电路(四)

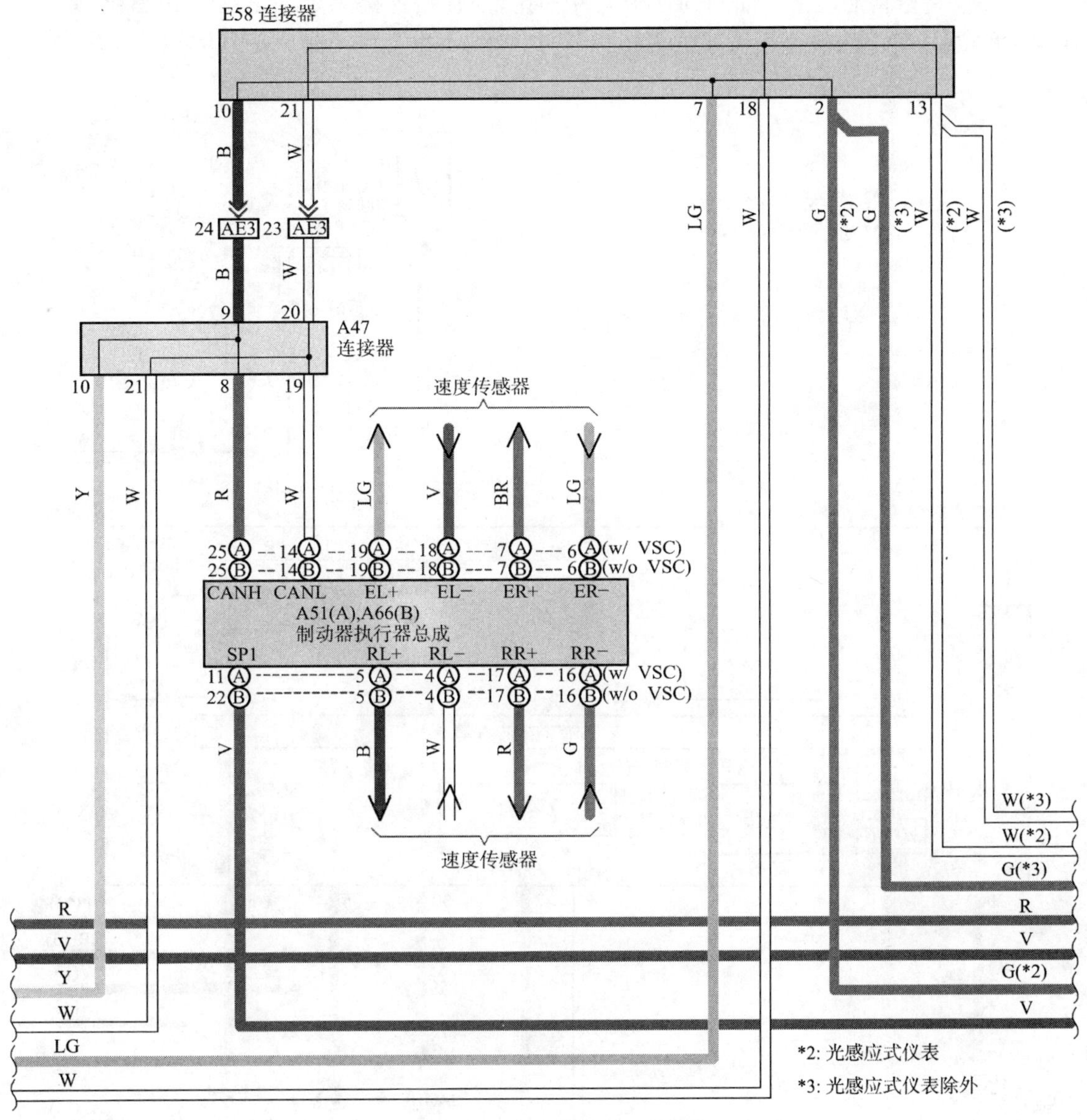

图 3-13　自动变速器电控系统电路(五)

②油液高度的检查:要注意各车型的不同。

③油液质量的检查,主要通过"看""闻""问"和"摸"来检查。

a."看"是指首先看油尺上的油是不是自动变速器油,有的车加的是齿轮油。其次看油液的颜色,如颜色较深或发黑,说明自动变速器的摩擦片磨损;如颜色变淡并成乳状,说明油液被水污染;如黏稠并成油漆状,说明氧化、过热、加注不足或过量。

b."闻"是指闻一下油尺上的油液是否有焦煳异味,如有,说明自动变速器的摩擦片磨损。

c."问"是指与客户交流了解油液每次多少公里换一次,现在多少公里没有换油,换什么品牌的油等。

d. “摸”是指将油尺上的油滴到食指上，用拇指与食指揉搓感觉油里是否有磨粒，如有，则再看磨粒是否发亮，发亮说明是内部机械零件磨损，不发亮说明是摩擦片磨损。

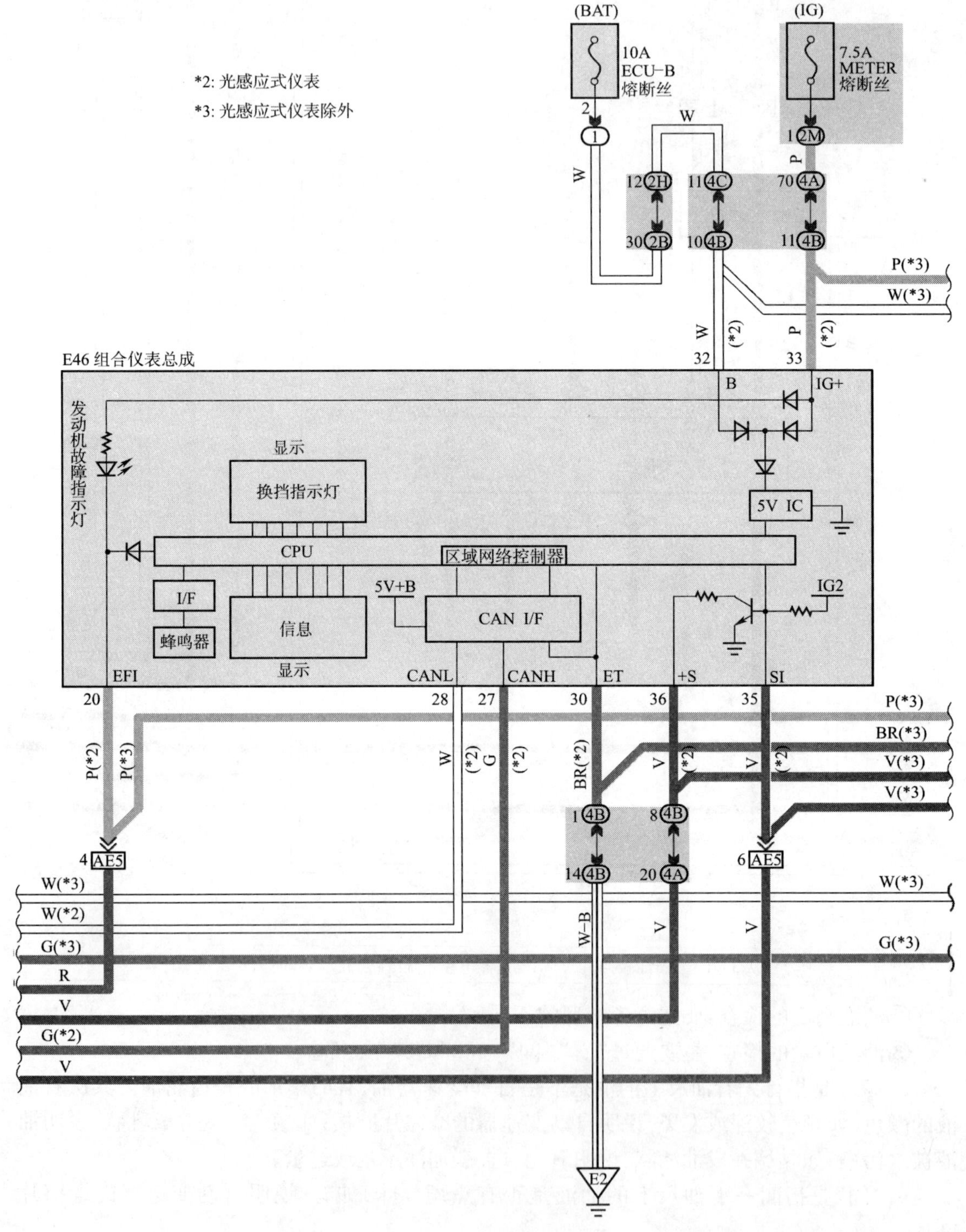

图 3-14　自动变速器电控系统电路(六)

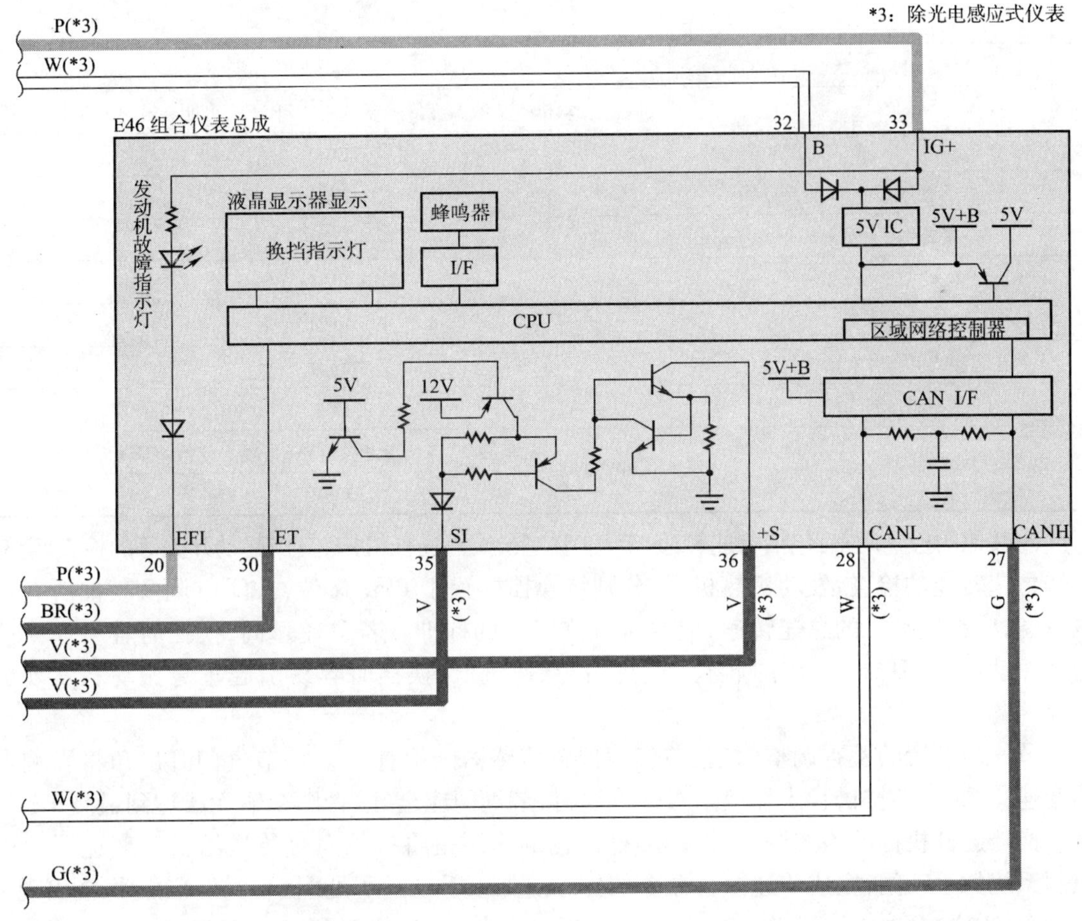

图 3-15　自动变速器电控系统电路(七)

自动变速器电气系统故障症状表　　表 3-1

故障症状	可疑部位
不能加挡(特定的挡位,从 1 ~3 挡,不能加挡)	ECM
不能加挡(3 ~4 挡)	变速器控制开关电路(可能会输出 DTC)
	ECM
不能减挡(4 ~3 挡)	变速器控制开关电路(可能会输出 DTC)
	ECM
不能减挡(特定的挡位,从 3 ~1 挡,不能减挡)	ECM
不能锁止或不能关闭锁止	制动灯开关电路(可能会输出 DTC)
	发动机冷却液温度传感器电路(2ZR-FE,可能会输出 DTC)
	ECM
换挡点太高或太低	节气门位置传感器电路(2ZR-FE,可能会输出 DTC)
	发动机冷却液温度传感器电路(2ZR-FE,可能会输出 DTC)
	ECM
换挡杆置于 3 挡位置时,从 3 挡加挡到 4 挡	变速器控制开关电路(可能会输出 DTC)
	ECM

续上表

故障症状	可疑部位
发动机冷机时,从3挡加挡至4挡	发动机冷却液温度传感器电路(2ZR-FE,可能会输出DTC)
	ECM
接合生硬(N~D挡)	ECM
接合生硬(锁止)	ECM
接合生硬(任一行驶位置)	ECM
加速不良	ECM
在起动或停车时发动机失速	ECM
不能强制降挡	ECM
换挡故障	驻车挡/空挡位置开关电路(可能会输出DTC)
	ECM

④其他的检查调整:包括怠速转速、节气门位置、换挡连杆机构、空挡起动开关等的检查调整。

怠速转速的检查:发动机热机后,分别将换挡杆置于P或N位,关闭空调及其他所有用电设备,检查发动机的怠速转速,应符合维修资料的标准。若怠速过高,换挡时容易产生冲击和振动,且在D或R位时"爬行"严重;若怠速过低,换挡时容易引起车身振动和发动机熄火。

节气门位置的检查调整(包括节气门位置传感器的检查调整):节气门开度角将影响自动变速器的换挡时机,且当加速踏板踩到底时,节气门应全开,否则车辆无法达到最高车速。

换挡连杆机构的检查调整:换挡连杆机构的作用是将换挡命令传送给自动变速器液压控制系统的手动阀,完成传递执行命令的任务。如果手动阀所处"挡位"不正确,将会出现P位倒车,N位前进,D位不能实现最高速,或者R位停驶,N位倒车,D位停驶等故障。

空挡起动开关的检查调整:为了保证汽车的安全性,防止错误操作造成安全事故,在自动变速器换挡连杆机构中设置了空挡起动开关,如果调整不正确,会出现D位或R位时汽车能起动的不良症状。

(3)第三步:确定故障类型

①道路试验:结合换挡表进行道路试验,并参照症状表以确定故障的内容和范围。试验时要接上汽车故障诊断仪,观察发生故障时自动变速器的数据流,以便更快更准地发现故障。

②失速试验:通过此试验,同时结合失速转速表来分析和确定故障是发动机、自动变速器,还是液力变矩器。

③自诊断检查:如果确定是自动变速器的故障,还要确定故障的范围,即是电器方面故障、油路方面故障,还是机械方面故障。自诊断检查可以确定故障是否为电器方面。

④油压试验:此试验可以确定故障是否为油路方面的故障。

⑤起步试验:如果确定故障为机械方面,还可通过起步试验进一步确定是哪一组离合器或制动器有故障。

(4)第四步:排除故障点,必要时进行试车,然后验证故障是否被排除。

5. 故障检修的注意事项

(1)检修前:在牵引自动变速器故障车时,应把驱动轮抬起后拖回;举升车辆时注意安全;修理自动变速器的场地应清洁无尘,在分解自动变速器前,应彻底清洁。

(2)检修中:拆检电气元件时,应先拆下蓄电池负极;检查时最好采用数字式万用表等;零件拆卸后,要摆放整齐;对不可重复使用的零件,应注意及时更换;摩擦部件间装配或更换后都应涂油润滑;装配时一定要按照技术要求安装到位。

(3)检修后:检修后应进行油压测试和电磁阀检查,测试无误后再装车。

(三)自动变速器电控系统的故障案例分析

1. 案例1:卡罗拉U341E型自动变速器轿车行驶无力

(1)故障现象

一辆配有U341E型自动变速器的丰田卡罗拉轿车,无论在加速还是在上坡时都显得行驶无力,发动机转速上升很快但车速很慢。

(2)原因分析

制动器或离合器打滑,单向离合器打滑

(3)故障诊断前的准备工作

车辆进入车间,记录并分析客户所述故障;准备过程中所需要的工具,如IT-2诊断仪、万用表、常用拆装工具、量具等;对车辆、发动机、自动变速器进行目视外观检查;试车,确认故障症状。

(4)故障诊断

①油液检查:将车辆水平停放,保持发动机怠速运转至正常工作温度,将变速杆分别置于各个挡位停留片刻,然后将变速杆置于P位或N位,液面应处于双刻度线油尺的COOL和HOT之间;然后检查油质,正常的油液颜色为红色或粉红色的透明液体,并有类似于新机油的气味;若油液变成黑色并有烧焦味,可能是制动器、离合器严重磨损,摩擦材料产生的磨粒污染油液所致;若油液呈现乳色泡沫状,可能是因为冷却液进入油冷却器造成,冷却液渗入油液中在油流循环中被搅动,使油液成乳状,严重时会导致变速器早期损坏。

②手动换挡试验:脱开电子控制自动变速器的所有换挡电磁阀线束插接器→起动发动机,将变速杆拨至不同位置,驱动轮悬空进行换挡试验→观察发动机转速和车速的对应关系以判断自动变速器所处的挡位(不同挡位时,发动机转速与车速的关系可以参考修理手册),检查是否在标准范围内→试验结束后接上电磁阀线束插接器→清除自动变速器ECM存储器的故障代码,以防止因脱开电磁阀线束连接器而产生的故障码保存在自动变速器ECM存储器中,影响自动变速器的故障自诊断。

③失速试验:将自动变速器油液温度升至50~80℃→用三角木固定前、后车轮,拉紧驻车制动器,并将车辆制动→保持发动机怠速运转,将变速杆置于D位测试→测试时,左脚踩紧制动踏板,右脚将加速踏板踩到底,迅速读出发动机转速达到最高并稳定时的转速,该转速称为失速转速→读取发动机转速后立即松开加速踏板→将变速杆拨至P位或N位,使发动机怠速运转1min,以防止油液温度过高而变质→将变速杆拨入其他挡位(R位、L位或2位、1位),做同样的试验。

失速试验结果分析:失速转速的标准值为2300~2500r/min。若失速转速低于标准值,表明发动机功率不足或单向离合器打滑;若失速转速高于标准值,表明发动机可能是油量不足、油质过差、主油路压力过低、离合器和制动器打滑,也可能是变矩器叶片损坏。

④时滞试验

a. 目的:判断主油路油压和离合器、制动器等换挡执行原件的工作是否正常。

b. 方法:将自动变速器油液温度升至50~80℃,拉紧驻车制动器→使发动机保持标准怠速运转,将变速杆位置分别从 N 位置换入 D 和 R 位置→用秒表测量从 N 位置换入 D 和 R 位置后,直至有振动感时所经历的时间。每次试验间隔时间为 1min,取 3 次试验时间的平均值。

c. 标准值:N→D 时滞不大于 1.2s;N→R 时滞不大于 1.5s。

⑤主油路油压测试

关闭发动机,使变速器挡位位于 P 挡位置,拆下需要检测油压的测试点的油堵,接上与螺纹内径相配的专用接头,然后连接上软管及油压表。检查油管应不与汽车或发动机的旋转部件接触。

起动发动机,使变速器处于油压测试状态,检测专用接头及其他连接处是否有泄漏。待自动变速器的油温达到正常工作温度时,此时在各种工况下检查并记录油压表的数值与变化,通过与标准值的比较,来判断液压系统的性能。

若油泵供油压力不正常、单向离合器工作不正常、液力变矩器叶片损坏都应按标准规格直接更换。

若离合器制动器钢片摩擦片损坏,应进行路试,先判断损坏的换挡执行元件是哪一个,再对其进行更换。

图 3-16 所示为卡罗拉 U341E 型自动变速器轿车行驶无力的诊断流程图。

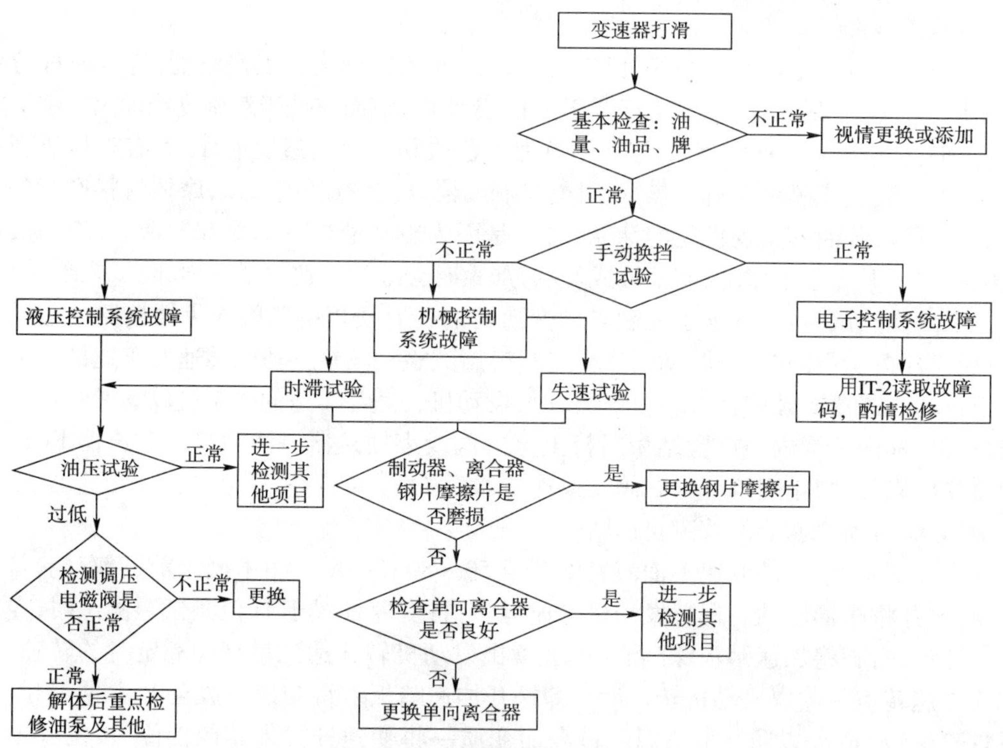

图 3-16　卡罗拉 U341E 型自动变速器轿车行驶无力诊断流程图

2. 案例 2:卡罗拉 U341E 型自动变速器轿车无法换挡

(1)故障现象

客户反映该车发动后无法从 P 挡换入别的挡位,但仪表显示正常。

(2)检修过程

进入车内检查,正如客户所反映的那样,发动车辆,踩制动踏板后却无法换入其他的任何挡位。使用强制换挡键,挡位切换顺畅自如,由此可知,挡位操纵机构不存在问题。

再踩制动踏板，仔细听之后发现，没有正常状态下的“嗒”的一声，而制动灯的工作正常，说明换挡锁止开关没有工作。

换挡锁止工作电路如图3-17所示。分析电路图，换挡锁止开关和换挡锁止控制ECU总成是一体的结构，它有三根电源线，先检查熔断丝AM1、ECU-IG、STOP，没有熔断现象。

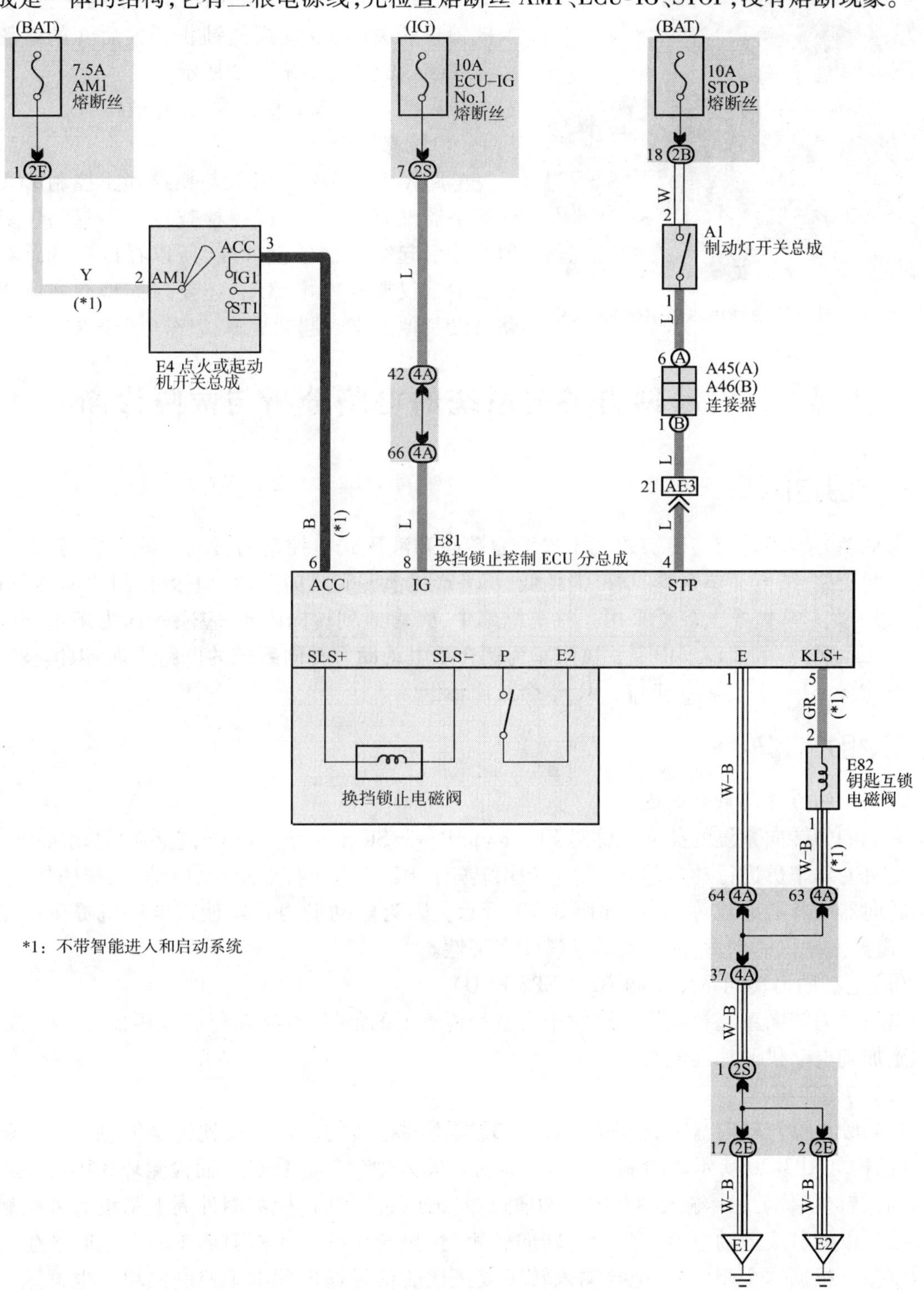

图3-17　换挡锁止工作电路

从继电器分布图上找到换挡锁止开关的位置，把中间扶手箱拆下，拔下插头用万用表检查 BAT 以及 IG 线路电压指示都在 12V 左右，而两根搭铁线检查又正常，说明电路是正常的。

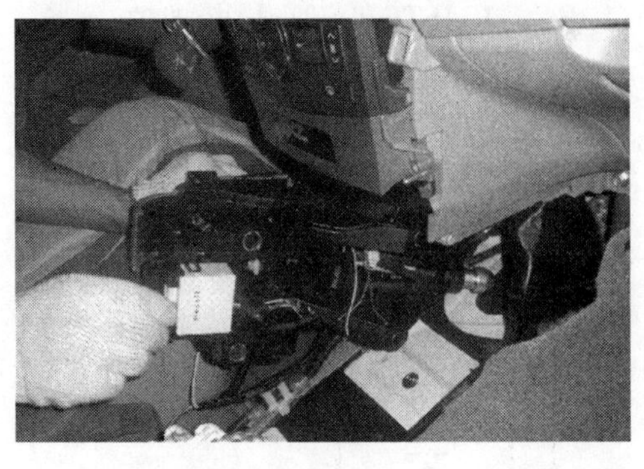

图 3-18　换挡锁止开关后面的线路中存在断线故障

由此判定是换挡锁止开关出现了问题，拆下换挡锁止开关时，发现换挡锁止开关后面的线路中存在断线故障，如图 3-18 所示。

线束接好，试车一切正常，故障被排除。

(3)维修体会

电路图中换挡锁止开关与换挡锁止控制 ECU 的连接器没有标出，造成在检查过程中忽略了其他线路引起第一次的误诊断，所以在以后的维修过程中不仅要参考电路图，还要仔细检查实际电路有没其他因素引起的故障，以避免误诊断。

任务 2　电动助力转向系统的电路分析与故障诊断

一、任务引入

电动助力转向系统与传统的液压式动力转向和液压式电控动力转向系统相比，具有工作灵敏度较高、结构简单紧凑、功率消耗低、不易产生泄漏和转向力易于有效控制、“路感”好等优点，因此目前轿车上广泛采用。汽车维修中，经常遇到转向困难、左右转向力矩不同等症状，怎么维修？下面以丰田卡罗拉汽车为例介绍电动助力转向系统的电路原理、识读技巧及部件检修，引导学生学习基础知识，学会故障诊断。

二、相关知识

1. 电动助力转向系统概述

电动助力转向系统的英文全称是 Electronic Power Steering，简称 EPS，它利用电动机产生的动力协助驾车员进行动力转向。它一般由转矩传感器、电子控制单元、电动机、减速机构、机械转向器以及蓄电池等构成，如图 3-19 所示。因为电动助力转向使用电动机提供的动力，不需要发动机的动力，因此提高了燃油经济性。

(1)电动助力转向系统控制模块(EPS ECU)

电动助力转向系统控制模块接收来自各种传感器的信号，判断现行的车辆情况，并决定依次施加到电动机的辅助电流。

(2)转矩传感器

当驾驶员操作转向盘时，转向转矩通过转向主轴把转向转矩施加到转矩传感器输入轴上，其结构如图 3-20 所示。检测环 1 和 2 定位在输入轴(转向盘侧)上而检测环 3 则定位在输出轴(转向机侧)上。输入轴和输出轴通过拉杆连接。同时，检测圈外周上都设有外接触检测线圈以便形成激励电路。当产生转向转矩时，扭转拉杆。在检测环 2 和 3 之间产生一个相位差。根据这个相位差，把与输入转矩成正比的信号输出到电子控制模块。根据这个信号，电子控制模块计算出当前车速下电动机的辅助转矩并驱动电动机。

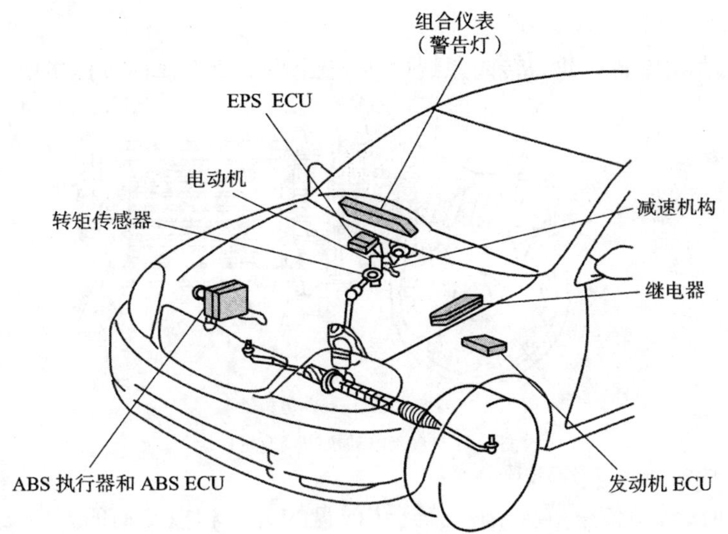

图 3-19　电动助力转向系统结构

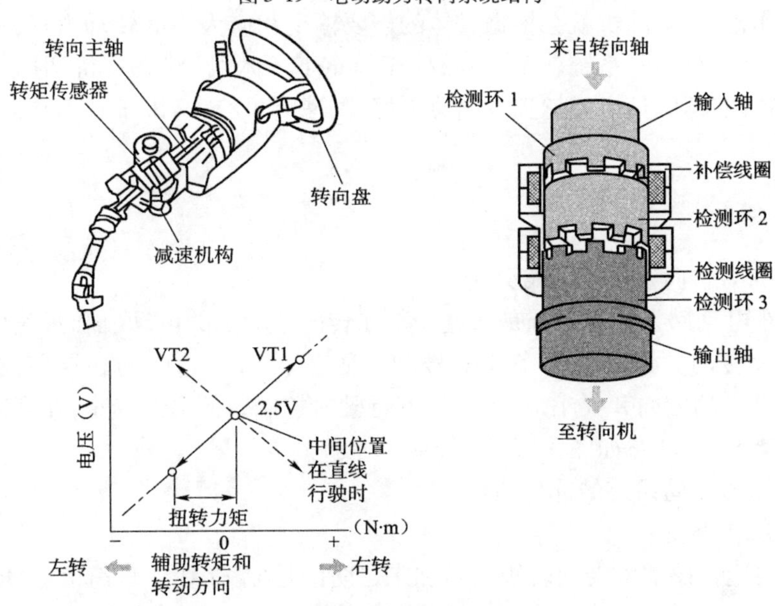

图 3-20　转矩传感器

(3)直流电动机和减速机构

直流电动机是由转子、定子和电动机轴组成；减速机构由蜗轮蜗杆装置组成，如图 3-21 所示。它将由转子产生的转矩传送给减速机构，然后又把转矩传送给转向轴。轴承支撑的是蜗轮蜗杆传动装置，因此，即使电动机断开电路，转向盘仍可以转向。

(4)ABS 执行器和 ABS ECU

它将车辆速度信号输出到电动助力转向系统电子控制模块(EPS ECU)。

(5)发动机 ECM

它将发动机速度信号输出到电动助力转向系统电子控制模块(EPS ECU)。

(6)组合仪表

如果电动助力转向系统中存在故障，EPS ECU 即接通组合仪表上的“EPS”故障警告灯以提示驾驶员。

(7)继电器

它为直流电动机和电动助力转向系统电子控制模块(EPS ECU)提供电源。

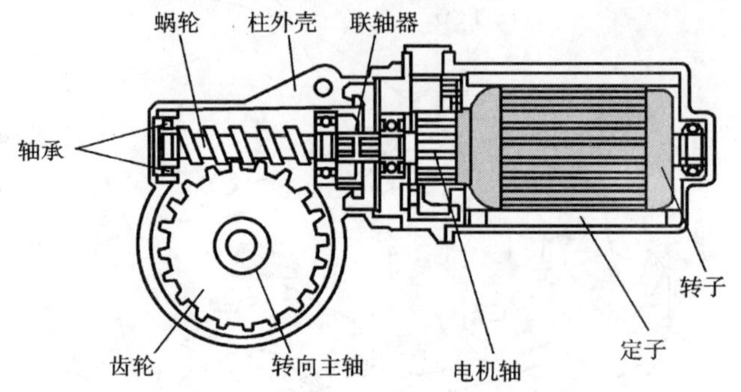

图 3-21 直流电动机和减速机构

2. 电动助力转向系统工作原理

汽车在转向时,转矩传感器会“感觉”到转向盘的力矩和拟转动的方向,这些信号会通过数据总线发给电子控制单元,电控单元会根据传动力矩、拟转的方向等数据信号,向电动机控制器发出动作指令,电动机就会根据具体的需要输出相应大小的转动力矩,从而产生助力转向。如果不转向,则本套系统就不工作,处于 standby(休眠)状态等待调用。由于电动助力转向的工作特性,驾驶员会感觉到方向感更好,高速时更稳;又由于它不转向时不工作,所以,也在一定程度上节约了能源。

三、任务实施

(一)电动助力转向系统的电路分析

卡罗拉轿车电动助力转向系统是通过安装在转向柱轴上的电动机和减速齿轮的运动产生的转矩来增大转向力矩。根据车速信号和内置于转向柱总成的转矩传感器信号,EPS ECU 决定辅助动力的方向和大小,从而在低速行驶时控制转向力矩变小,在高速行驶时控制转向力矩适度增大,其电路如图 3-22 ~ 图 3-26 所示。

(二)电动助力转向系统的部件检修

1. EPS ECU 的检查

根据来自转矩传感器的转向转矩信号和来自防滑控制 ECU 的车速信号,EPS ECU 计算辅助动力。

EPS ECU 的检查:将点火开关置于 ON(IG)位置,检查 EPS ECU,如图 3-27 所示。点火开关置于 ON(IG)时,用万用表测量“a1-6(TRQV) ~ a1-8(TRQG)”的电压值是否处于 7.5 ~ 8.5V,否则更换 EPS ECU。

2. 动力转向转矩传感器的检查

转矩传感器检测转向盘转动时产生的转向力矩,并将其转换为电信号,然后发送至 EPS ECU。

如果在故障检查时,出现 C1511、C1512、C1513、C1514 或 C1517 故障码,说明转矩传感器电路存在故障,主要应检查转矩传感器(内置于转向柱总成内)。

转向柱总成(转矩传感器)的检查:将点火开关置于 ON(IG)位置,用万用表测电压,电压值如表 3-2 所示,若测出的电压值不正常,则更换转向柱总成的转矩传感器,如图 3-28 所示。

3. 动力转向电动机的检查

EPS ECU 通过电动机电路向动力转向电动机提供电流，产生转矩以辅助转向力矩，并通过改变电动机电流的方向来实现辅助左、右转向。

蓄电池电压经 60A EPS 熔断丝，供电给 EPS ECU 总成的 PIG 脚；EPS ECU 的 M1、M2 脚外接动力转向电动机，其电路如图 3-29 所示。

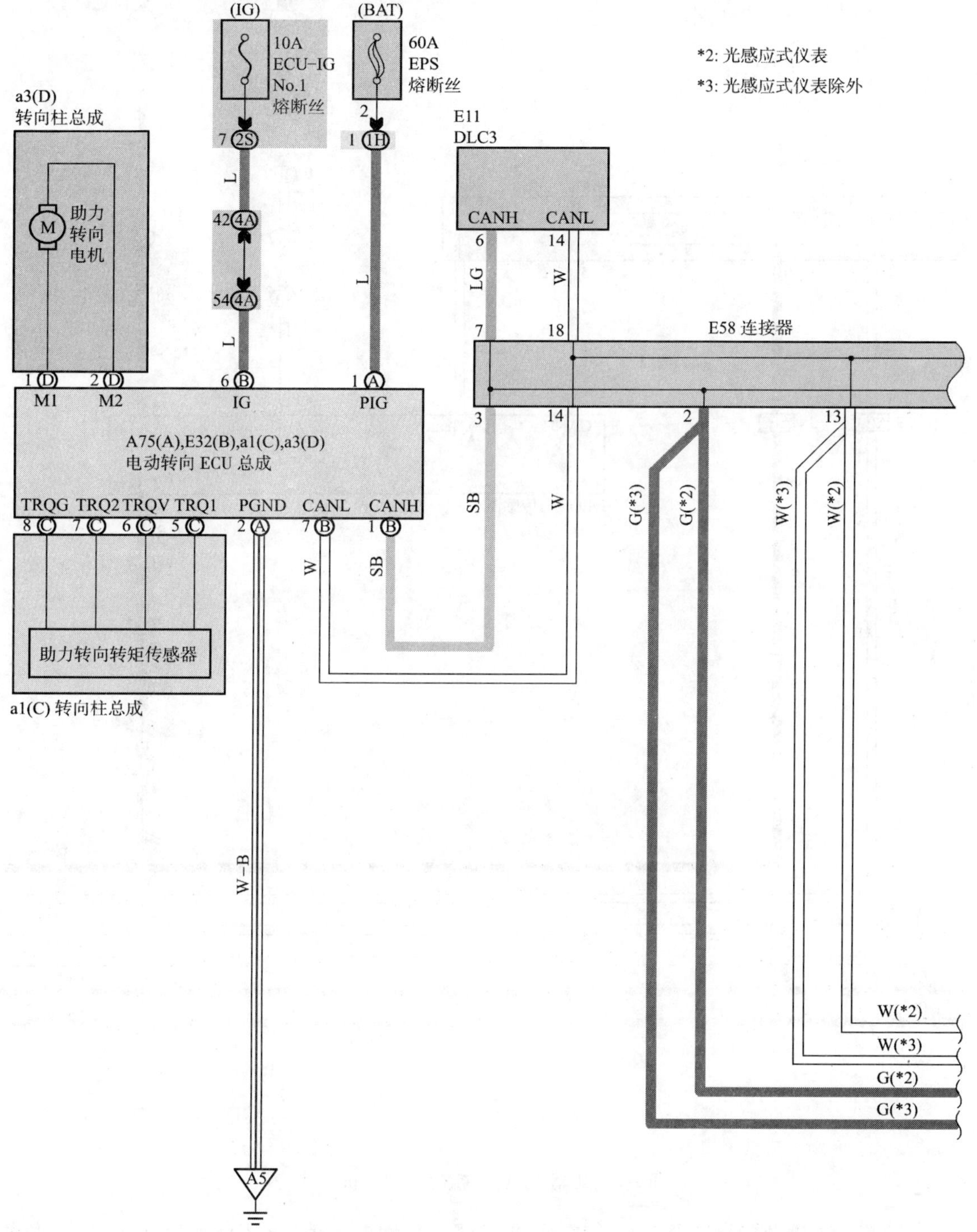

图 3-22　电动助力转向系统的电路分析(一)

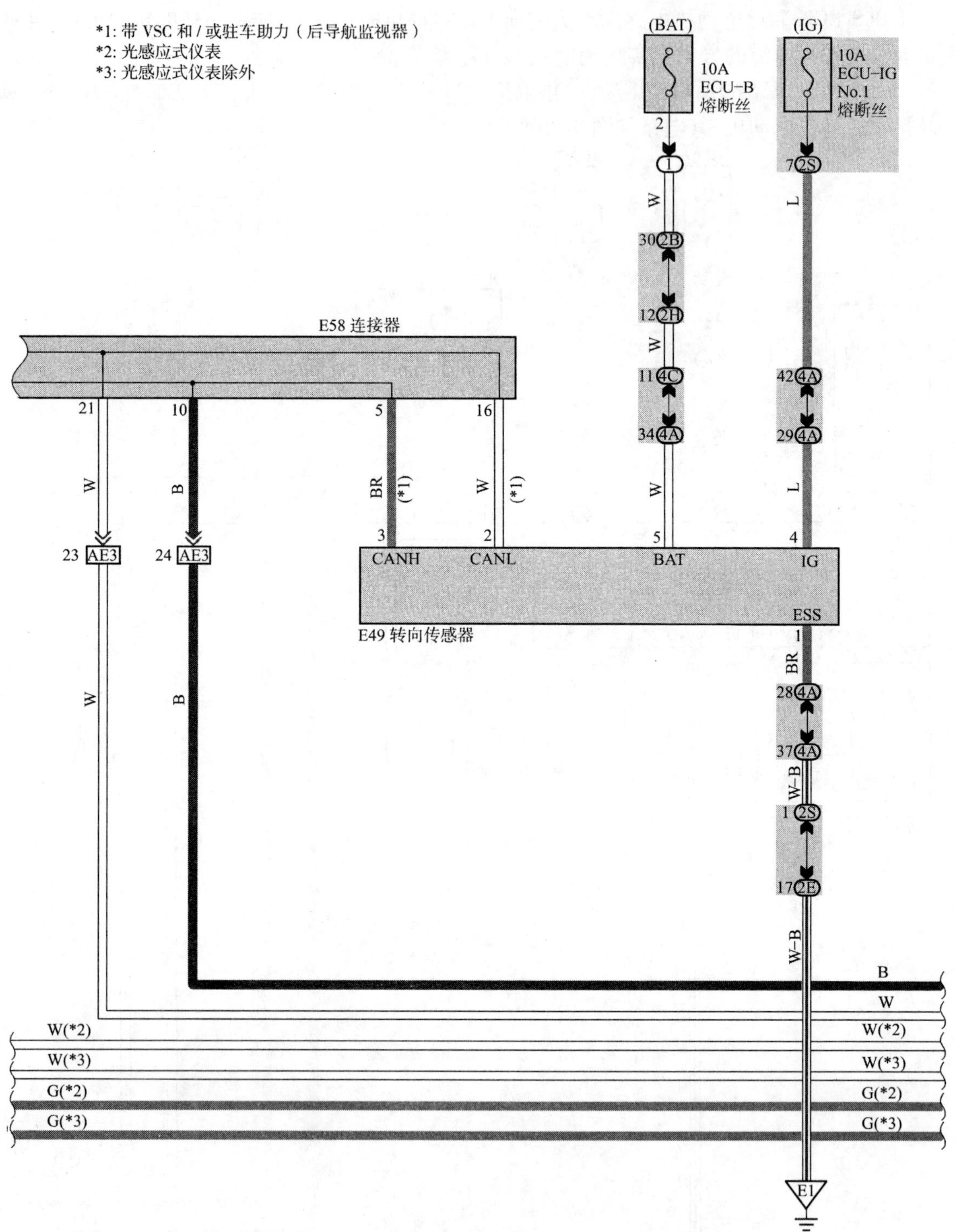

图 3-23　电动助力转向系统的电路分析(二)

(1)检查 EPS ECU:将点火开关置于 ON 位置,测量电压值,电压值如表 3-3 所示,检查方法如图 3-30 所示。

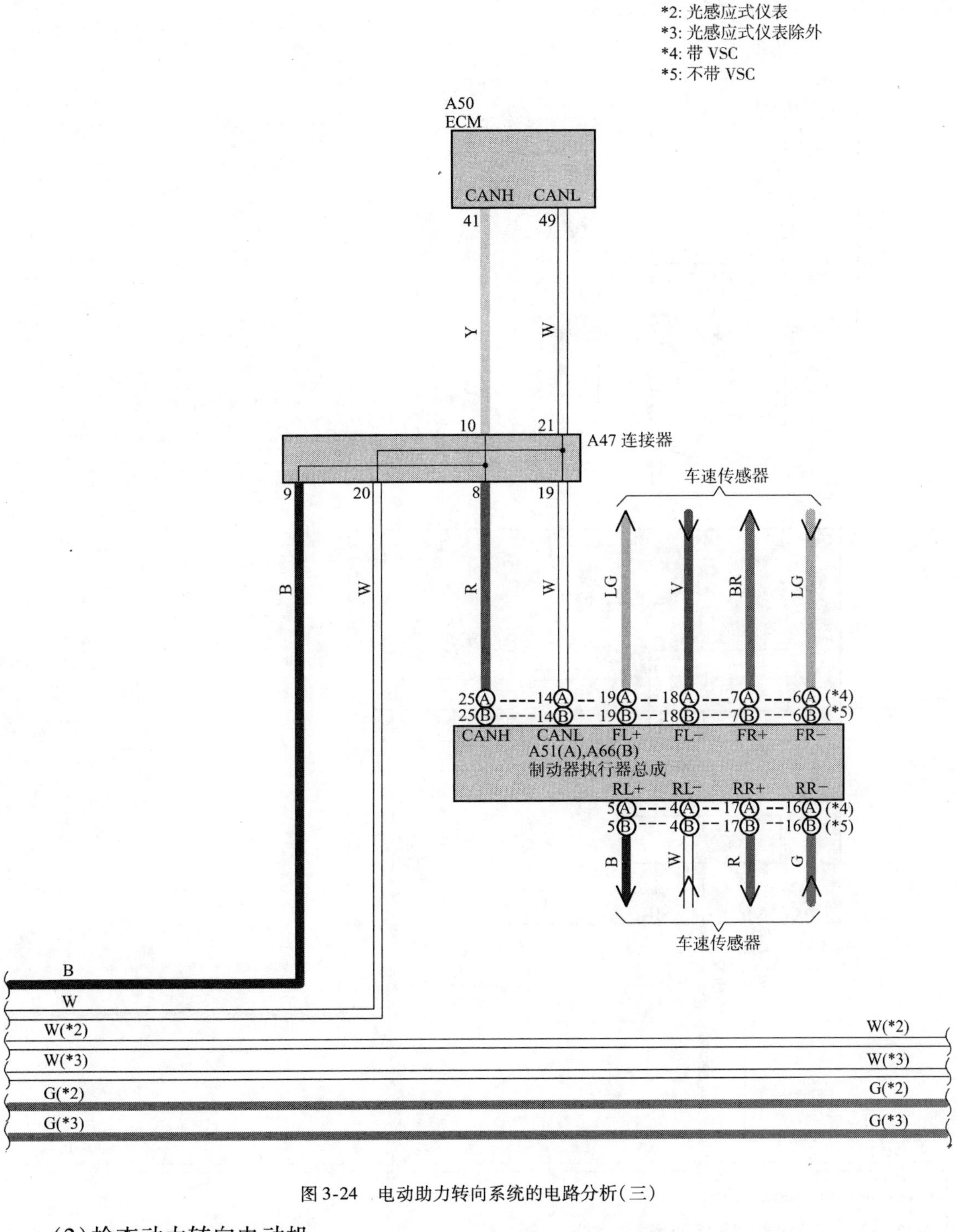

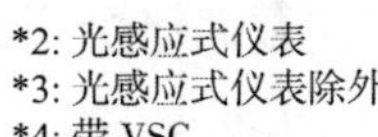

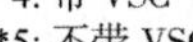

图 3-24　电动助力转向系统的电路分析(三)

(2)检查动力转向电动机

从 EPS ECU 上断开连接器,使用万用表电阻挡测量动力转向电动机“a3-1(M1)~a3-2(M2)”之间的电阻,正常应为 0.08~0.15Ω,检查方法如图 3-30 所示。

4. 动力转向警告灯的检查

如果 EPS ECU 检测到故障,将信号从 EPS ECU 的 E32-7、E32-1 脚,通过 CANL、CANH

总线传输到组合 E46 的 28、27 脚，组合仪表获得信号后，点亮 P/S 警告灯。此时，EPS ECU 将在其存储器中存储一个相应故障码。

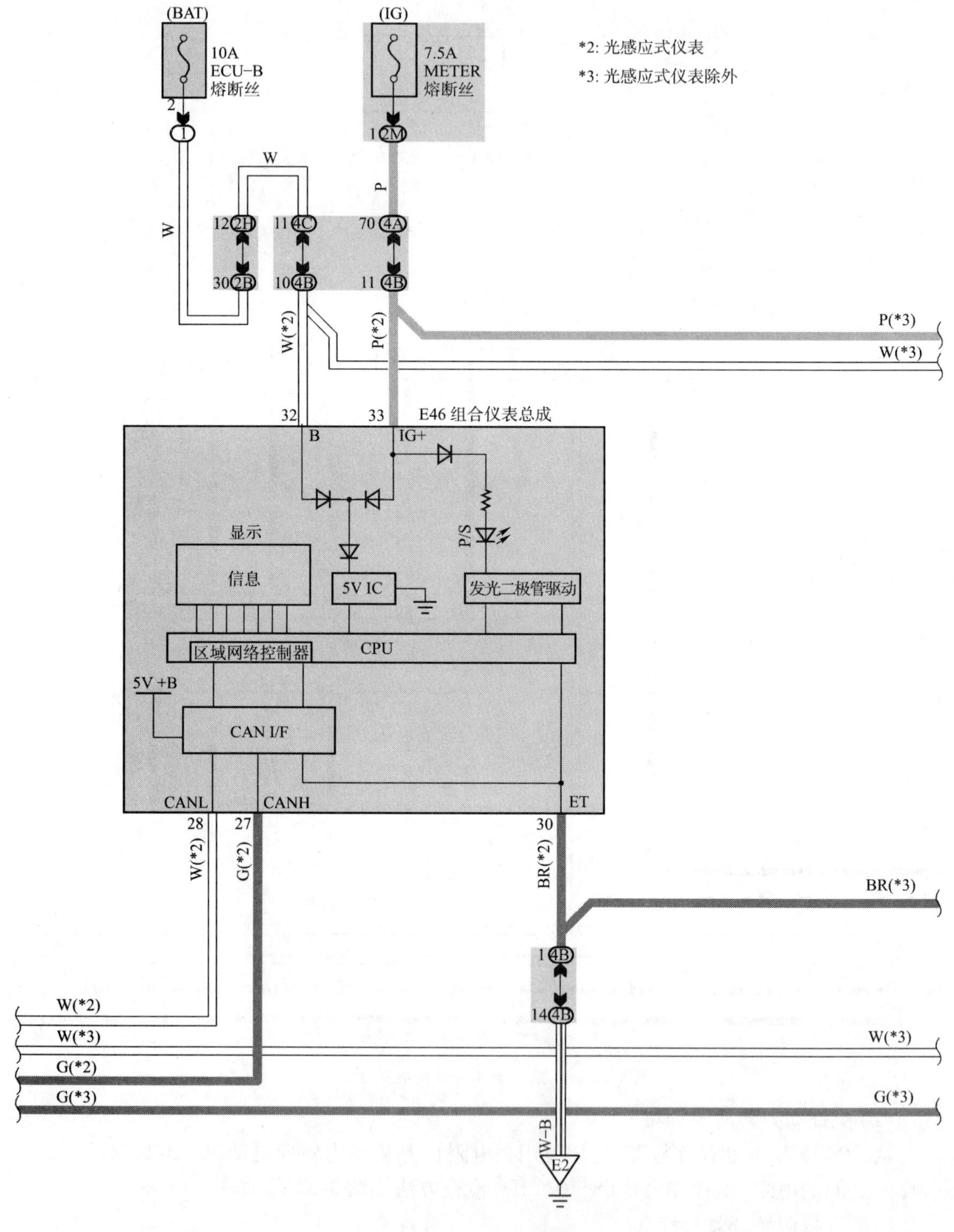

图 3-25　电动助力转向系统的电路分析(四)

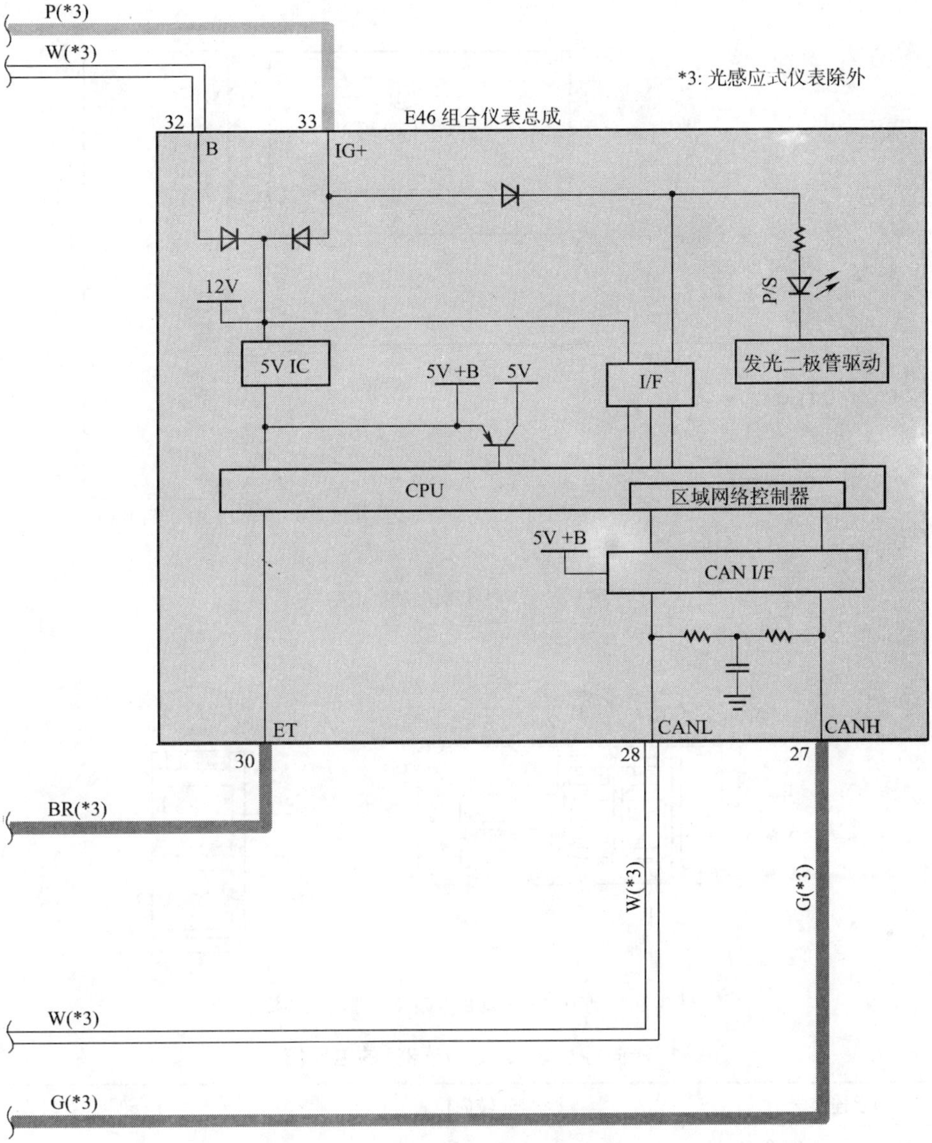

图 3-26 电动助力转向系统的电路分析(五)

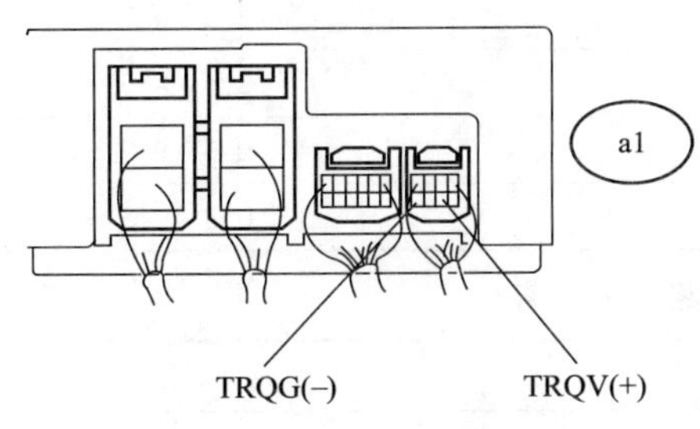

图 3-27 EPS ECU 的检查

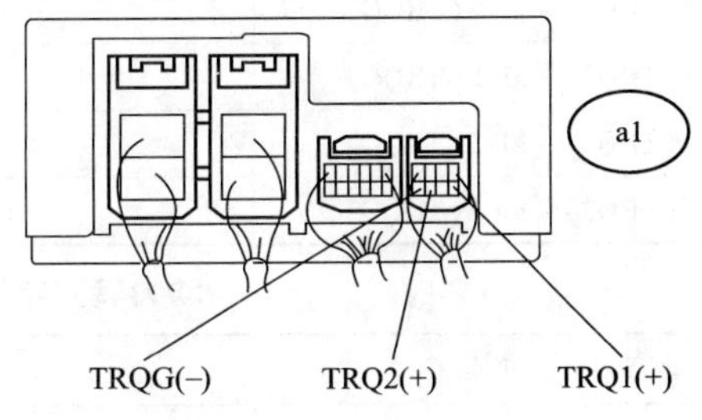

图 3-28 转矩传感器的检查

(三)电动助力转向系统的故障诊断

1. 电动助力转向系统故障诊断表

电动助力转向系统故障诊断表如表 3-4 所示。

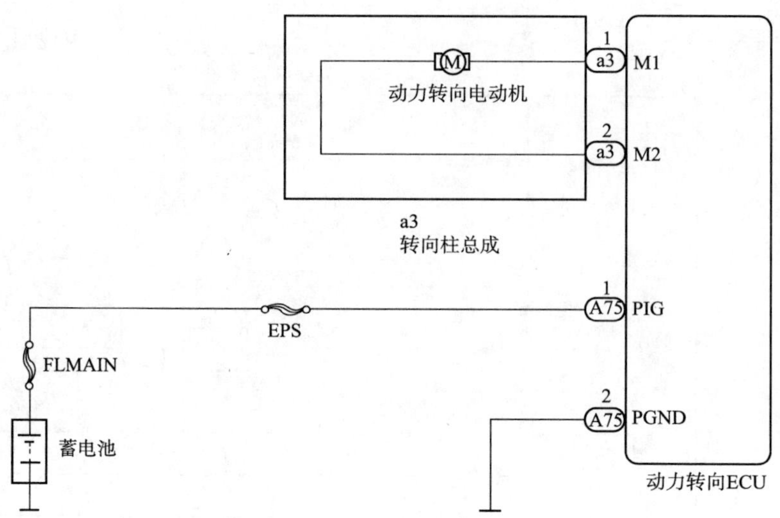

图 3-29　动力转向电动机电路

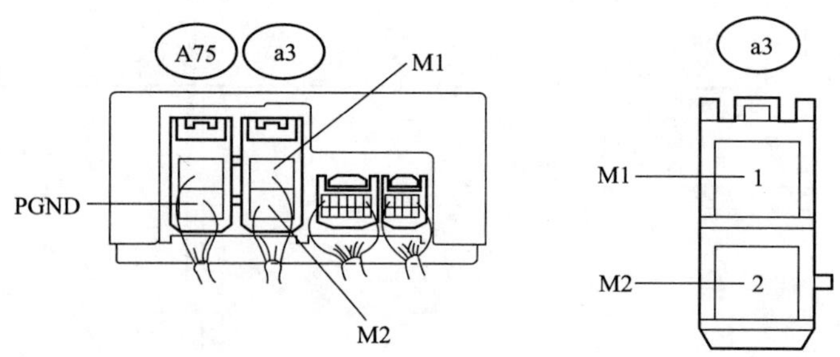

图 3-30　动力转向电动机电阻及电路电压的检查

转向柱总成(转矩传感器)的电压值　　表 3-2

万用表连接端子	状态(转向位置)	规定电压(V)
a1-5(TRQ1)~a1-8(TRQG)	中心位置	2.3~2.7
a1-7(TRQ2)~a1-8(TRQG)	中心位置	2.3~2.7
a1-5(TRQ1)~a1-8(TRQG)	向右转	2.5~4.7
a1-7(TRQ2)~a1-8(TRQG)	向右转	2.5~4.7
a1-5(TRQ1)~a1-8(TRQG)	向左转	0.3~2.5
a1-7(TRQ2)~a1-8(TRQG)	向左转	0.3~2.5

动力转向电动机电路的电压值　　表 3-3

万用表连接端子	状态(转向位置)	规定电压(V)
a3-1(M1)~A75-2(PGND)	右转	低于 1
a3-1(M1)~A75-2(PGND)	左转	11~14
a3-2(M2)~A75-2(PGND)	右转	11~14
a3-2(M2)~A75-2(PGND)	左转	低于 1

电动助力转向系统故障诊断表 表 3-4

症　　状	可 疑 部 位
转向困难	前轮胎(充气不当、磨损不均)
	前轮定位错误
	前悬架(下球节)有故障
	转向机总成故障
	转矩传感器(内置于转向柱)有故障
	动力转向电动机有故障
	蓄电池和电源系统有故障
	EPS ECU 电源电压或继电器有故障
	EPS ECU 有故障
左右转向力矩不同	转向中心(零点)记录错误
	前轮胎(充气不当、磨损不均)
	前轮定位错误
	前悬架(下球节)有故障
	转向机总成故障
	转矩传感器(内置于转向柱)有故障
	动力转向电动机有故障
	EPS ECU 有故障
行驶时,转向力矩不随车速改变或转向盘不能正确回正	前悬架(下球节)有故障
	转速传感器有故障
	防滑控制 ECU 有故障
	转矩传感器(内置于转向柱)有故障
	动力转向电动机有故障
	EPS ECU 有故障
	CAN 通信系统有故障
动力转向工作时,前后转动转向盘时出现敲击(摇动)或鸣响	前悬架(下球节)有故障
	转向中间轴有故障
	EPS ECU 有故障
低速行驶期间,转动转向盘时出现噪声或摩擦声	动力转向机有故障
	转向柱总成有故障

2. EPS ECU 引脚检测表

EPS ECU 引脚如图 3-31 所示,检测表如表 3-5 所示。

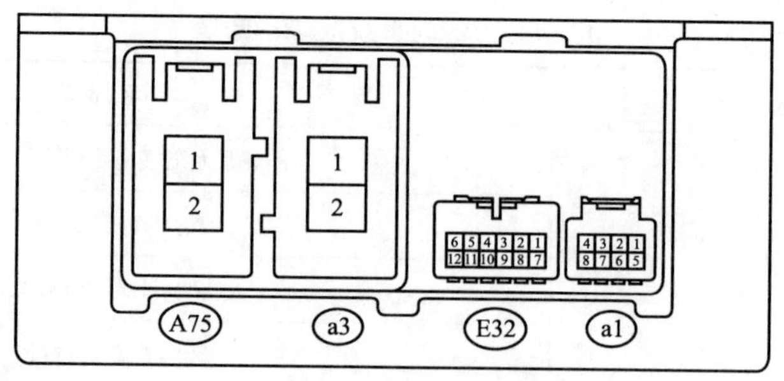

图 3-31 EPS ECU 引脚

EPS ECU 引脚检测表

表 3-5

符号(端子编号)	接线颜色	端子说明	状态	规定条件
A75-1(PIG)~A75-2(PGND)	L~W-B	电源	始终	11~14V
A75-2(PIG)~车身搭铁	W-B~车身搭铁	电源搭铁	始终	小于1Ω
a3-1(M1)~A75-2(PGND)	R~W-B	动力转向电动机	点火开关置于 ON 位置时,向左转动转向盘	11~14V
			点火开关置于 ON 位置时,向右转动转向盘	低于1V
a3-2(M2)~A75-2(PGND)	B~W-B	动力转向电动机	点火开关置于 ON 位置时,向左转动转向盘	低于1V
			点火开关置于 ON 位置时,向右转动转向盘	11~14V
E32-1(CANH)~E32-7(CANL)	SB~W	CAN 通信线路	点火开关置于 OFF 位置	54~69Ω
E32-6(IG)~A75-2(PGND)	L~W-B	IG 电源	点火开关置于 ON 位置	11~14V
a1-5(TRQ1)~A75-2(PGND)	W~W-B	转矩传感器信号	点火开关置于 ON 位置时,左右转动转向盘	0.3~4.7V
a1-6(TRQV)~A75-2(PGND)	R~W-B	转矩传感器电源电压	点火开关置于 ON 位置	7.5~8.5V
a1-7(TRQ2)~A75-2(PGND)	Y~W-B	转矩传感器信号	点火开关置于 ON 位置时,左右转动转向盘	0.3~4.7V
a1-8(TRQG)~A75-2(PGND)	B~W-B	转矩传感器搭铁	始终	小于1Ω

3. 电动助力转向系统故障诊断的一般流程

电动助力转向系统故障诊断的一般流程如图 3-32 所示。

4. 电动助力转向系统故障诊断的案例分析

(1)故障现象

某丰田 4S 店接到一辆丰田卡罗拉 1.8GLX-i 轿车,该车故障表现为转向不灵敏、转向沉重等现象。

(2)维修作业准备

车辆停放到维修场地;准备作业单;准备工具、检测仪器。

(3)维修操作步骤

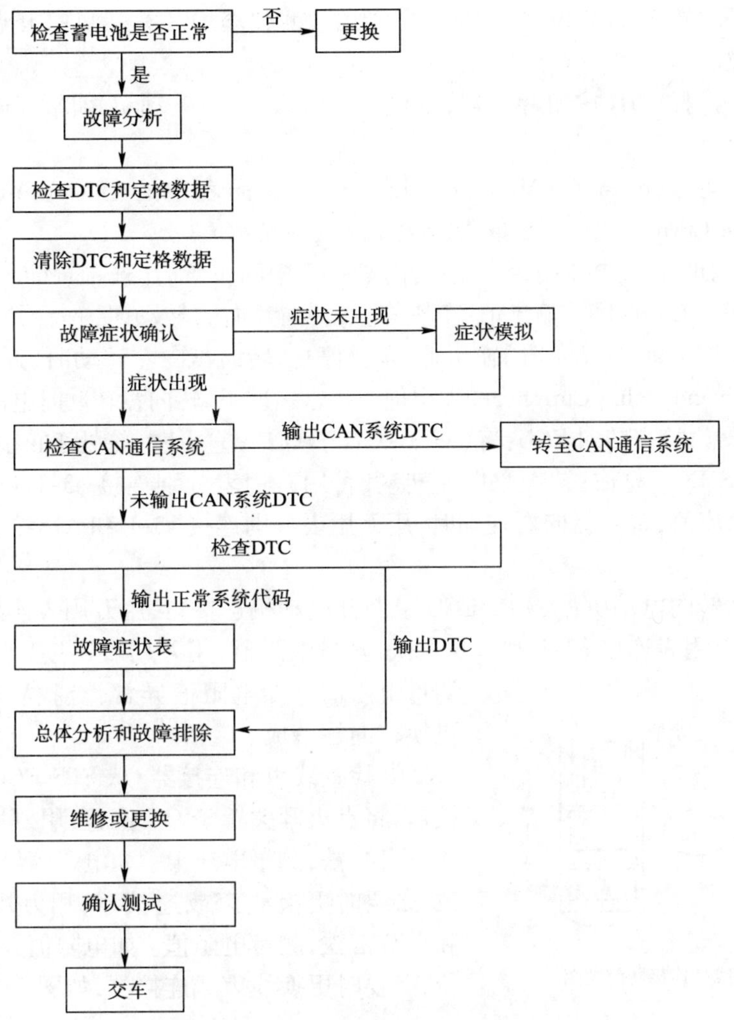

图 3-32　电动助力转向系统故障诊断的一般流程

①查找电动机电路图,如图 3-33 所示。

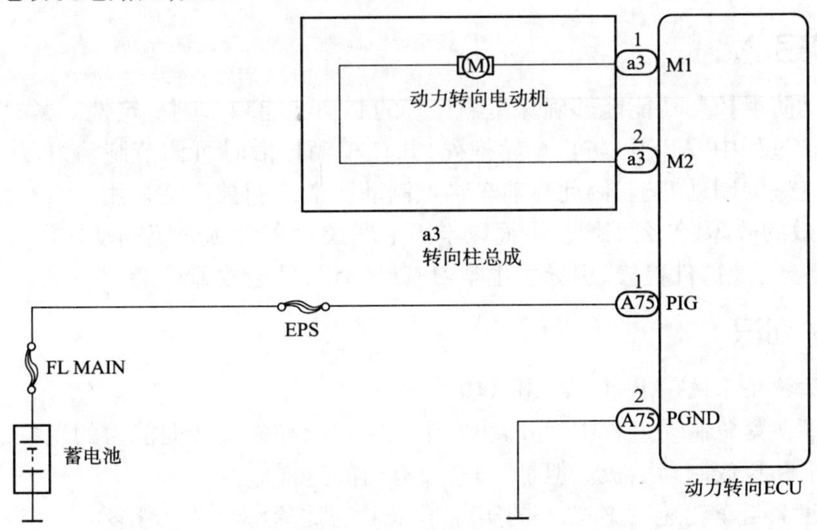

图 3-33　电动转向电动机电路图

②将点火开关置于 OFF 位置,连接丰田专用检测仪至 DLC3,然后打开点火开关并接通丰田专用检测仪。

③进入菜单选择 DTC 按钮,测得故障代码 C1524,说明电动机短路(开路)或电动机电压或电流异常。

④进入菜单项:Chassis/ EMPS/ DataList,选择数据表中的"Motor Actual Current"和"Command Value Current"项,并读取智能检测仪上的显示值。

⑤转向盘转动时检查电流是否变化:转向盘处于中间位置时,查看"Motor Actual Current"和"Command Value Current"的输出值;车辆停止,转向盘向右转动时,查看"Motor Actual Current"和"Command Value Current"的输出值;车辆停止,转向盘向左转动时,查看"Motor Actual Current"和"Command Value Current"的输出值。正常情况下,转向盘转动时电流发生变化

⑥如电流异常,检查转向 ECU:将点火开关置于 ON 位置,使前轮处于正前方位置,拆卸上仪表板,拆卸 EPS ECU 总成;转向盘向左转动时,用万用表分别连接 a3-1 和 A75-2、a3-2 和 A75-2,测量其电流值;转向盘向右转动时,用万用表分别连接 a3-1 和 A75-2、a3-2 和 A75-2,测量其电流值。

⑦检查动力转向电动机:从 EPS ECU 上断开电动机连接器,用万用表连接 a3-1 和 a3-2,测量电阻值;用万用表连接 a3-1 和车身搭铁,测量电阻值;用万用表连接 a3-2 和车身搭铁,测量电阻值。如电阻值异常,查找故障部位,必要时更换转向柱总成。

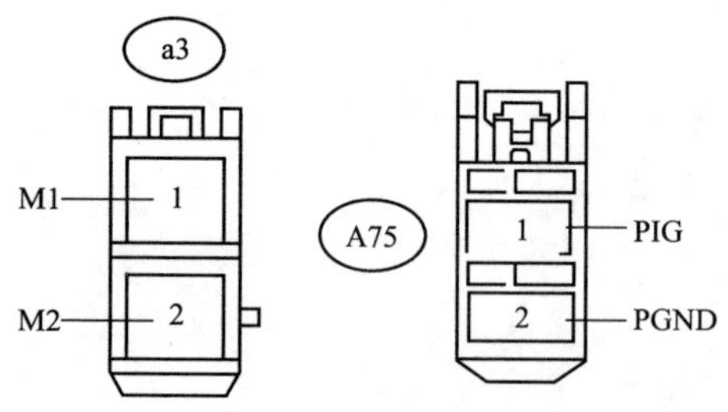

图 3-34 线束连接器前视图

⑧检查线束和连接器:从 EPS ECU 上断开线束连接器,将点火开关置于 ON 位置,用万用表连接 A75-1 和车身搭铁,测量电压值。如电压值异常,查找故障部位,必要时更换线束或连接器;用万用表连接 A75-2 和车身搭铁,测量电阻值。如电阻值异常,查找故障部位,必要时更换线束或连接器,如图 3-34 所示。

任务 3 制动防滑电控系统的电路分析与故障诊断

一、任务引入

采用制动防滑控制功能能够确保车辆良好的制动性能和车辆稳定性。紧急制动或在光滑路面上制动过程中,ABS 可防止车轮抱死,并在车辆打滑时可调节制动力,从而确保车辆的稳定性和良好的制动性能,因此目前车辆上制动防滑控制被广泛采用。汽车维修中,经常遇到 ABS 失效的故障,怎么维修?下面以丰田卡罗拉汽车为例介绍制动防滑控制系统的电路原理、识读技巧及部件检修,引导学生学习基础知识,学会故障诊断。

二、相关知识

1. 制动防抱死系统(ABS)的控制原理

普通车辆在紧急制动过程中,为防止发生轮胎抱死和失去转向能力的现象,最有效的措施是反复踩下和释放制动踏板。但是,通常没有时间这样做。

实际车速 V 与车轮速度 V_w 之差同实际车速 V 的比值称之为"滑移率"。当轮速与车速之间相差的太大时,轮胎与路面之间就会发生滑行,制动力与滑移率之间的关系如图 3-35

所示。从图中分析可知,制动力与滑移率不是成正比例关系,当滑移率在10% ~30%之间时,制动力处在最高水平。超过30%时,制动力就逐步下降。因此,为了保持制动力的最高水平,同时又保持高水平的拐弯力以保持方向的稳定性,汽车制动时的滑移率应自始至终保持在10% ~30%的最佳范围。

ABS(Anti-lock Braking System)的目的就是将滑移率 S 控制在20%左右,以获得最大的制动力,从而缩短制动距离,同时又保持汽车较好的横向稳定性。

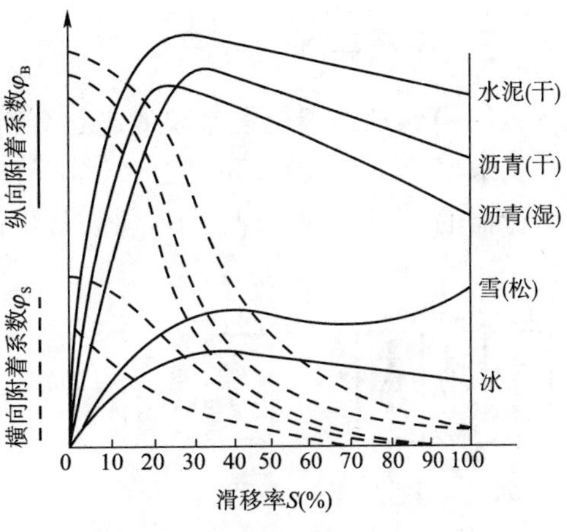

图3-35 制动力与滑移率之间的关系

通过采用ABS,使汽车在制动过程中自动调节车轮的制动力,防止车轮抱死滑移,从而缩短制动距离,提高方向稳定性,增强转向控制能力,减少交通事故的发生。

2. 制动防滑控制系统(ABS)的组成

制动防滑控制系统(ABS)主要由制动防滑ECU、制动执行器、速度传感器、防滑控制制动系统警告灯、停车灯开关等组成,如图3-36所示。

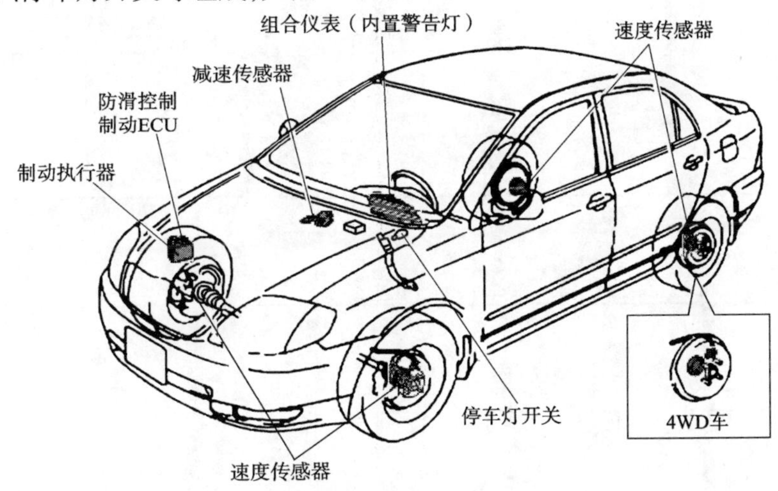

图3-36 制动防滑ABS系统的组成

(1)制动防滑ECU:它根据来自传感器的信号,确定车轮与路面之间的滑移量并控制制动执行器。

(2)制动执行器:它根据制动防滑ECU输出的信号控制轮胎的液压力。

(3)速度传感器:它检测四个车轮的转速并把信号发送给制动防滑ECU。

(4)防滑控制制动系统警告灯:当制动防滑ECU检测到防滑控制制动系统或制动助力系统中有故障时,该灯就点亮以警示驾驶员。

(5)停车灯开关:它检测制动踏板是否已经踩下并把信号发送给制动防滑ECU。但是,即使由于故障制动停车灯开关不输出,防滑控制制动系统在轮胎要锁住时仍执行防滑控制。在这种情况下,控制开始时的滑移率要高于制动停车灯开关正常时开始控制的滑移率。

(6)减速传感器:它仅用于某些车型,用来检测车辆的减速度并把信号发送给制动防滑ECU;制动防滑ECU用这些信号判断精确的路面状况并采取相应的控制措施。

三、任务实施

(一)制动防滑电控系统的电路分析

卡罗拉轿车 ABS(不带 VSC)制动防抱死系统电路主要由电源电路、轮速传感器电路、带执行器的 ABS ECU 以及 ABS 警告灯电路等组成,其电路如图 3-37 ~ 图 3-39 所示。

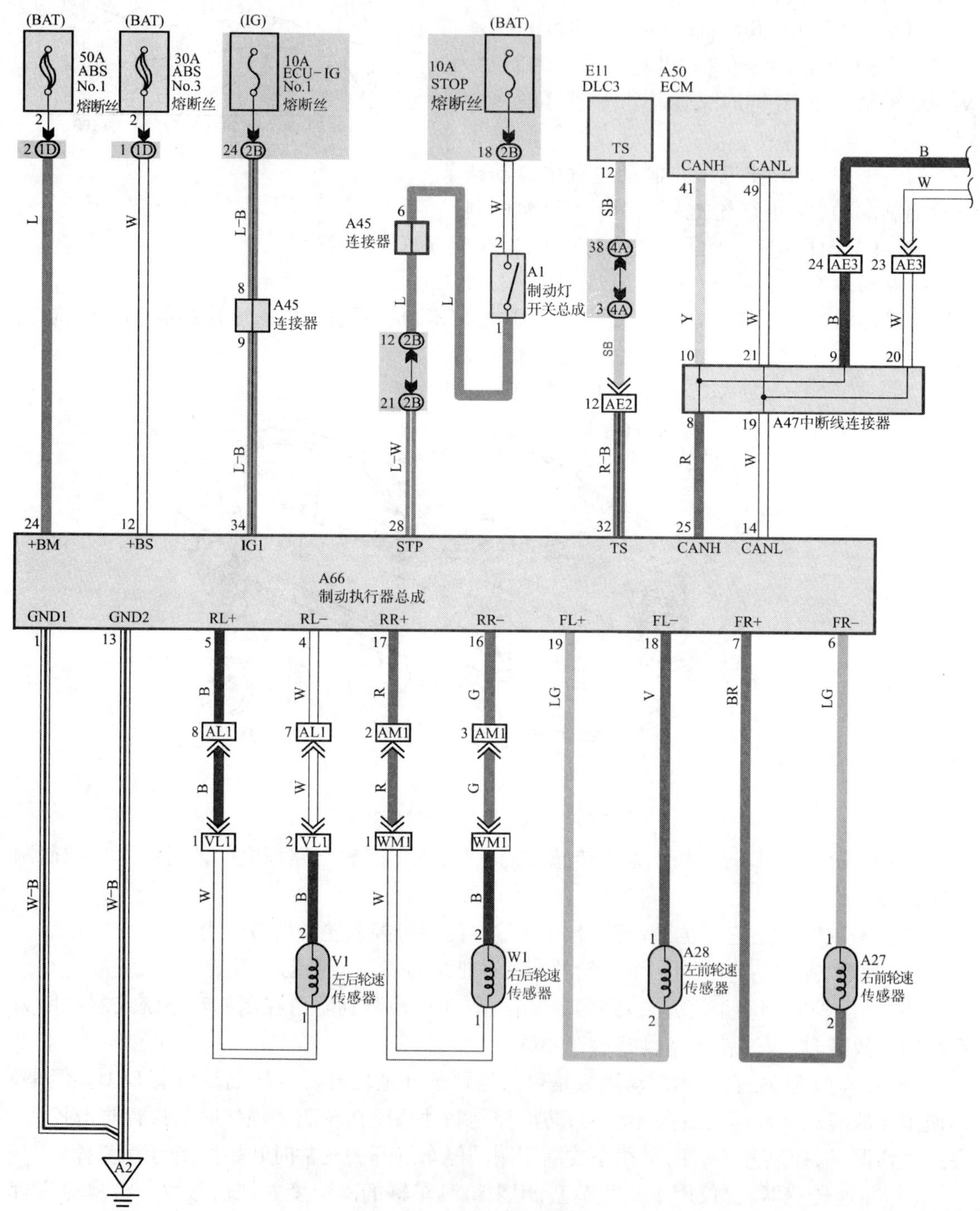

图 3-37　卡罗拉 ABS(不带 VSC)系统的电路分析(一)

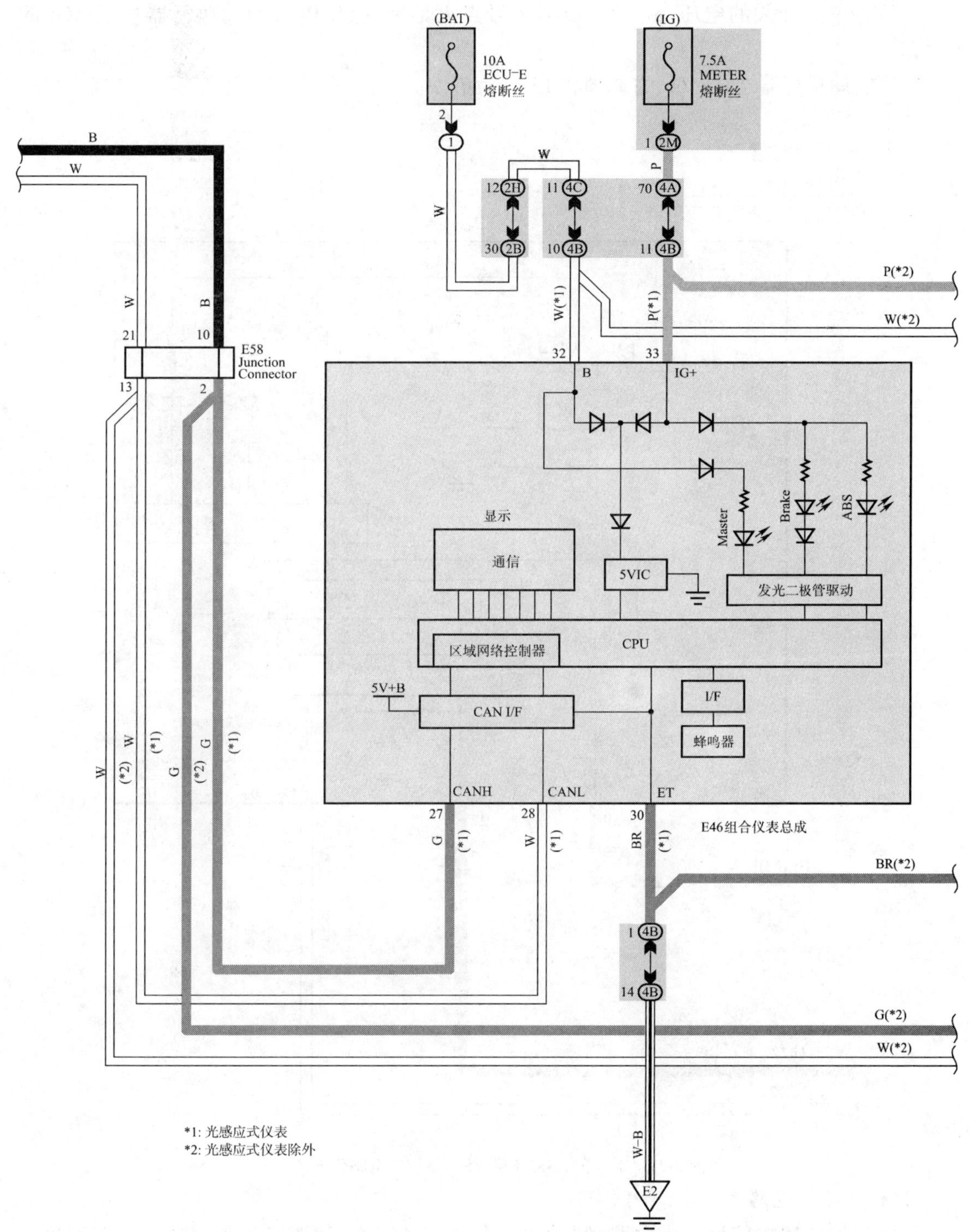

图 3-38 卡罗拉 ABS(不带 VSC)系统的电路分析(二)

1. 供电电路

当点火开关置于 ON 位置时,ABS 系统供电电路为:

(1)蓄电池电源通过 50A ABS 1 号熔断丝供电给制动执行器总成 A66 的 24 脚。

(2)蓄电池电源通过30A ABS熔断丝供电给制动执行器总成A66的12脚。

(3)经点火开关的电压,经10A ECU 2号点火熔断丝,供电给制动执行器总成A66的34脚。

(4)制动执行器总成A66的1脚和13脚为搭铁。

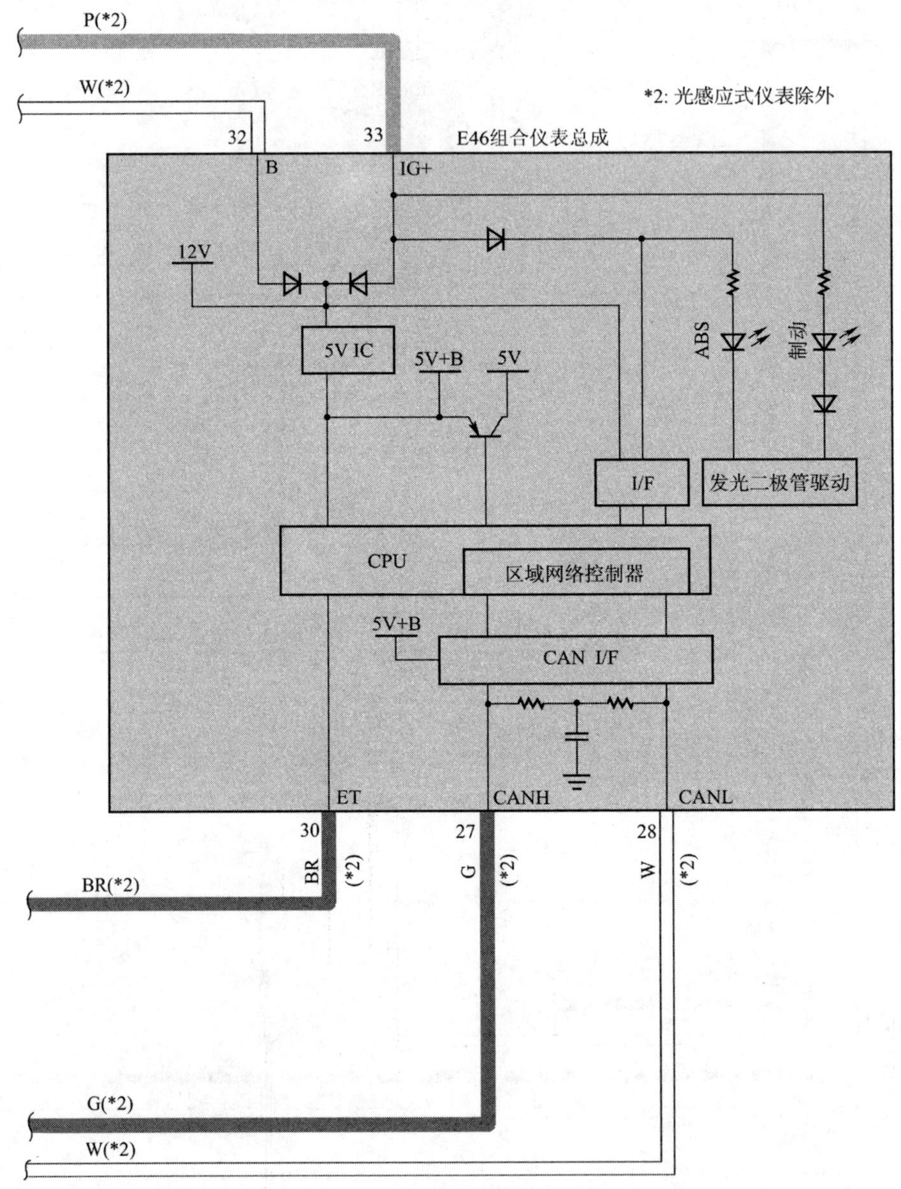

图3-39 卡罗拉ABS(不带VSC)系统的电路分析(三)

2. 信号输入电路

(1)轮速传感器信号输入电路:制动执行器总成A66的19脚、18脚接左前车轮速度传感器;6脚、7脚接右前车轮速度传感器;5脚、4脚接左后车轮速度传感器;16脚、17脚接右后车轮速度传感器。车轮转动时,速度传感器产生随车轮轮速变化的电压信号。

(2)制动灯开关信号输入:当制动灯开关闭合时,蓄电池电压→10A STOP熔断丝→制动灯开关A1→连接器A45→制动执行器总成A66的28脚;A66的28脚为制动灯开关信号输入端。

3. 信号输出电路

制动执行器总成的 A66 的 25 脚、14 脚分别为 CANH、CANL 总线端，通过 CAN 总线，制动执行器总成实现与发动机模块和组合仪表之间的数据通信。当制动信号或 ABS 制动信号传输到组合仪表 E46 时，分别点亮制动灯或 ABS 灯。

（二）制动防滑电控系统的故障诊断

对汽车制动防抱死系统的测试与诊断，既可利用该系统中电子控制装置（ECU）的自诊断功能进行检测诊断，也可根据情况对系统中的某个装置解体，然后再单独进行检测。

1. 车轮转速传感器的检测方法

当汽车 ABS 出现故障、怀疑轮速传感器工作不良时，应对轮速传感器进行检查，主要应检查传感线圈电阻、转子齿圈和传感器输出信号。图 3-40 为轮速传感器的安装位置示意图。

（1）传感器线圈电阻的检测：拆下车轮转速传感器的连接插头，用万用表的 $R\times100$ 挡，检查每个引脚与车身搭铁间的导通情况。正常时应不导通，否则说明传感器有搭铁故障，应予以更换。

当上述检查正常时，应进一步测量传感器电磁线圈的电阻值，用万用表的正负表笔检测传感器接头的正负端，前后轮传感器线圈电阻 0.9 ~ 1.3kΩ，阻值不符合标准时，应更换传感器总成。

（2）转子齿圈的检测：检查转子齿圈的齿数，检查转子齿圈有无裂纹，检查转子齿圈有无缺齿和断齿，如图 3-41 所示，检查转子齿圈的齿与齿之间是否吸附有铁屑，传感器头部端面与齿圈凸起端面要保留约 1mm 的空气间隙，可用无磁性的厚薄规进行检查。

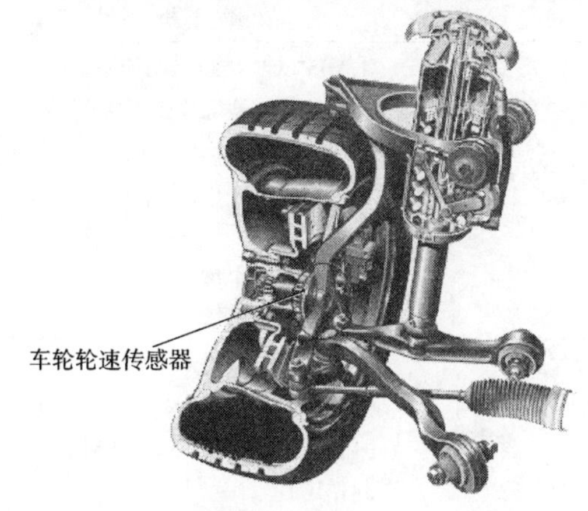

图 3-40　车轮轮速传感器的安装位置示意图

图 3-41　检查转子齿圈有无缺齿或吸有铁屑

（3）传感器输出信号的检测

方法一：将示波器的信号输入接线的红黑表笔分别接在左前轮速传感器的 FL + 和 FL - 端（其他传感器类同），转动车轮观察波形即可判断。

方法二：采用万用表交流电压挡，将万用表的红黑表笔分别接在左前轮速传感器的 FL + 和 FL - 端（其他传感器类同），转动车轮观察万用表数值的变化即可判断。

2. ABS 电子控制单元故障检测方法

对 ABS 电子控制单元（ABS ECU）的检测，应先搞清 ABS 工作时的正确状况，这样可以防止误判，然后再结合 ABS 系统有故障时的一些典型特征来确认。

当确认 ABS 系统有故障后，可通过 ABS 系统的故障自诊断系统调出其故障代码，然后根据故障代码提供的原因，去检查相应的部位或元件，一般可使故障得以排除。

一般情况下，ABS 电子控制单元（ABS ECU）的电路故障大多不是元件失效，而是由于连接不良或脏污所致。如果故障代码提示的是传感器故障，应先检查传感器的各个连接点处是否良好、有无锈蚀。如发现锈蚀，应先予以排除。

（1）ABS 正常工作的典型特征：ABS 电脑系统工作受制动踏板的控制，并且 ABS 系统投入工作时，在制动踏板上会产生一种液压脉动效应，使踏板连续跳动，同时还能听到 ABS 执行器电磁阀动作时产生的"咔嗒、咔嗒"声。

ABS 系统的工作还与车速有关。当汽车加速和车速达到 10km/h 以上时，ABS 系统投入工作；当汽车减速且车速降至 5km/h 以下时，ABS 系统停止工作。

（2）ABS 电脑系统有故障时的典型特征：ABS 系统 ECU 的工作状态是否正常，可采用路试和观察 ABS 警告灯的方法进行判断。在汽车以 40km/h 左右的速度行驶时实施制动，如果车轮不滑移并感到制动踏板在连续跳动，说明 ABS 电脑系统工作正常；如果汽车正常行驶时 ABS 警告灯点亮，或紧急制动时 ABS 系统不起作用，则说明 ABS 电脑系统有故障；如果在起动发动机之前，将点火开关旋至 ON 位置，ABS 警告灯不亮，或者将点火开关旋至 ON 位置，ABS 警告灯点亮 3s 后不熄灭，也表明 ABS 系统有故障。

（3）根据 ABS 警告灯指示状态判断故障原因：ABS 警告灯安装在仪表板上，当 ABS 系统出现故障时此灯点亮，提醒驾驶员该车 ABS 系统有故障，应及时检修。维修人员根据 ABS 警告灯的状况，也可以初步判断 ABS 系统故障原因，见表 3-6。

根据 ABS 警告灯的状态判断 ABS 系统故障的方法 表 3-6

ABS 警告灯状态	现　象	故 障 分 析
偶尔或间断性亮	ABS 系统工作正常，只要关闭点火开关再接通（ON），ABS 警告灯即会熄灭	①ABS ECU 接线器端子松动； ②车速传感器配线受干扰； ③车速传感器工作不良； ④车轮轴承不良； ⑤制动蹄不良； ⑥制动轮缸不良； ⑦油管内有空气
运行期间 ABS 警告灯亮，而后又熄灭	灯亮时 ABS 不起作用，当灯熄灭后，ABS 作用正常	①发电机供电量不足； ②ABS ECU 电源连接点不良（电源电压低于 10.5V，ABS 系统不起作用）
ABS 警告灯亮	ABS 系统工作正常	①发电机供电量不足； ②发电机整流二极管工作不良
ABS 警告灯不亮	踩制动踏板时，制动踏板激烈振动	①车速传感器信号不良； ②ABS ECU 不良； ③油泵电动机继电器不良； ④制动鼓变形
ABS 警告灯亮	ABS 系统不起作用	①车速传感器不良； ②电磁阀不良； ③电磁阀继电器不良； ④回流泵电动机继电器不良； ⑤ABS ECU 不良

(4)ABS 系统故障的初步检查:使用中,如果 ABS 系统出现故障,用户或维修人员可首先进行下述检查,以便迅速检查出故障原因,为进行故障自诊断或下一步的检修做好准备。

①检查蓄电池以及各熔断丝、继电器是否正常,安装是否可靠,接触是否良好。

②检查 ABS 的 ECU ABS 执行器以及各传感器,电磁阀线束连接器是否连接可靠,接触是否良好。

③检查液压系统工作是否正常。如果有故障,应先对其进行检修。

(5)ABS ECU 的检测方法:在进行 ABS 系统故障排除时,如果是单纯的元件不良,可利用电路的检测方式进行诊断。如果属于间歇性的故障或者是相关的机械性故障,若要迅速查找故障原因,则必须进行模拟检测及动态检测。

①模拟检测方法。模拟检测可按以下方法和步骤进行:用设备将车辆顶起,使车辆车轮全悬空→起动发动机,并使其稳定运转→将变速器置于 D 挡,查看 ABS 警告灯是否点亮。如果警告灯亮,说明某轮速传感器工作不良,然后逐个检查各轮速传感器,直至找到故障点。

模拟测试是根据 ABS 控制电脑逻辑电路的车速信号差以及警告电路的特性进行的,便于检测轮速传感器的故障。

②动态检测方法。动态检测可按以下方法和步骤进行:动态检测时,在道路上行驶的车速至少应在 12km/h 以上→行驶中,在车辆左、右转弯时查看 ABS 警告灯是否点亮;如果向某一方向转弯时警告灯亮,则说明该方向可能存在车轮轮胎气压不足、轴承状况不良、转向节销磨损、减振器工作不良或者脉冲齿轮有故障。

3. 卡罗拉 ABS 故障诊断的基本方法

(1)直接检查法

当 ABS 出现故障或感觉 ABS 工作不正常时,可通过目测来检查以下内容:

第一步:检查驻车制动操纵杆是否完全释放。

第二步:检查制动液是否渗漏、制动液面是否在规定的范围内。

第三步:检查 ABS 系统的熔断丝、继电器是否完好,插接是否牢靠。

第四步:检查 ABS ECU 连接器是否良好。

第五步:检查有关元器件的连接器和导线是否连接良好。

第六步:检查蓄电池电压是否在规定范围内,正、负极柱的导线是否连接可靠。

第七步:检查 ABS ECU、压力调节器的搭铁接线是否可靠搭铁。

第八步:检查轮胎花纹的深度是否符合规定值要求。

(2)故障自诊断法

ABS 系统一般都具有自诊断系统功能,ECU 工作时能对自身和系统中的有关电气元件进行测试。若 ECU 发现系统中存在故障,则点亮 ABS 警告灯,使 ABS 停止工作,恢复常规制动性能,同时将故障信息以代码的形式存入存储器,供检修时调出,以便找到故障原因和位置。

4. 卡罗拉 ABS 故障诊断的基本流程

故障诊断和检查是维修中非常重要的一个环节。对于 ABS 系统来说,不同的车型,甚至同一系列不同年代生产的车型,装用的 ABS 型号也可能不一样,因而故障诊断和检查方法可能会有所不同,但都遵循着一个基本步骤和基本流程。

(1)ABS 故障诊断及排除的基本步骤

第 1 步:确认故障情况和故障症状。

第 2 步:对 ABS 进行初步检查。

第 3 步:利用诊断仪读取 ABS 自诊断的故障情况,初步确定故障的部位。

第 4 步:根据诊断仪读取的故障情况,利用必要的工具如检测盒(解码器)、万用表等对故障部位进行深入的快速检查,确诊故障的部位和故障原因。

第 5 步:排除所检测出的故障。

第 6 步:ABS 故障排除后,清除故障码,否则尽管 ABS 故障已经排除,且系统恢复正常,但 ABS 控制单元的存储器仍记忆着原故障情况。

第 7 步:检查 ABS 故障警告灯是否仍然持续点亮。如果故障警告灯仍然持续点亮,则说明系统中仍有故障存在,或故障已经排除而故障码未被删除,应继续排除故障或清除故障码。

第 8 步:当 ABS 故障警告灯不再点亮时,进行路试,确认 ABS 是否恢复正常。

(2)ABS 故障诊断及排除的基本流程,如图 3-42 所示。

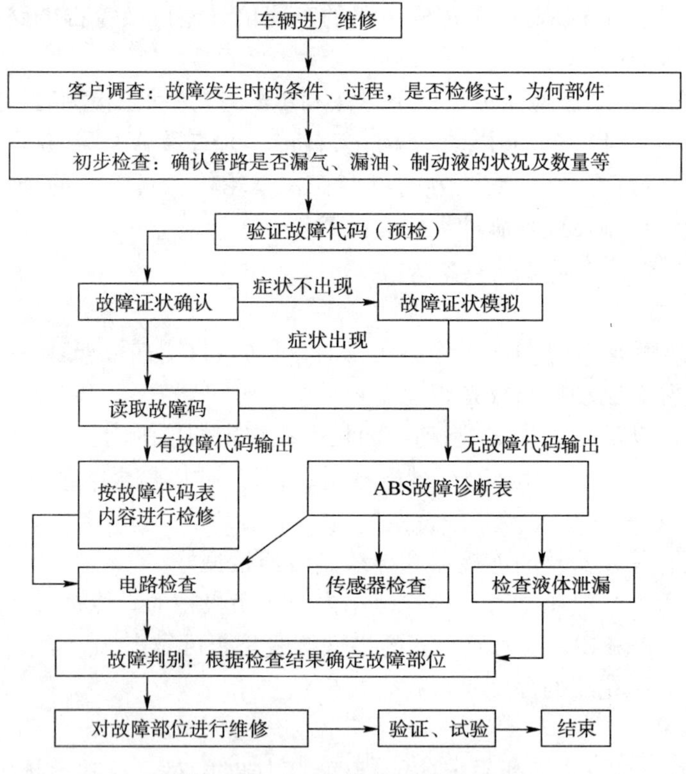

图 3-42　ABS 故障诊断及排除的基本流程

5. 制动防滑电控系统的故障案例分析

(1)故障现象

一辆装有 ABS 系统的卡罗拉轿车,在紧急制动时常出现两后轮抱死现象,但仪表板上的 ABS 警告灯不亮。

(2)检查与排除

首先,在车辆不起动的情况下,只将点火开关转至"ON"位置,观察仪表板上的 ABS 警告灯,能正常点亮。运转车辆,ABS 警告灯熄灭,这说明 ABS 电脑内没有 ABS 系统的故障码。因此无法利用故障自诊断系统读取故障代码。

询问车主,车主说自己曾向 ABS 系统中添加过与以前使用的制动液不一样的制动液。

所以我们把重点放在制动液和制动器上。在检查制动液的质量时,发现该车的制动液非常脏,并且油杯中的制动液有些像丝絮似的东西,于是怀疑可能是因制动液太脏把 ABS 系统的管路和制动缸堵塞了。拆下制动主缸,发现制动主缸的皮碗已经发胀变形。更换新的制动主缸皮碗,将制动主缸重新装上后,对该车进行排气泄压,发现后轮排气时,总是一滴一滴地出油,似乎一点压力都没有。更换后轮制动轮缸,故障仍然存在。由于故障的现象是踩下制动器时制动抱死,但若对该车排气,制动踏板就复位。所以就可肯定是该车的制动系统油管被堵塞。对 ABS 系统的管路进行清洗,重新更换符合要求的制动液,该车两后轮制动抱死的故障彻底排除。

(3)维修体会

该车两后轮制动抱死的原因是由于驾驶员向系统内添加了与原用制动液不一样的制动液,导致制动液之间发生化学反应,造成制动液中产生丝絮状物质,一方面使皮碗发胀变形,另一方面造成 ABS 系统管路堵塞。由于 ABS 系统起作用时是施加制动再解除制动的反复循环,现因制动系统管路堵塞,在制动放松时,制动轮缸中的制动液无法快速流出,导致制动抱死拖滞。这例故障提醒维修人员,ABS 系统的制动液不能混用,因为不同规格的制动液化学成分不一样,混用后便会发生化学反应,生成丝絮状物质或沉淀而影响 ABS 的性能。

项 目 小 结

本项目让学生熟悉了汽车底盘常见电控系统的基本结构和故障机理,掌握了电控常见部件的检测方法及故障诊断的基本流程,提高了汽车故障诊断过程中分析问题与解决问题的综合能力,为后续学习及毕业实践打下了坚实的基础。

项目 4　汽车车身电控系统的故障诊断

任务目标

最终目标

熟悉汽车自动空调、安全气囊及电动车窗等电控系统的基本控制原理，掌握电路分析、部件检测及故障诊断与排除的操作方法和规范流程，培养解决问题的实践能力。

促成目标

1. 熟悉汽车电控故障诊断与排除的基本流程，掌握填写维修工单的方法；
2. 掌握汽车万用表、汽车诊断仪的使用方法，分析故障症状及可能原因；
3. 熟悉查阅汽车修理手册及电路图的方法，学会编制诊断流程图；
4. 学会分析电路、检测线路及其部件，排除电控系统的常见故障；
5. 结合实训案例，学会撰写汽车电控故障的维修案例；
6. 养成作业过程中遵循 5S 理念的习惯，培养学生职业素养。

引言

汽车车身电控系统的故障诊断与排除是汽车维修作业的常见工作，教学主要包括熟悉基本原理、学会电路分析、掌握部件检测、学会故障诊断等内容。

通过汽车自动空调、安全气囊及电动车窗等电控系统故障诊断与排除的实践训练，增强学生规范化操作意识，提高规范化操作水平，培养学生分析问题和解决问题的职业能力，为实现学生“零距离”就业打下坚实的基础。

任务 1　汽车自动空调系统的电路分析与故障诊断

一、任务引入

现代许多汽车均配置自动空调系统，汽车维修中，经常遇到空调不制冷、空调出风不良、空调温度调节不良等症状，怎么检测？怎么维修？下面以丰田卡罗拉汽车为例介绍汽车自动空调系统的电路原理、识读技巧及部件检修，引导学生学习基础知识，学会故障诊断。

二、相关知识

1. 汽车自动空调系统概述

卡罗拉轿车的空调配置有两种，一种是自动空调，另一种是手动空调。自动空调系统通过温度传感器检测车内、车外的温度并与乘员选择的温度相比较后，向执行机构发出电信号，控制各种电动机及电磁阀动作，使车内的温度保持恒定，如图 4-1 所示。

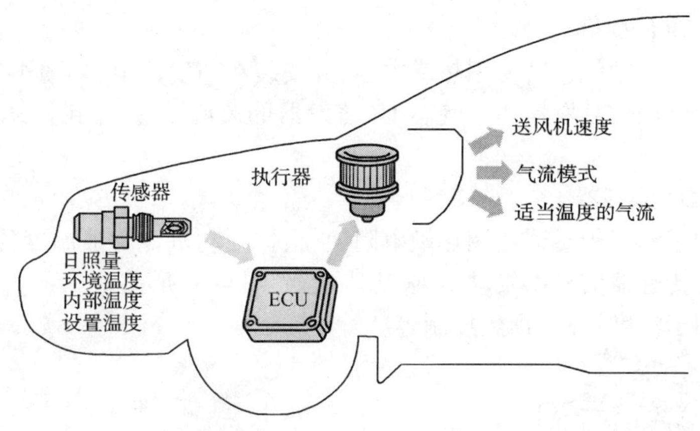

图 4-1　汽车自动空调系统概述

2. 自动空调的传感器

(1)内部温度传感器

①结构:内部温度传感器使用热敏电阻并安装在带有通风口的仪表板处。此通风口利用送风机鼓风,吸入车辆内部空气以便检测内部平均温度,如图 4-2 所示。

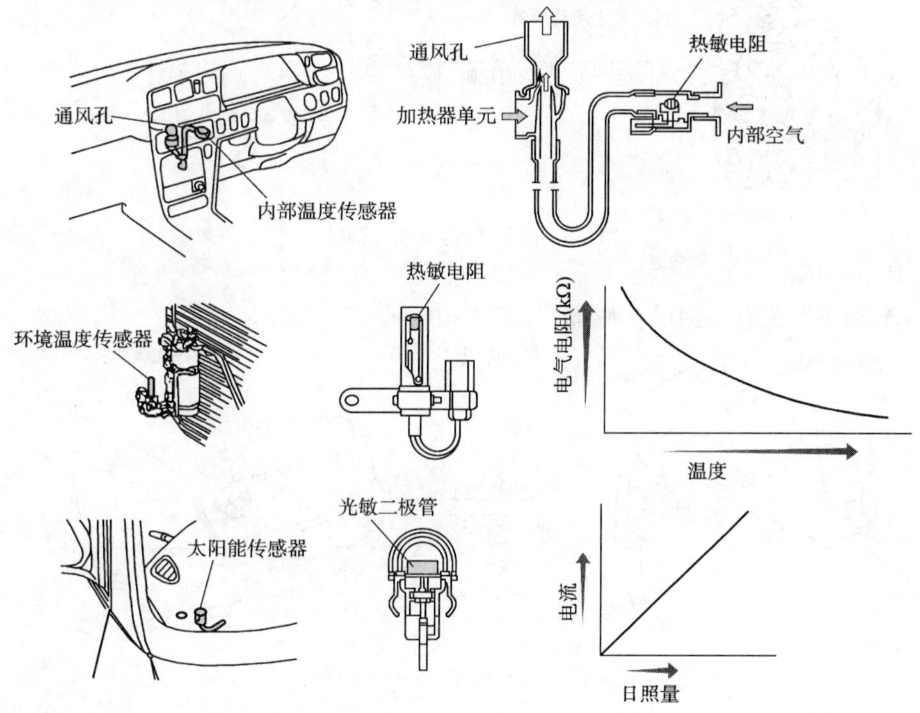

图 4-2　汽车自动空调传感器(一)

②功能:它检测内部温度,用于温度控制的基础。

(2)环境温度传感器

①结构:环境温度传感器使用热敏电阻并安装在冷凝器的前面,如图 4-2 所示。

②功能:它检测外部温度,即用来控制由外部温度波动所引起的内部温度波动。

(3)太阳能传感器

①结构:此太阳能传感器使用一光电二极管,并安装在仪表板的上部,如图 4-2 所示。

②功能:它检测日照的强度,即用它来控制由日照波动引起的内部温度的波动。

(4)蒸发器温度传感器

①结构:蒸发器温度传感器使用热敏电阻,并安装在蒸发器上,如图4-3所示。

②功能:它检测经过蒸发器的空气温度(蒸发器的表面温度),用于防冻、气流的温度和延时气流控制。

(5)冷却液温度传感器

①结构:冷却液温度传感器使用热敏电阻,它根据发动机冷却液温度传感器检测冷却液温度;冷却液温度传感器信号由发动机ECU传送,如图4-3所示。

②功能:它用于温度控制,预热控制等。

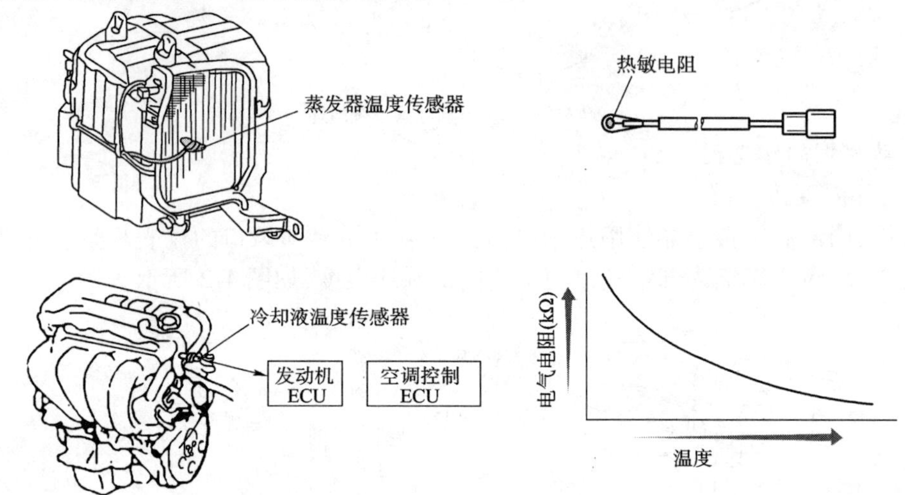

图4-3　汽车自动空调传感器(二)

(6)其他传感器

某些车辆还安装有下面的传感器,如图4-4所示。

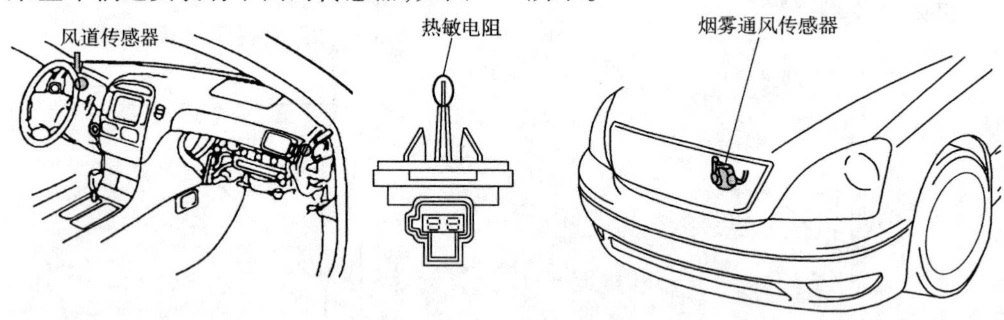

图4-4　汽车自动空调传感器(三)

①风道传感器:它使用热敏电阻并安装在侧记录器内部,用来检测吹向侧记录器的气流的温度,并精密地控制各气流的温度。

②烟雾通风传感器:它安装在车辆前面部分,检测CO(一氧化碳)、HC(碳氢化合物)和NO_x(氮氧化物)的含量,以便在FRESH(新鲜空气)和RECIRC(循环空气)之间切换。

3. 自动空调的ECU

此ECU计算要吹的空气温度和气流量,并根据各传感器和设定温度决定使用哪个出风口,这些值用来控制空气混合挡板的位置、送风机电动机速度和气流挡板的位置,如图4-5所示。

在某些车型上,使用多路传输(多路通信系统)把操作信号从控制面板发送到空调控制 ECU。

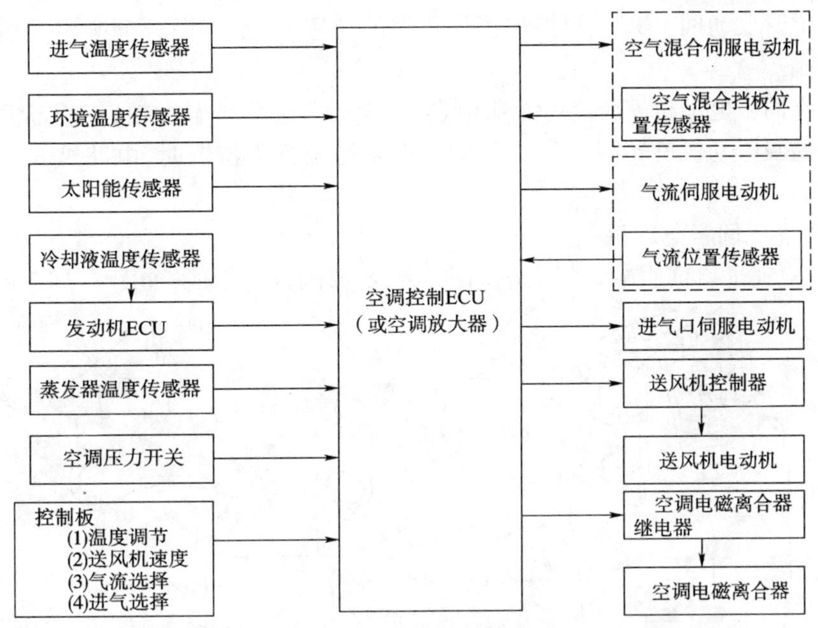

图 4-5　汽车自动空调 ECU

4. 自动空调的执行机构

(1)空气混合伺服电动机

①结构:空气混合伺服电动机由电动机、限位器、电位计和动触点等组成,如图 4-6 所示。

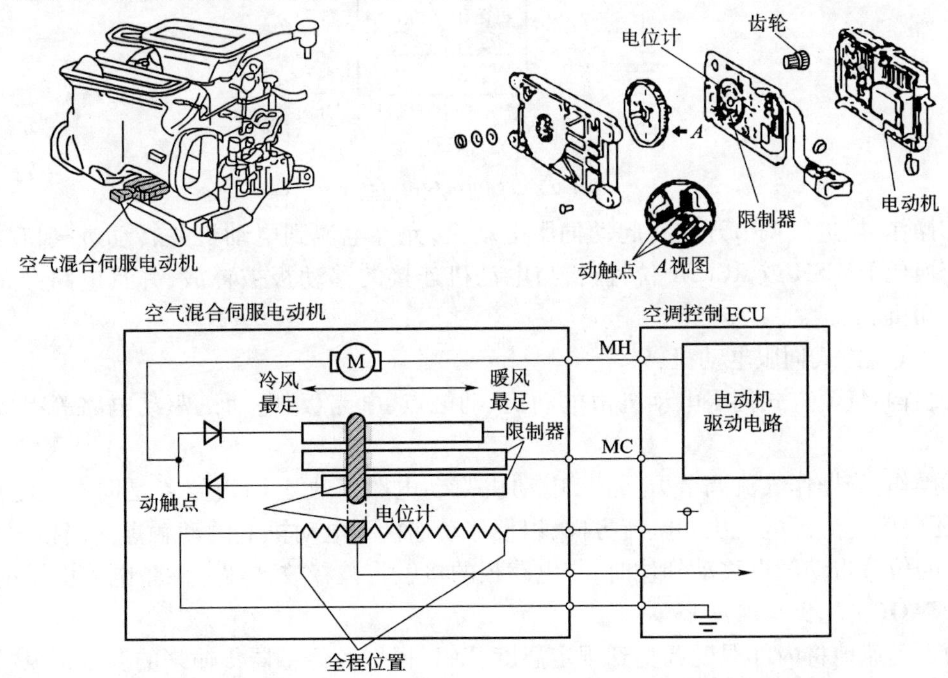

图 4-6　空气混合伺服电动机

②操作:当空气混合挡板被移到 HOT 位时,MH 端子为电源,MC 端子搭铁,伺服电动机开始动作进行调整。当 MC 端子成为电源 MH 端子搭铁时,伺服电动机反向旋转将混合挡

板移到 COOL 位。

伺服电动机转动时,电位计的动触点同步移动,根据挡板的位置产生一个电信号,并将挡板的实际位置反馈回 ECU。当挡板达到要求的位置时,空气混合伺服电动机断开到伺服电动机的电流。

空气混合伺服电动机安装有一个限制器,当全行程动作被触发时,它将断开到电动机的电流。当与伺服电动机旋转同步移动的动触点到达全行程位置时,电路被开路使电动机停止工作。

(2)空气进气伺服电动机

①结构:空气进口伺服电动机由电动机、齿轮、移动盘等组成,如图 4-7 所示。

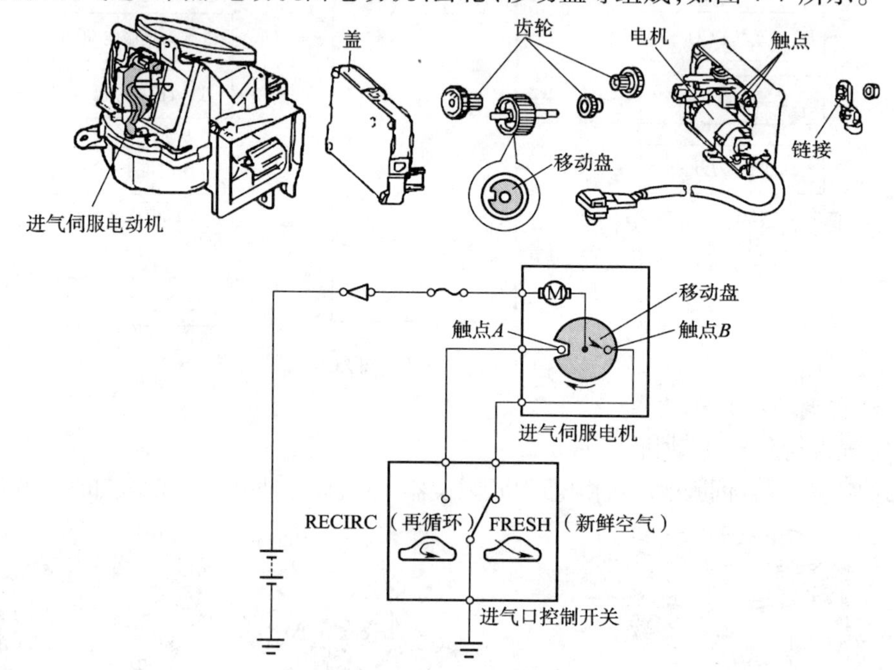

图 4-7 空气进气伺服电动机

②操作:按进气调节开关将起动伺服电动机,允许电流到电动机并转动进气口挡板;当挡板变换成 FRESH 或 RECIR 位置时,与电动机连接的移动板被释放,并且电路开路,以便停止电动机。

(3)气流方式伺服电动机

①结构:气流方式伺服电动机由电动机、动触点、电路板、电动机驱动电路等组成,如图 4-8 所示。

②操作:当操作气流调节开关时,电动机驱动电路将决定挡板位置是向右或是向左移动;它还要确定流经电动机的电流方向,以便移动连接到电动机上的动触点。当按照气流调节开关的位置将动触点移动到位时,与电路板的接触将被释放,电路开路,电动机停止工作。

5. TAO(空气出口温度)

为了迅速地将内部温度调整到规定温度,ECU 根据各传感器传输来的温度信息,计算出口空气温度(空气出口温度 TAO)。根据内部温度、环境温度和日照总量相对于规定温度来计算 TAO。虽然自动空调主要用内部温度信息控制温度,但它也利用环境温度和检测日照总量实现更加精确的控制,如图 4-9 所示。

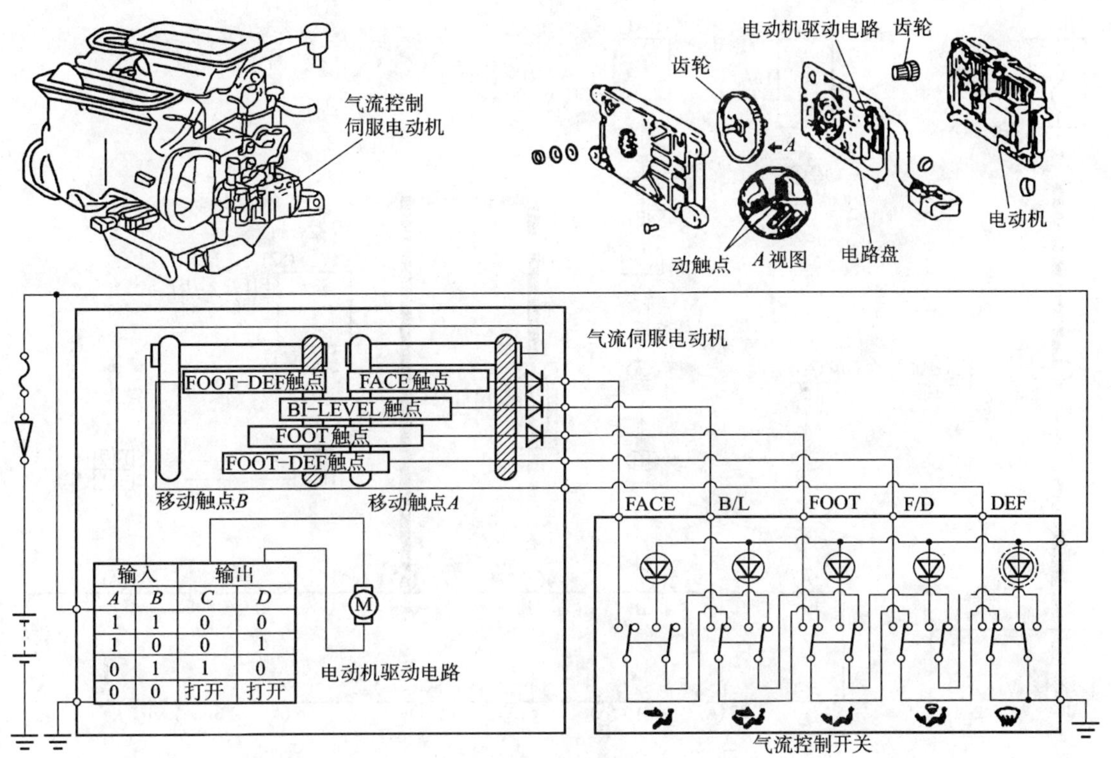

图 4-8　气流方式伺服电动机

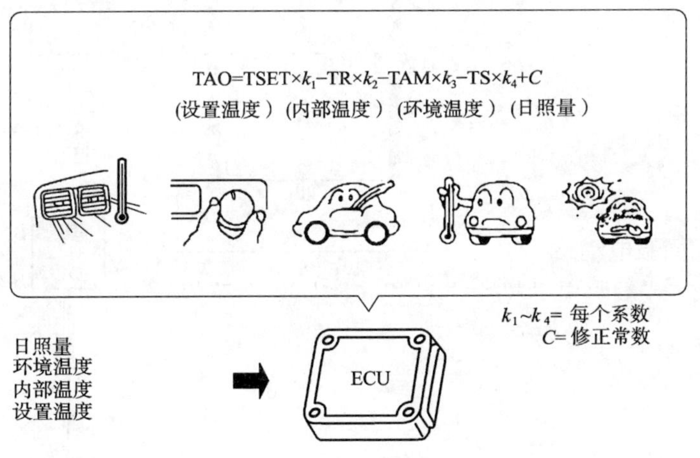

图 4-9　空气出口温度的控制

三、任务实施

(一)汽车自动空调系统的电路分析

卡罗拉轿车自动空调系统电路如图 4-10 ~ 图 4-15 所示。

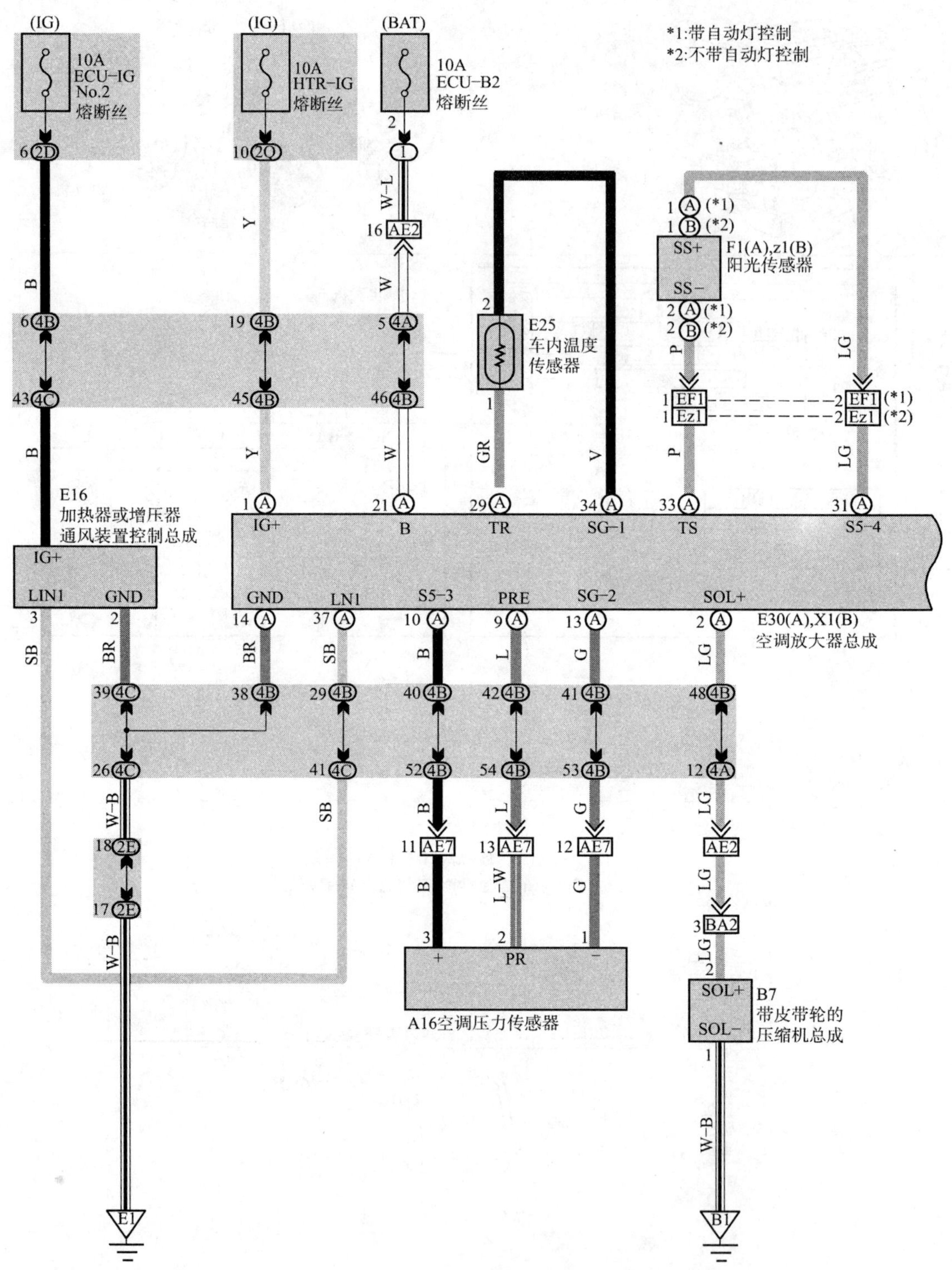

图 4-10 自动空调系统电路(一)

1. 供电电路

蓄电池电压经 10A ECU-B2 熔断丝后供电给空调放大器的 E30-21 脚,这是一条常电源供电电路，即使点火开关置于 OFF 位置时，也提供电源用于故障码存储等。

当点火开关置于 ON（IG）位置时，主电源电压→10A HTR-IG 熔断丝→空调放大器的 E30-1 脚，此电源用于操纵空调放大器和伺服电动机等。

蓄电池经 10A ECU-IG NO. 2 熔断丝后供电给加热器或辅助通风装置控制总成的 E16-5 脚。

2. 输入信号电路

（1）环境温度传感器

该传感器检测车外温度并将相应的信号发送至空调控制总成，电路如图 4-16 所示。

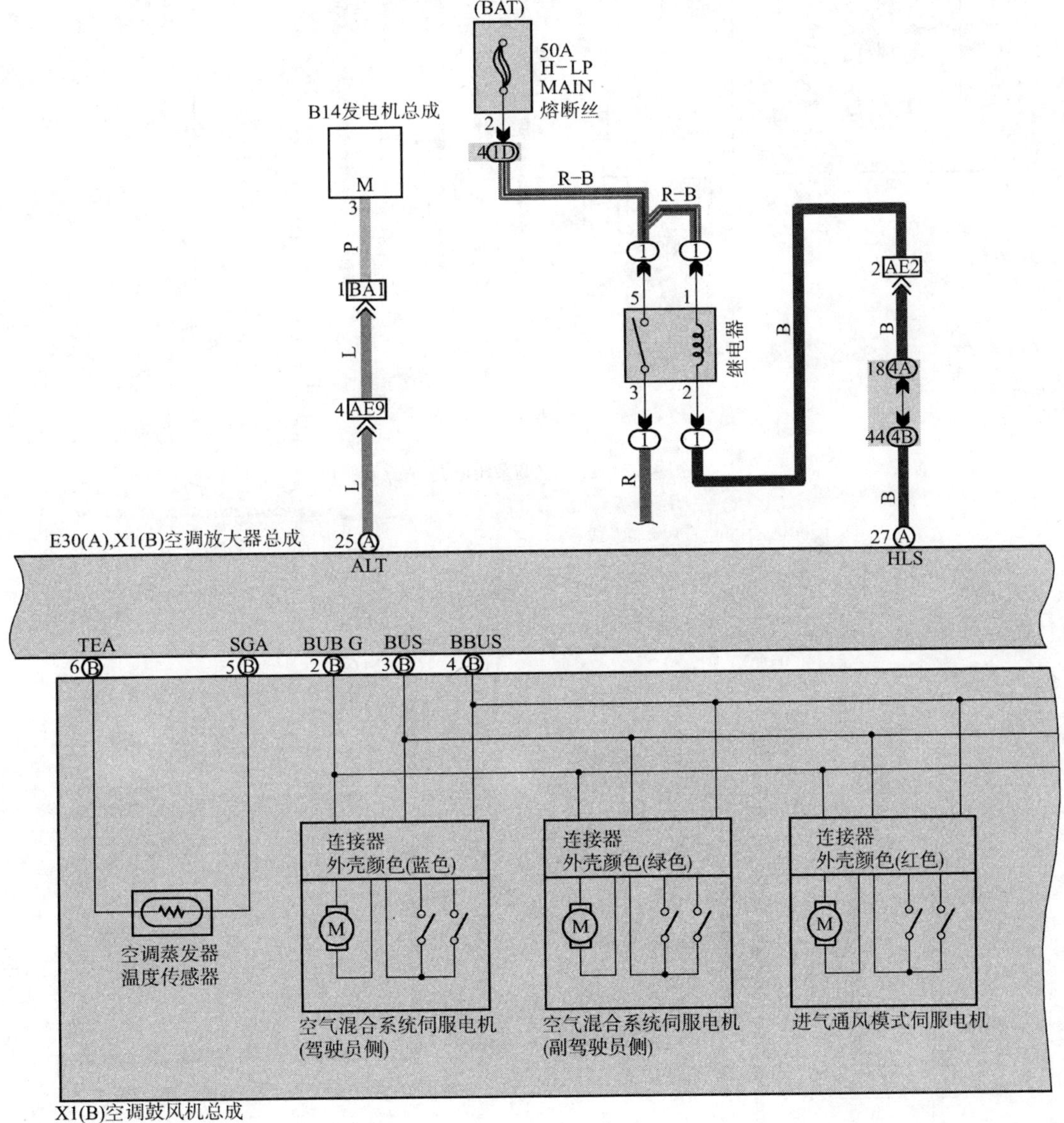

图 4-11　自动空调系统电路（二）

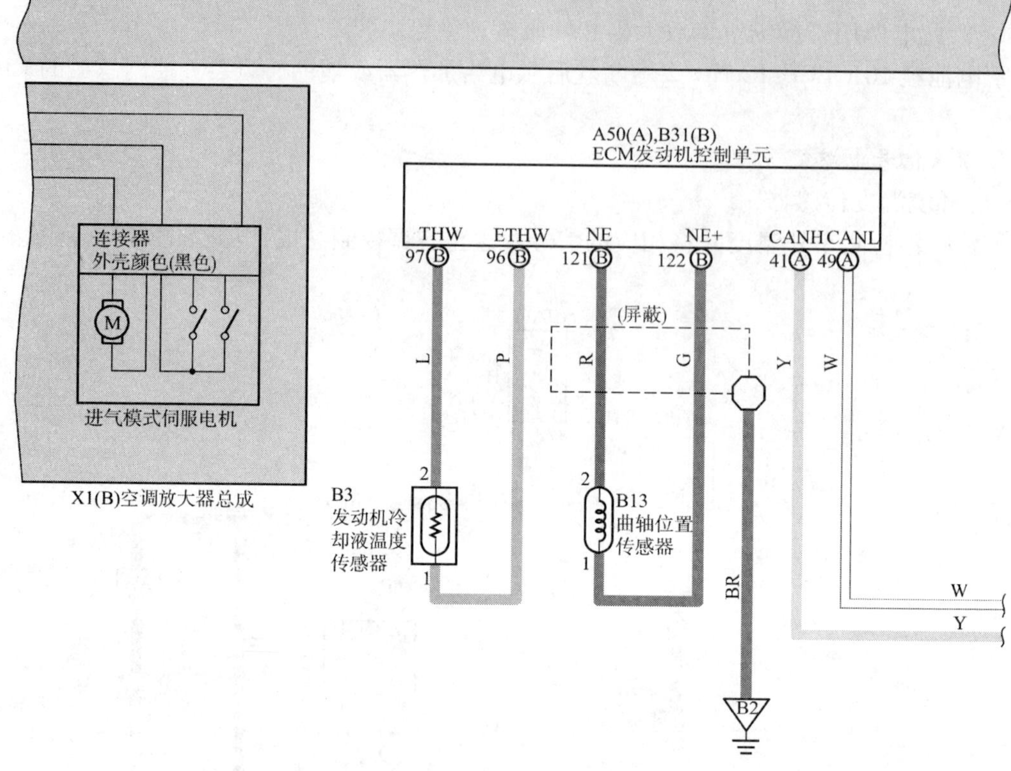

图 4-12　自动空调系统电路(三)

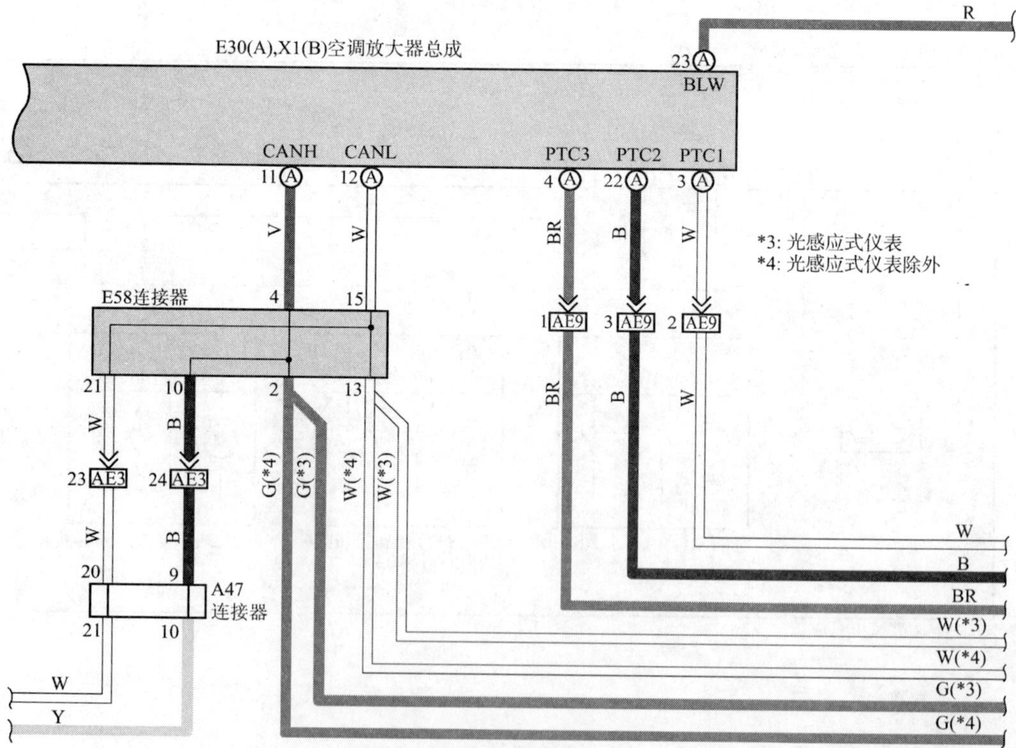

图 4-13　自动空调系统电路(四)

组合仪表 E46 通过 9、23 脚输入环境温度传感器信号，并从 27、28 脚通过 CAN 总线送至空调控制总成。

（2）车内温度传感器

空调放大器的 E30-29、E30-34 脚外接车内温度传感器，该传感器检测作为控制依据的车厢温度，并发送信号至空调放大器，电路如图 4-17 所示。

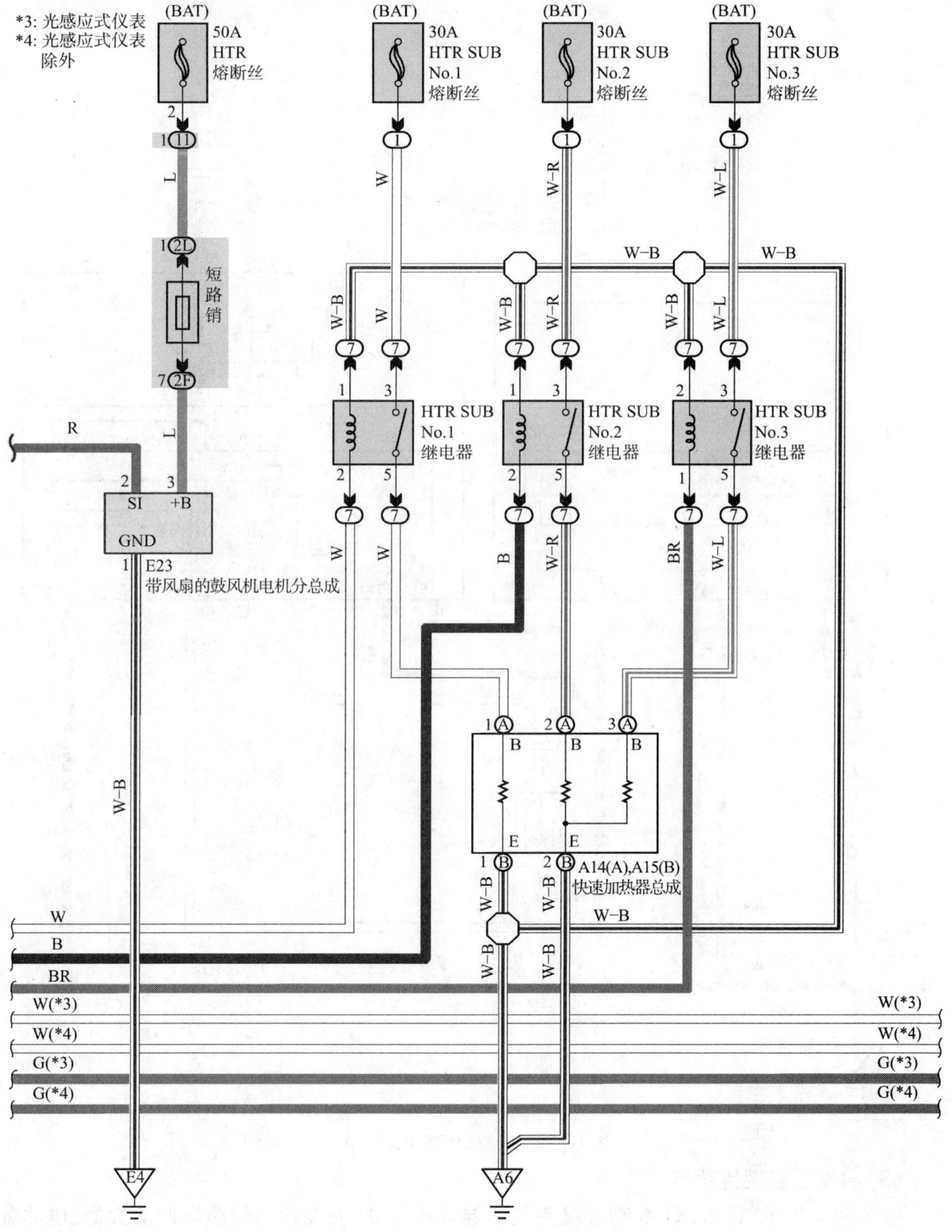

图 4-14　自动空调系统电路（五）

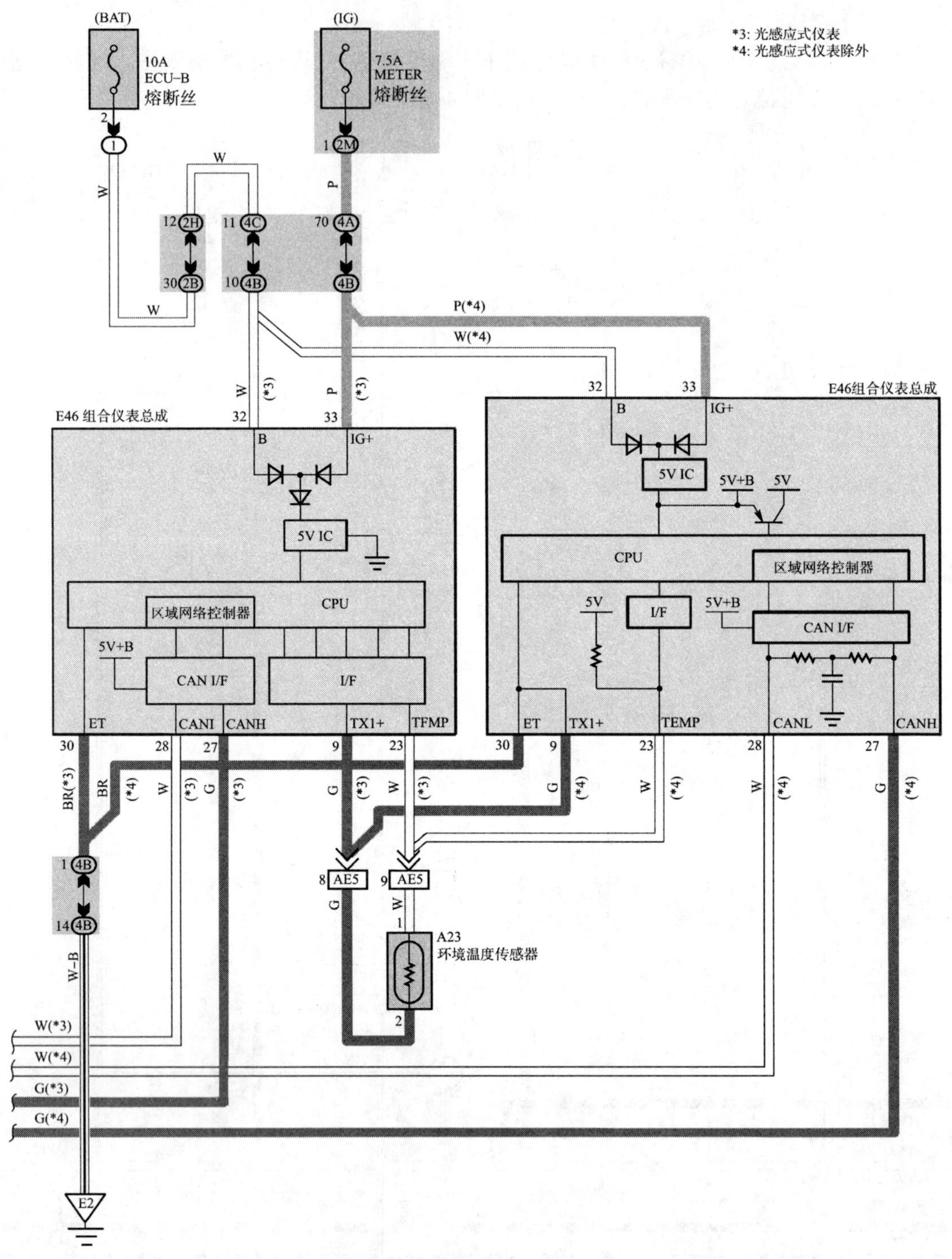

图 4-15　自动空调系统电路(六)

(3)蒸发器温度传感器

空调放大器的 X1-5、X1-6 脚外接蒸发器温度传感器,并发送信号至空调放大器,电路如图 4-18 所示。

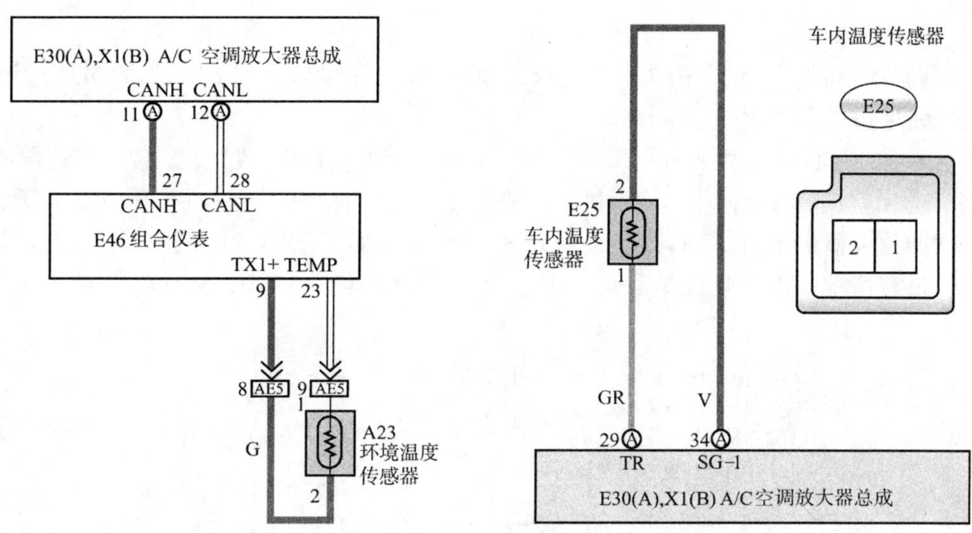

图4-16 环境温度传感器电路　　　图4-17 车内温度传感器电路

(4)阳光传感器

空调放大器的E30-31、E30-33脚外接阳光传感器,该传感器检测阳光的强弱,用来修正混合风门的位置和鼓风机的转速,电路如图4-19所示。

(5)空调压力传感器

空调放大器的E30-9、E30-10、E30-13脚外接空调压力传感器,该传感器检测制冷剂压力,并将以电压变化的形式输出信号至空调放大器,空调放大器根据该信号控制空调压缩机,电路如图4-20所示。

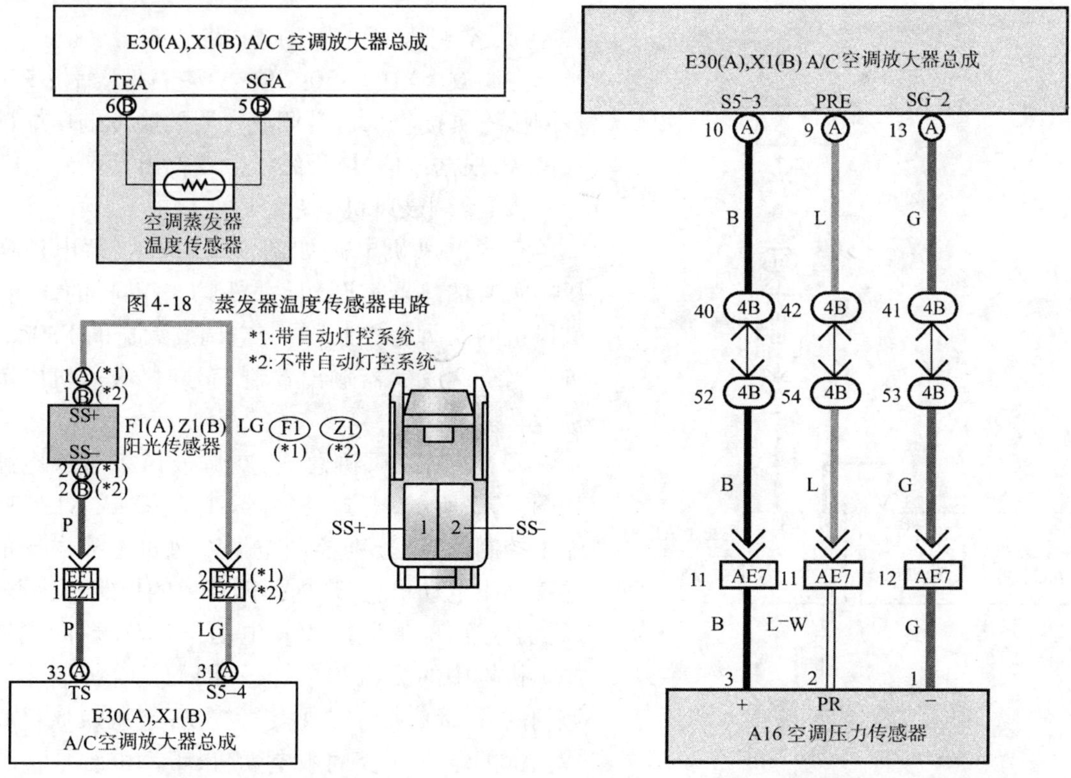

图4-18 蒸发器温度传感器电路

图4-19 阳光传感器电路　　　图4-20 空调压力传感器电路

(6)其他输入信号

①空调放大器的 E30-37 脚外接加热式辅助通风装置控制总成 E16，驾驶员通过调节面板上的按钮来进行各种设定。

②空调放大器的 E30-25 脚外接发电机 E14-3 脚，发动机起动时，发电机转动并产生脉冲电压信号，该信号由空调放大器使用。发电机输出的信号是 PTC 加热器线路控制的一个影响因素。

③空调放大器的 E30-27 脚外接前照灯照明信号，电路如图 4-21 所示，它使用此信号来判断电气负载情况。电气负载信号是 PTC 加热器线路控制的一个影响因素。

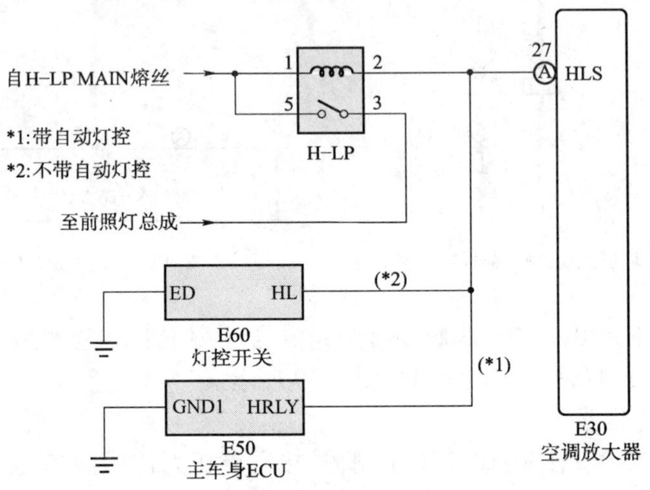

图 4-21　前照灯信号电路

3. 执行器电路

(1)空调压缩机电磁阀电路

空调放大器的 E30-2 脚外接空调压缩机 B7，空调压缩机接收来自空调放大器的制冷剂压缩请求信号，根据该信号，压缩机改变输出量。

(2)空调鼓风机电路

空调鼓风机电路如图 4-22 所示，蓄电池电压→50A 加热器熔断丝→鼓风机电动机的 3 脚；鼓风机的 2 脚为控制脚，接空调放大器的 E30-23 脚。当空调放大器输出控制信号时，鼓风机电动机运转。

(3)空调鼓风机总成：空调鼓风机总成电路如图 4-23 所示，空调放大器 X1-2、X1-3、X1-4 脚输出控制信号，分别控制空调鼓风机总成内部的进气伺服电动机，实现内外循环风的控制；空调鼓风机总成内部的通风模式电动机，带动风向调节操纵机构中的拨盘和拨杆，不同的拨杆控制不同风门的开、闭，从而实现空气控制；空调鼓风机总成内部的空气混合伺服电动机，带动混合风门移动，实现不同比例的空气混合。

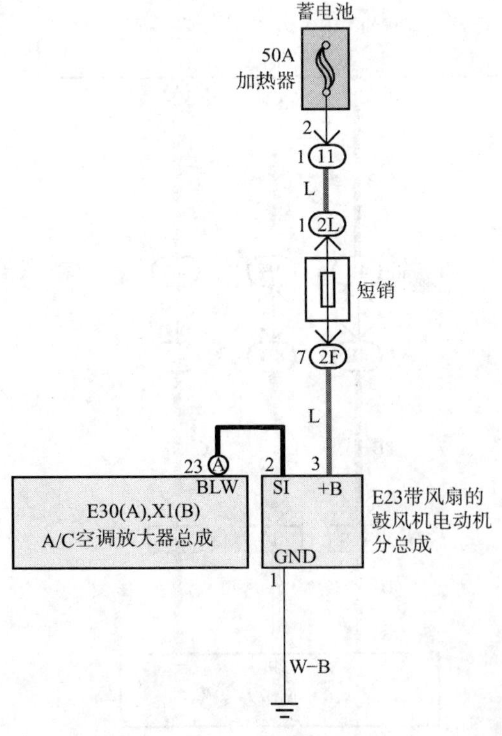

图 4-22　空调鼓风机电路

空调放大器与各伺服电动机之间是通过×1线束进行通信的，空调放大器通过空调线束向各伺服电动机供电和发送工作指令；各伺服电动机将风门位置信息发送至空调放大器。

(4) PTC加热器电路

PTC加热器由一个PTC元件、铝散热片和铜片组成，当电流施加在PTC元件上时，会产生热量来加热通过装置的空气。

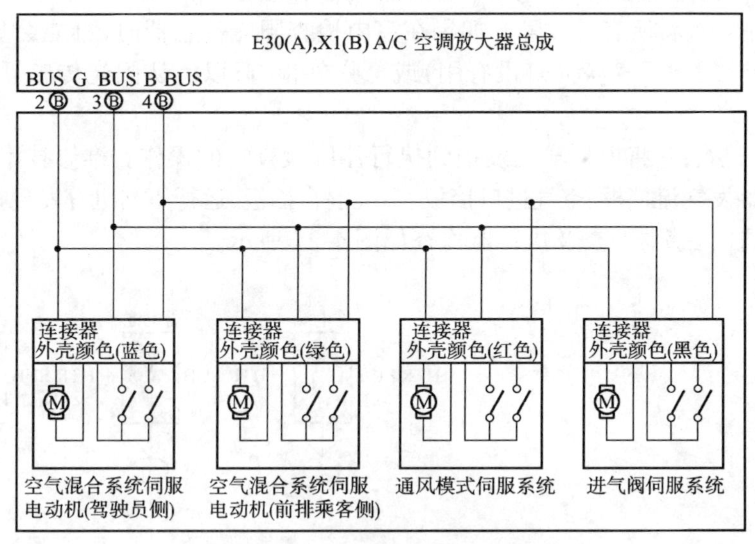

图4-23　空调鼓风机总成电路

PTC加热器安装在加热器装置的散热器内，它在冷却液的温度很低且正常加热器效率不足时工作。空调控制总成切换PTC继电器风电路的通断，并且在工作条件满足(冷却液的温度低于65℃、设置温度为MAX HOT、环境温度低于10℃且鼓风机开关没有置于OFF位置)时操纵PTC加热器。PTC加热器根据电气负载或交流发电机的输出量控制PTC加热器电路。因此，应在其他电气部件关闭的情况下执行故障排除。

PTC加热器电路如图4-24所示，当空调放大器总成的E30-3脚输出控制信号时，HTR SUB1号继电器线圈通电，其触点闭合。

蓄电池电压→30A HTR SUB1熔断丝→HTR SUB1号继电器触点→快速加热器总成A14-1脚→快速加热器总成A15-1脚→A6搭铁。此时，快速加热器部分电路加热。

同理，当空调放大器总成的E30-22脚输出控制信号时，快速加热器总成A14-2脚通电；当空调放大器总成的E30-4脚输出控制信号时，快速加热器总成A14-3脚通电。

(5)冷却风扇电路

冷却风扇电路如图4-25所示，从点火开关来的电压→10A ECU-IG NO. 1熔断丝→1号风扇继电器线圈→A1搭铁。此时，1号风扇继电器线圈通电，其触点闭合。

蓄电池电压→40A冷却风扇熔断丝→1号风扇继电器触点→2号冷却风扇ECU的1脚。

冷却风扇是否运行，受空调放大器及发动机ECM的控制，发动机ECM的E50-43脚为控制脚，接2号冷却风扇ECU的2脚。

(二)汽车自动空调系统的故障诊断

1. 诊断系统概述

在自诊断系统中，ECU将指示器、传感器和执行器存在的所有异常传送到控制板，向维修技术人员显示。这个系统对于诊断很有必要,因为即使点火开关关掉,自我诊断结果也保存在存储器中。

自诊断系统操作如图 4-26 所示,操作开关可以进行各种检查。

(1)指示灯检查:开关、温度设置显示器和蜂鸣器触发器等指示灯是可以进行检查的。检查时,开关、温度设置显示器等的指示灯在点亮 4 次后熄灭。

(2)传感器检查:可以检查以前和当前的传感器故障。当发现一个以上的故障时,按 A/C开关可以一一查看所有的故障。如果在室内检查阳光传感器时,可能会显示开路;要将阳光传感器置于白炽灯下(荧光灯没有用)或至户外检查,以确认阳光传感器及其控制电路是否存在故障。

(3)执行器检查:它将模拟输出发送到执行器以检查它的操作。维修技术人员可通过从 ECU 发送信号触发气流挡板、空气进口挡板、空气混合挡板、运行压缩机等发现执行器的故障。

指示灯检查、传感器检查及执行器检查如图 4-27 所示。

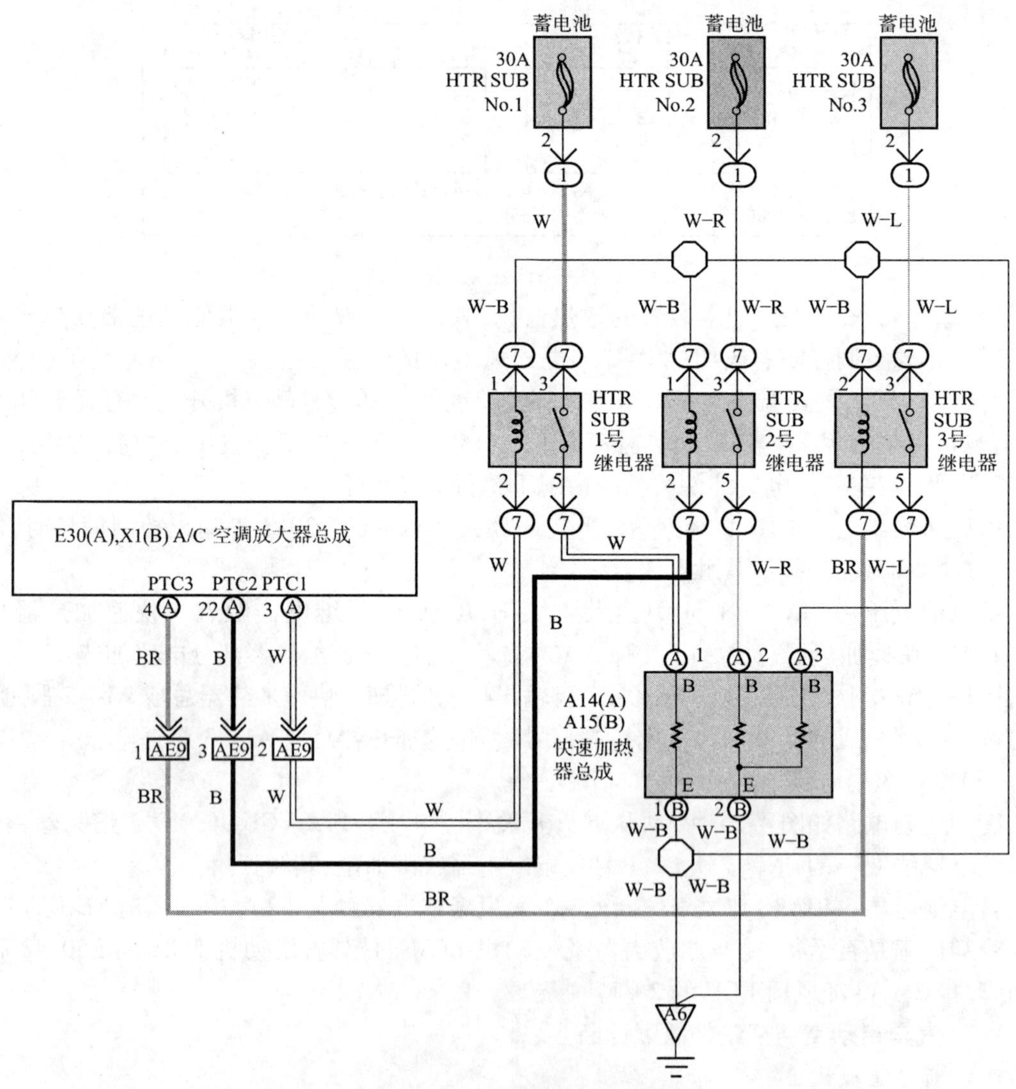

图 4-24 PTC 加热器电路

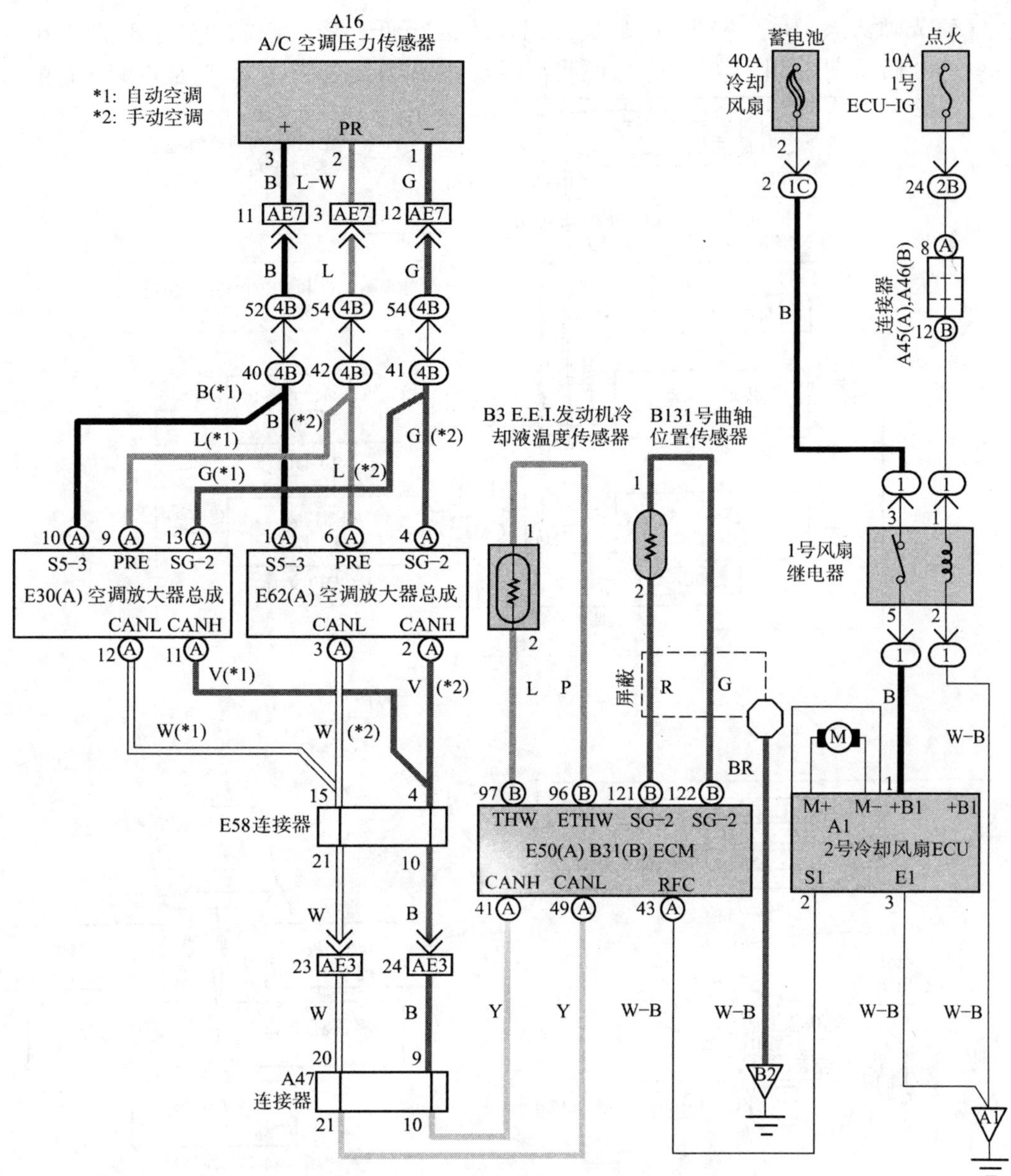

图 4-25　冷却风扇电路

2. 故障症状表

当认为汽车自动空调出现故障时，应参考表 4-1。该表可帮助诊断故障原因。故障原因的可能性按由小到大的顺序表示，按顺序检查每个可疑部件。必要时，维修或更换的故障的零件，或进行调整。

3. 故障案例分析

案例 1：皇冠轿车自动空调不工作

（1）故障现象

某皇冠轿车空调不工作，没有冷风，按下空调开关后，A/C 灯闪，打开机舱，发现空调泵不工作。

(2)诊断内容

①首先确认该车是否缺少冷媒，接冷媒压力表至低、高压端口，测得：低压端为 1.5～2.5kg/cm^2，高压端为 14～16kg/cm^2，说明空调高、低压管路压力正常，满足空调运行的需要。

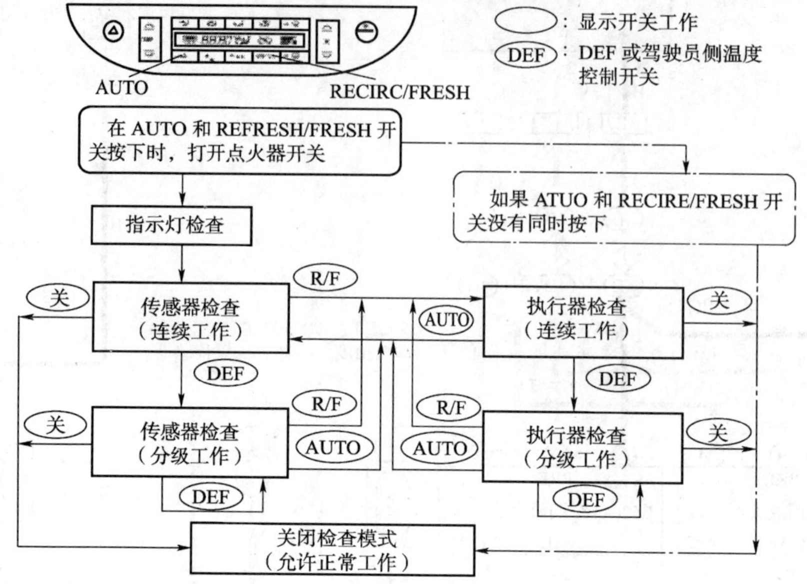

图 4-26　自诊断系统操作示意图

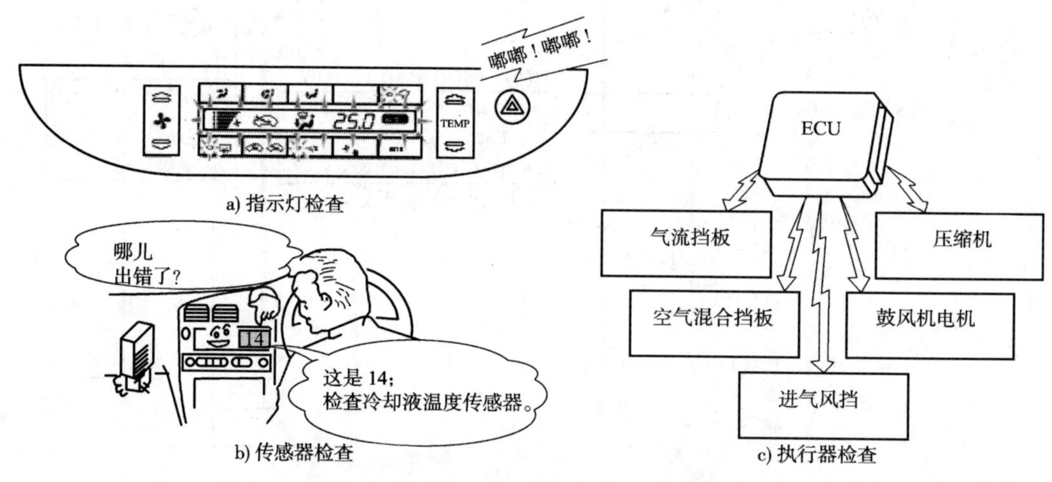

a) 指示灯检查

b) 传感器检查

c) 执行器检查

图 4-27　指示灯检查、传感器检查及执行器检查

汽车自动空调系统故障症状表

表 4-1

故障症状	可疑部位
空调系统的所有功能不工作	IG 电源电源
	备用电源电路
	空调放大器
空气流量控制：鼓风机不工作或控制功能失效	鼓风机电动机电路
	空调放大器
空气流量控制：空气流量不足	鼓风机电动机电路
	空调放大器

续上表

故障症状	可疑部位
温度控制:无冷风	制冷剂量
	制冷剂压力
	压力传感器电路
	压缩机电磁阀电路
	蒸发器温度传感器电路
	环境温度传感器电路
	加热器控制开关电路
	空气混合风门控制拉索
	膨胀阀
	空调放大器
温度控制:无暖风	蒸发器温度传感器电路
	环境温度传感器电路
	发电机信号电路
	前照灯信号电路
	PTC 加热器电路
	发动机冷却液温度传感器电路（1ZR-FE）
	CAN 通信系统
	空气混合风门控制拉索
	空调放大器
	ECM（1ZR-FE）
温度控制:出风温度比设置温度高或低,或响应慢	制冷剂量
	制冷剂压力
	环境温度传感器电路
	发电机信号电路
	前照灯信号电路
	PTC 加热器电路
	发动机冷却液温度传感器电路（1ZR-FE）
	CAN 通信系统
	空气混合风门控制拉索
	散热器单元分总成
	膨胀阀
	空调放大器
	ECM（1ZR-FE）

续上表

故障症状	可疑部位
温度控制:无温度控制(只有最冷或最热)	环境温度传感器电路
	蒸发器温度传感器电路
	加热器控制开关电路
	发电机信号电路
	前照灯信号电路
	PTC 加热器电路
	发动机冷却液温度传感器电路(1ZR-FE)
	CAN 通信系统
	空气混合风门控制拉索
	空调放大器
	ECM(1ZR-FE)
进气失控	再循环风门伺服电动机电路
	空调放大器
空气流量模式失控	2 号加热器控制拉索
发动机无怠速提升,或持续怠速提升	压缩机电磁阀电路
	空调放大器
	ECM(1ZR-FE)
	CAN 通信系统
空调指示灯闪烁	压缩机电磁阀电路
	空调放大器
不记录诊断故障码。当点火开关置于 OFF 位置时,取消设置模式	备用电源电路
	空调放大器

②接上汽车诊断仪,进入车身系统,检查空调系统故障码,缩小检查范围,检查后未发现故障码。读取数据流,空调运行的几个重要参数均正常,说明空调各个传感器均正常工作。检查空调 ECU 的电源电路,均符合修理手册的技术要求。

③进入主动测试,进行空调泵强制运转,发现空调泵依旧不工作。

④检查空调压缩机控制电路,发现发动机电脑端子 E3(11)到压缩机继电器线路正常,继电器电源无异常。

⑤线路检查后,又读取发动机工作参数,在打开 A/C 开关时,发动机电脑未收到空调放大器的请求信号,导致空调泵不工作。

(3)修理结果

更换空调放大器。

(4)维修体会

通过修理手册逐步排除故障点,缩小检查范围,通过主动测试及数据流的分析减少了工作强度。在以后的维修工作中应更加细心和认真。

案例 2:丰田大霸王 ACR50L-GFPGK 自动空调不制冷

(1)故障现象

车辆行驶中突然发现空调不制冷。

(2)诊断内容

①检查无故障码,无明显的碰撞痕迹。

②测量空调制冷剂压力,高低压均在正常范围。

③读取数据流发现,不开空调情况下空调泵控制电流(regulator control current)为0A,在开空调情况下控制电流(regulator control current)为0.946A,说明控制线路良好。

④单独拔下空调泵上控制流量插头,测量两根线端电压:空调工作时为13.40V,基本与蓄电池电压一致;空调关掉后电压为0V,基本判断为空调泵内部异常。

⑤拆下空调泵后,发现可以轻松转动空调带轮,但中间驱动轴不转。后发现带盘与轴之间连接的3个固定脚断掉,造成动力无法传动。

(3)修理内容

更换空调泵。

(4)维修体会

现在的可变流量空调泵中,空调泵电磁离合器一般为常吸合。但实际流量控制部件为流量控制电磁阀。在空调不制冷情况下,读取空调数据流空调泵控制电流(regulator control current)或其端电压很有必要;如果开启空调,空调泵控制电流(regulator control current)为0.946A或电压为13.40V有显示,关掉空调电流变为0A而电压也变为0V,基本可判断为空调泵异常。

由于现在的车型基本采用可变空调,故障率也相对较高。采用读取数据流(控制电流)方式可以快速找到问题点,避免维修过程中大拆大动而浪费时间。

任务2　汽车安全气囊系统的电路分析与故障诊断

一、任务引入

安全气囊是现代轿车上重要的被动安全保护装置。当汽车受到前方一定角度内的高速碰撞时,装在车前端的碰撞传感器和装在汽车中部的安全传感器,就可以检测到车突然减速,并在0.01s之内将这一信号传递给安全气囊系统的控制电脑。电脑在经过分析确认之后,立即引爆气囊内的电热点火器(即电雷管),使其发生爆炸,这一过程一般只需0.05s左右。然而,安全气囊系统出现故障后怎么维修?气囊引爆后怎么维修?维修过程应当注意什么?这是维修技术人员经常遇到的问题。下面以丰田卡罗拉汽车为例介绍汽车安全气囊系统的电路原理、识读技巧及系统检修,引导学生学习基础知识,学会故障诊断。

二、相关知识

1.汽车安全气囊系统概述

卡罗拉汽车的安全气囊系统主要由碰撞传感器、引爆器和安全气囊控制单元等组成。碰撞传感器分布在车身的正面和侧面,一旦车辆发生碰撞事故时,车身的碰撞传感器便检测碰撞冲击力是否超过了安全设定值,并将信息传输给安全气囊控制单元。如果超过安全设定值,安全气囊控制单元便会立即接通充气元件中的点火管电路,产生气体,使气囊急剧膨胀,缓冲对驾驶员和乘员的冲击。

2. 驾驶员座椅侧的充气组件和空气囊

驾驶员座椅侧SRS空气囊总成安装在转向盘垫内。SRS空气囊总成不能拆开。它由充气组件、空气囊和转向盘垫等组成，其结构如图4-28所示。

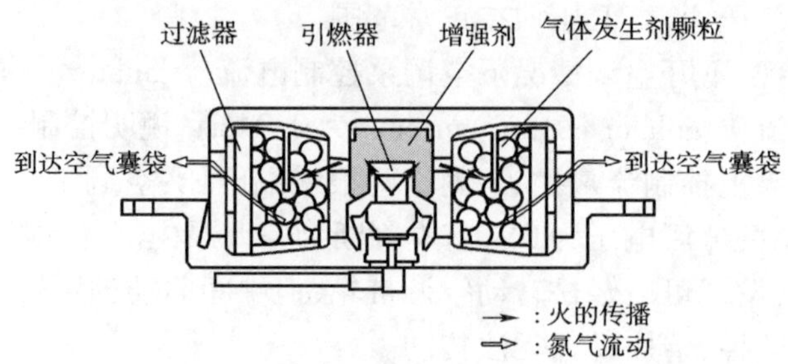

图4-28　驾驶员座椅侧的充气组件和空气囊

由于严重的正面碰撞，空气囊传感器被触发。电流流入位于充气组件中的引燃器对它点火。火焰即刻传播到推进剂药柱，由此产生大量氮气。气体流过过滤器，将灰烬去除，在充填空气囊前冷却。随着空气囊的膨胀，空气囊会撕开转向盘垫的外层进一步膨胀并协助抑制驾驶员头部受到的撞击。

3. 前乘员用的充气组件和空气囊

前乘员侧的充气组件由引燃器、抛射体、封闭盘、气体发生剂颗粒、高压气体等组成，空气囊由来自充气组件的高压气体膨胀。充气组件和空气囊被组合在一个盒子中，它位于乘员侧面的仪表板中，其结构如图4-29所示。

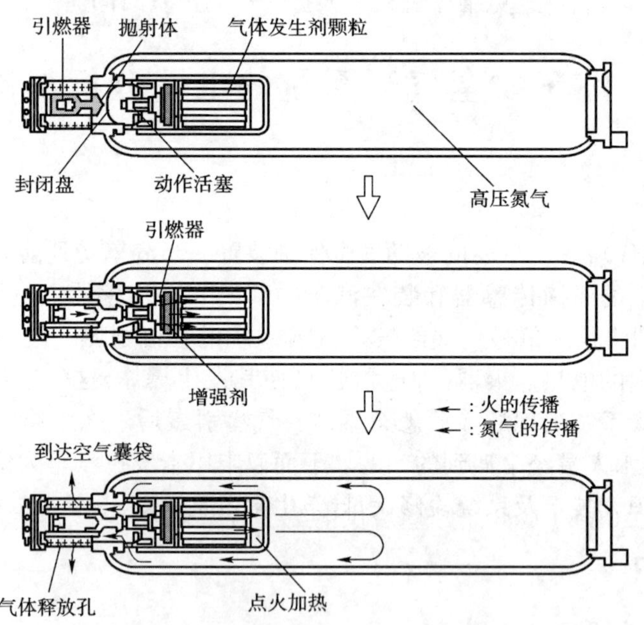

图4-29　前乘员用的充气组件和空气囊

如果空气囊传感器被发生正面碰撞时所引起的减速所触发，电流将流入充气机中的引燃器并将其点燃，引燃器的点火又使抛射体点燃，它随后突破封闭圆盘并撞向动作活塞，引起起爆剂点火。起爆剂的火焰瞬间传播到点火升压器和气体发生剂颗粒。气体发生剂颗粒点火后产生热使气体膨胀，使之经气体泄放孔流入空气囊，使空气囊膨胀。空气囊推开空气囊门进一步膨胀，协助抑制前面乘员头部和胸部受到的撞击。

4. 中央空气囊传感器总成

中央空气囊传感器总成装配在仪表板下面中间地板上，并由诊断电路、点火控制电路、减速传感器、安全传感器等组成。

5. 前空气囊传感器

前空气囊传感器被安装在左右前侧梁上，它不能被分解，前空气囊传感器从前面检测撞击并将减速信号发送到中央空气囊传感器总成。

6. 侧面和帘式空气囊传感器

侧面空气囊传感器安装在左右中柱上，帘式空气囊传感器被安装在左右后柱上，它从侧面检测撞击并将减速信号发送到中央空气囊传感器总成。中央空气囊传感器总成根据来自侧面空气囊传感器的减速信号触发侧面空气囊和帘式空气囊。

7. SRS 警告灯

SRS 警告灯位于组合仪表上。当中央空气囊传感器总成检测到空气囊系统的任何故障时，它打开 SRS 警告灯并通知驾驶员。在正常工作状态，当点火开关被开到 ON 位置时，此灯点亮 6s 后熄灭。

8. 螺旋电缆

从车身到转向盘使用一螺旋电缆作为电气接头。螺旋电缆由旋转器、外壳、电缆、取消凸轮等组成。外壳安装在组合开关总成中；旋转器和转向盘一起转动；电缆长 4.8m 并存放在外壳内部，因此有些松弛。电缆的一端被固定到外壳上，而另一端被固定到旋转器上。当转向盘向右或左转动时，因为电缆有松弛的余量，螺旋电缆可转动（2.5 圈），如图 4-30 所示。

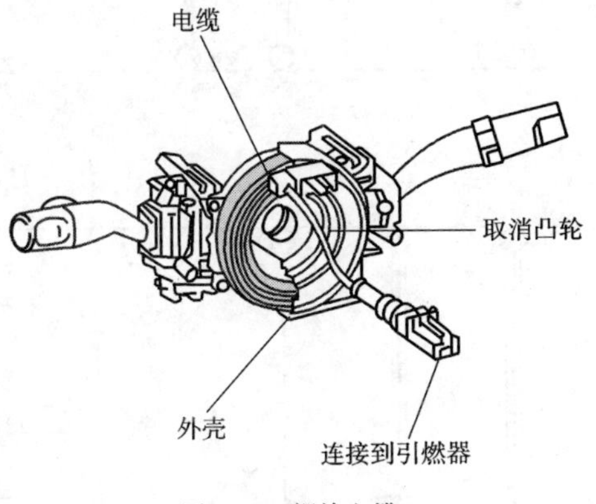

图 4-30　螺旋电缆

三、任务实施

（一）汽车安全气囊系统的电路分析

卡罗拉轿车安全气囊系统电路如图 4-31 ~ 图 4-34 所示。

1. 供电电路

当点火开关位于 ON 时，蓄电池电压经点火开关、7.5A 点火熔断丝后，供电给安全气囊控制单元 E14-21 脚。

蓄电池电压经 10A ECU-B 熔断丝后供电给组合仪表 E46-32 脚，经点火开关后的蓄电池电压经 7.5A 仪表熔断丝后供电给组合仪表 E46-33 脚。

2. 信号输入电路

当汽车发生碰撞时，碰撞传感器开关闭合，将碰撞信号传入 SRS 控制单元 E14、E14-30 和 E14-28 为左前气囊传感器输入端；M8-8 和 M8-15 为左前侧气囊传感器 L12 信号输入端，左后侧气囊传感器总成 L13 接左前侧气囊传感器 L12 的 1、2 脚；L16-8 和 L16-11 为右前侧气囊传感器 M4 信号输入端，右后侧气囊传感器总成 M5 接右前侧气囊传感器 M4 的 1、2 脚；L16-1 和 L16-2 为左前座椅外安全带总成输入端；M8-4 和 M8-5 为右前座椅外安全带总成输入端。

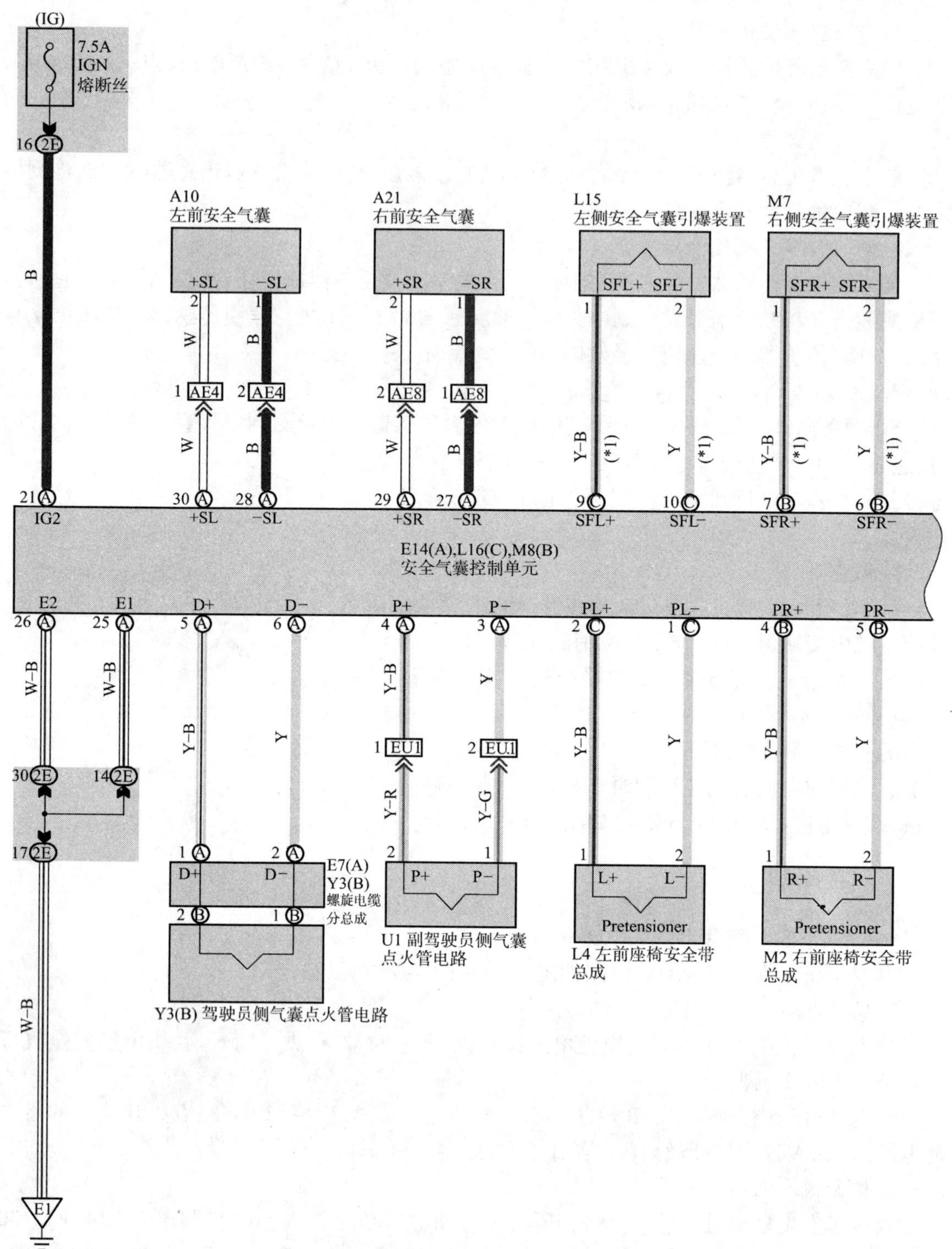

图 4-31 汽车安全气囊系统的电路分析(一)

3. 信号输出电路

安全气囊 SRS 控制单元接收到碰撞信号后,发出气体引爆控制信号,弹出气囊保护人员安全,同时,左/右安全带张紧器动作。

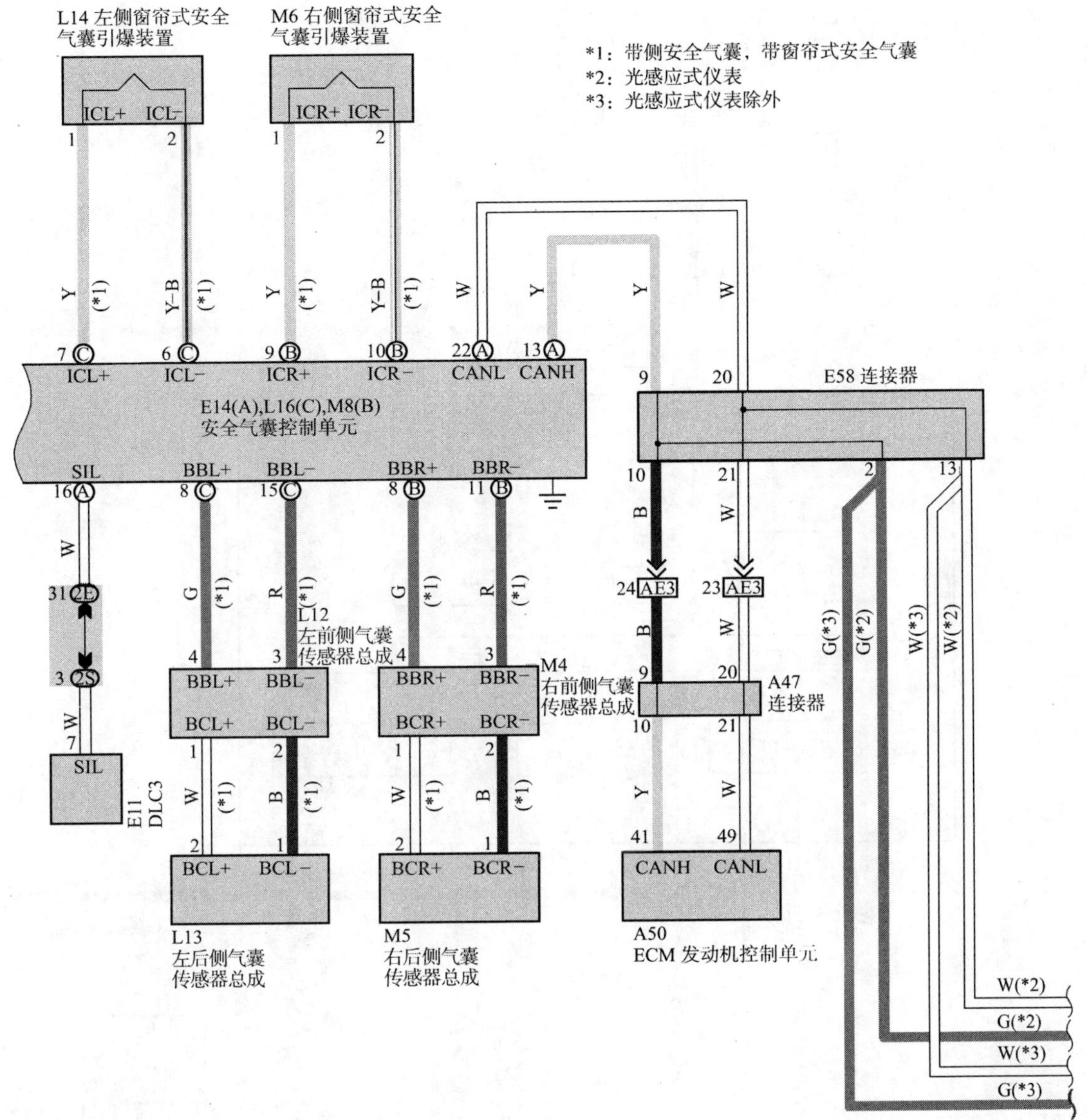

图 4-32　汽车安全气囊系统的电路分析（二）

其中，安全气囊 SRS 控制单元的 E14-5、E14-6 脚外接驾驶员侧点火管电路，该电路主要由螺旋电缆和驾驶员侧点火管组成；SRS 控制单元的 E14-4、E14-3 脚外接前乘客侧点火管电路；SRS 控制单元的 L16-9、L16-10 脚外接左侧点火管电路；SRS 控制单元的 M8-6、M8-7 脚外接右侧点火管电路；SRS 控制单元的 L16-6、L16-7 脚外接左侧窗帘式安全气囊点火管电路；SRS 控制单元的 M8-9、M8-10 脚外接右侧窗帘式安全气囊点火管电路。

SRS 警告灯位于组合仪表总成上，SRS 控制单元的 E14-22、E14-13 为 CAN 总线信号脚，安全气囊通过总线系统输出 SRS 警告灯信号到组合仪表，点亮仪表上的 SRS 警告灯。当 SRS 正常时，将点火开关从 OFF 位置转到 ON（IG）位置后，SRS 警告灯点亮约 6s，然后自动熄灭；如果 SRS 存在故障，则 SRS 警告灯亮起，将故障通知驾驶员。

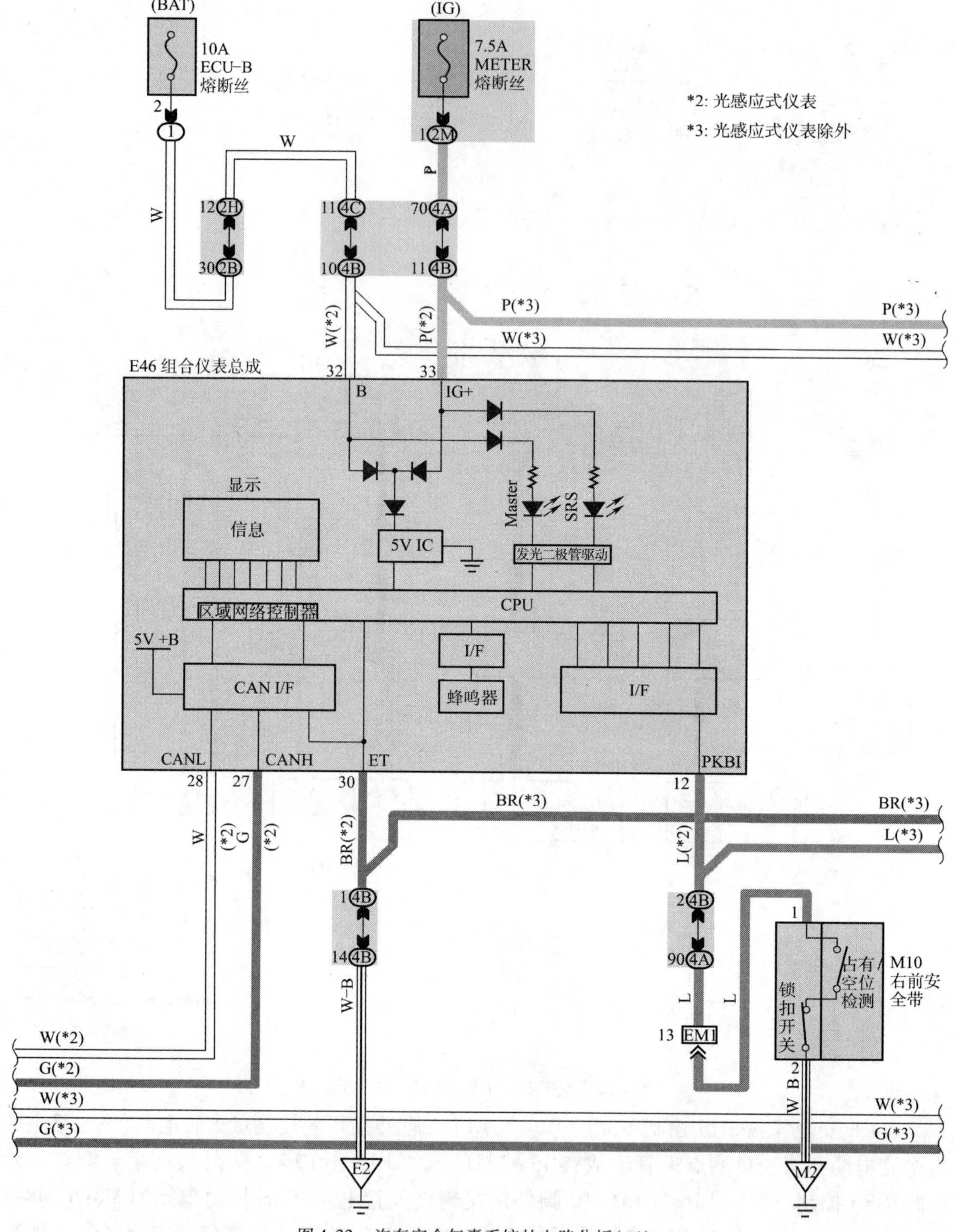

图 4-33　汽车安全气囊系统的电路分析(三)

(二)汽车安全气囊系统的故障诊断

1. 诊断系统概述

诊断电路不断地在如下所示的两个阶段中检验空气囊系统的故障:

(1)主要的检验:当点火开关从 LOCK 位置开到 ON 位置时,诊断电路触发 SRS 警告灯,大约 6s 执行主要的检验。在主要检验期间,如果检测到故障,SRS 警告灯点亮,即使过了 6s 也不熄灭。

（2）经常的检验：如果在主要的检验期间没有检测到故障，SRS 警告灯大约 6s 后熄灭，作好点火的初步准备。诊断电路此时开始经常地检验构成部件、电源系统和线束的故障、开路、短路等，如果在经常的检验期间检测到故障，SRS 警告灯即点亮或闪烁，以警示驾驶员。

（3）读取/清除 DTC：将汽车诊断仪连接到 DLC3，然后点火开关置于 ON（IG）位置，根据诊断仪屏幕上的提示检查 DTC 或清除 DTC。

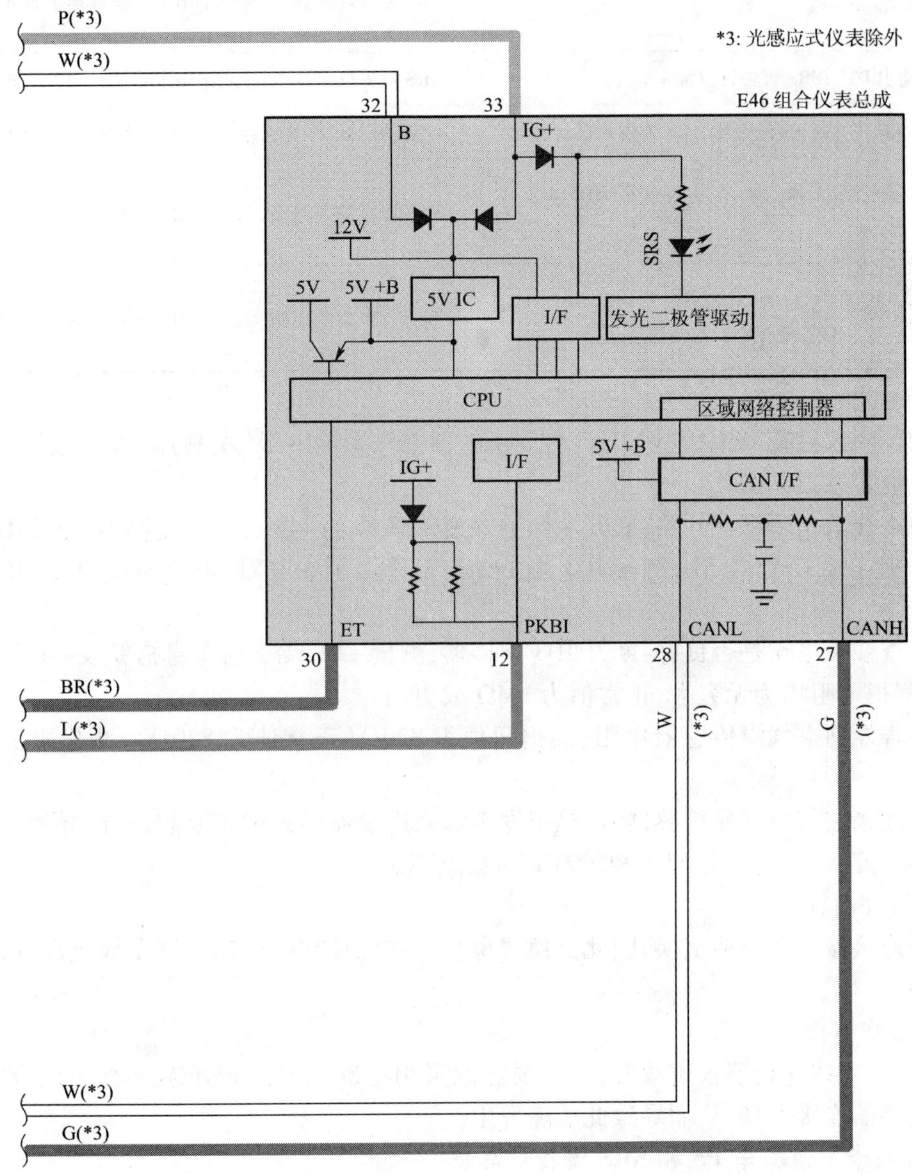

图 4-34　汽车安全气囊系统的电路分析（四）

2. 故障症状表

若汽车安全气囊系统出现故障，依据表 4-2 中所列的每个电路进行故障排除。

3. 故障案例分析

案例 1：SRS 故障灯有时会点亮

（1）故障现象

客户反映丰田卡罗拉 EX 轿车 SRS 故障灯有时在行驶过程中会点亮。

汽车安全气囊系统故障症状表 表4-2

故障症状	可疑部位
初步检查后,SRS 警告灯熄灭,然后又亮起	SRS 警告灯一直亮,参照丰田卡罗拉修理手册 RS-158
点火开关置于 ON(IG)位置时,SRS 警告灯有时约 6s 后亮起	SRS 警告灯一直亮,参照丰田卡罗拉修理手册 RS-158
即使未输出 DTC,SRS 警告灯也常亮起	SRS 警告灯一直亮,参照丰田卡罗拉修理手册 RS-158
点火开关置于 ON(IG)位置时,SRS 警告灯没有亮起	SRS 警告灯不亮,参照丰田卡罗拉修理手册 RS-165
尽管 SRS 警告灯工作正常,但也不显示 DTC 或正常系统代码	TC 和 CG 端子电路,参照丰田卡罗拉修理手册 RS-169
尽管 DLC3 的端子 TC 和 CG 没有连接,SRS 警告灯工作正常,也会显示 DTC 或正常系统代码	TC 和 CG 端子电路,参照丰田卡罗拉修理手册 RS-169

(2)诊断内容

利用诊断仪检查 DTC,发现 DTC 为 B1158 前空气囊传感器(左侧)故障,根据 DTC,检查左前空气囊传感器电路。

①检查线束是否存在开路:断开左侧空气囊传感器连接器及 ID3 连接器,将万用表的红黑表笔分别连接 +SL 与-SL,测量 ID3 端子 3 与 ID3 端子 4 电阻,阻值为:0.01Ω,正常值为低于 1Ω。

②检查线束搭铁是否良好:断开 ID3 连接器,测量 +SL 端子与车身搭铁及-SL 端子与车身搭铁,测得电阻均为无穷大,正常值为 1MΩ 或更高。

③检查左前空气囊传感器电阻,测得阻值为 820Ω(正常值为 820Ω),测量阻值都在范围内。

④在连接左前空气囊传感器时,检查发现线束连接器接头锁扣断裂,从而导致与左前空气囊传感器连接不良,因此 SRS 故障灯有时会点亮。

(3)修理内容

由于连接器没有单独更换,因此更换线束总成;更换线束总成后,试车故障没有再现,故障被排除。

(4)维修体会

维修中,有些连接器很难拔开,一定要注意采用正确的方法断开连接器,本车的故障就是由于连接器连接不良,从而导致此故障发生。

案例 2:卡罗拉新车 PS 和 SRS 警告灯常亮

(1)故障现象

卡罗拉新车贴膜、加装防盗系统后,出现故障,此时仪表板上 PS 和 SRS 警告灯常亮,发动机转速表也无显示。

(2)诊断内容

①检查发动机和安全气囊,发现 PS 和 SRS 警告灯常亮,发动机转速表无显示;然后使用汽车诊断仪检测,测得结果为无法通信。

②测量诊断插座 DLC3 的第 6、14 脚 CANH 与 CANL 间电阻为 60Ω,正常;测量 CANH 与

CANL 对"车身"和对" + "均不导通,说明 CAN 总线没有问题。

③由于怀疑贴膜时可能进水,所以检查车辆插头等,但没有发现有进水痕迹,说明 CAN 主总线无异常(电阻良好,不短路),分总线不短路。故障有可能出现在分总线中,如果分总线中有一条线路开路,总线数据就无法传输。

④拆下仪表板,拔下 AE3 连接器,分离 ECM 与 ABS 电脑,汽车诊断仪可以进入系统诊断。

⑤检查发现故障在发动机电脑与 ABS 电脑系统部分。接回 AE3 插头,分别断开 ECM 与 ABS 电脑,断开 ABS 电脑时故障排除,转速表也能正常指示。拆下插头 A47,测量 A47-8 和 A47-19 脚的对地电压,测得 A47-8 脚的端电压为 2.5V 左右,A47-19 脚的端电压为 0.21V。

⑥检查发现 BS CANL 线发生断路,从而造成通信线路无法正常传输(系统认为长时间高电位)而导致故障产生。测量 ABS 泵与连接插头 19 脚处,不导通;后经检查发现,在防火墙线束处的线束断开,如图 4-35 所示,这显然是因加装防盗穿线引起的。

图 4-35 卡罗拉新车 PS 和 SRS 警告灯常亮的故障点

(3)修理内容

接回断掉的 CAN 总线,试车后一切正常。

(4)维修体会

CAN 通信线路单线断路,系统强制为高电位,从而造成无法通信而引发故障。

任务3 汽车电动车窗系统的电路分析与故障诊断

一、任务引入

电动车窗系统是通过开关操作开闭车窗的系统。当电动车窗开关操作时,电动车窗电动机旋转,车窗开闭调节器把电动车窗电动机的旋转运动转换成上下运动而打开或关闭车窗。然而,在汽车维修中,经常遇到电动车窗无法升降或能升不能降等故障,怎么维修?下面以丰田卡罗拉汽车为例介绍汽车电动车窗系统的电路原理、识读技巧及部件检修,引导学生学习基础知识,学会故障诊断。

二、相关知识

1. 汽车电动车窗系统的组成

电动车窗系统主要由车窗调节器、电动车窗电动机、电动车窗总开关(由电动车窗开关和车窗锁止开关组成)、电动车窗开关、点火开关及门控开关(驾驶员侧)等组成,如图 4-36 所示。

2. 车窗开闭调节器及电动车窗电动机

(1)车窗开闭调节器

它将电动车窗电动机的旋转运动转换为上下运动,从而打开和关闭车窗。车窗由车窗开闭调节器提升臂支持,它用 X 臂支持,车窗开闭调节器均衡器臂与其相连;X 臂高度的改变可打开和关闭车窗,如图 4-37 所示。

(2)电动车窗电动机:电动车窗电动机正向或反向转动,驱动车窗开闭调节器。电动车窗电动机由三部分组成:电动机、传动机构和传感器。通过开关操作,电动机正向和反向转动;传动装置将电动机的旋转传输到车窗开闭调节器;传感器由用于控制防夹功能的限位开关和速度传感器组成,如图 4-37 所示。

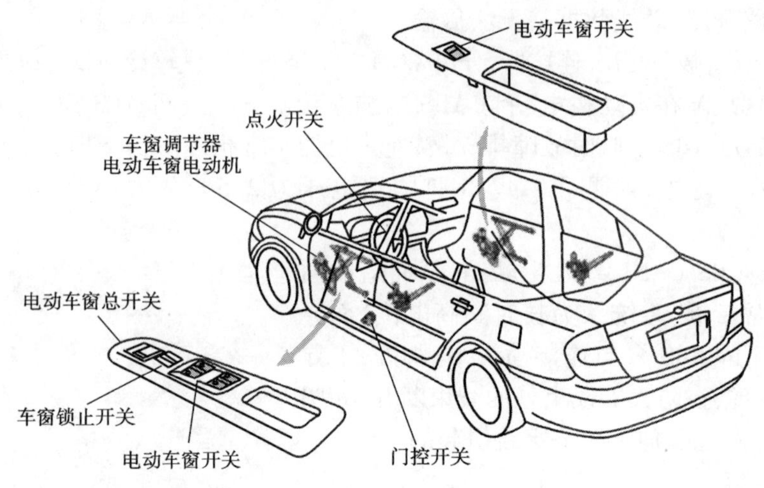

图 4-36 汽车电动车窗系统的组成

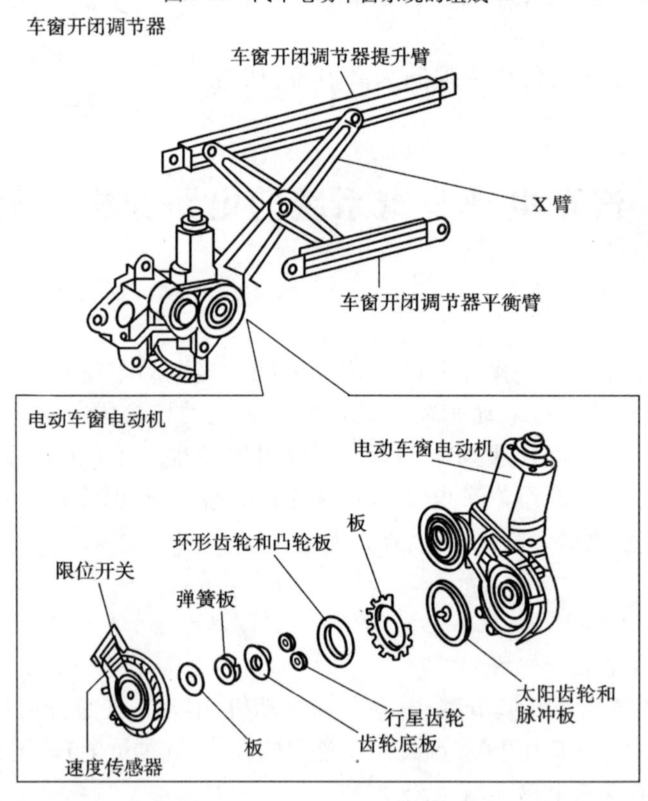

图 4-37 车窗开闭调节器及电动车窗电动机

3. 电动车窗总开关、电动车窗开关及门控开关

电动车窗总开关控制整个电动车窗系统;电动车窗总开关驱动所有电动车窗电动机;车窗锁止开关使车窗的开、关无效(驾驶员的车窗除外);各电动车窗开关分别驱动前部乘员和后面乘员车窗的电动车窗电动机;点火开关将 ON、ACC 或 LOCK 信号传输到电动车窗总开

关以便控制无钥匙电动车窗功能;门控开关将驾驶员车门的打开或关闭信号(门打开:ON,关闭:OFF)传送到电动车窗总开关以便控制无钥匙电动车窗功能,如图 4-38 所示。

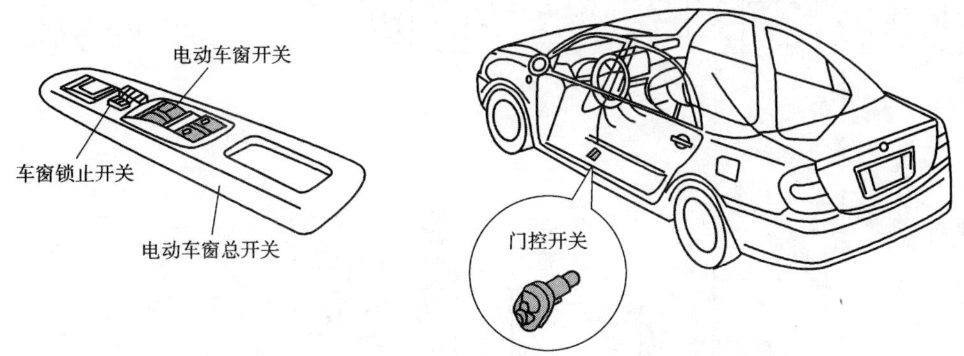

图 4-38 电动车窗总开关、电动车窗开关及门控开关

三、任务实施

(一)汽车电动车窗系统的电路分析

汽车电动车窗系统的电路如图 4-39 ~ 图 4-41 所示。

车身 ECU 连接器的 13 脚是信号控制脚,当车身 ECU 的 13 脚输出高电平信号时,电源继电器线圈通电,其触点闭合,蓄电池电压→主熔断丝→120A ALT 熔断丝→电源继电器触点后分三路供电:

第一路经 30A 电源熔断丝后分两路:一路供电给电动车窗主开关的 6 脚;另一路供电给右前电动车窗升降开关 H7 的 3 脚。

第二路经 20A 右后门熔断丝后供电给右后电动车窗升降器开关 J1 的 3 脚。

第三路经 20A 左后门熔断丝后供电给左后电动车窗升降器开关 K1 的 3 脚。

1. 左前侧电动车窗调节电路

蓄电池电压经 20A 电源熔断丝后供电给左前电动车窗调节电动机 I6 的 2 脚;电动车窗主开关的 1 脚和左前电动车窗调节电动机 I6 的 1 脚都是搭铁脚;电动车窗主开关的 5 脚为电动车窗下降控制信号;电动车窗主开关的 8 脚为电动车窗上升控制信号;当按下电动车窗"UP"按钮时,左前电动车窗上升关窗;当按下电动车窗"DOWN"按钮时,左前电动车窗下降开窗。

2. 右前侧电动车窗调节电路

电动车窗主开关的 16 和 15 外接前乘客侧电动车窗开关的 5 脚和 2 脚。当按下右前电动车窗升降开关"UP"按钮时,右前电动车窗升降器开关 3 脚和 4 脚接通,1 脚和 2 脚接通。经 30A 电源熔断丝的电压→右前电动车窗升降器开关 3 脚→右前电动车窗升降器开关 4 脚→右前电动车窗升降器开关调节电动机→右前电动车窗升降器开关 1 脚→右前电动车窗升降器开关 2 脚→电动车窗主开关 15 脚经电动车窗主开关内部搭铁。此时,右前电动车窗升降器调节电动机通电,车窗上升关窗。

当按下右前电动车窗升降开关"DOWN"按钮时,右前电动车窗升降器开关 3 脚和 1 脚接通,4 脚和 5 脚接通。经 30A 电源熔断丝的电压→右前电动车窗升降器开关 3 脚→右前电动车窗升降器开关 1 脚→右前电动车窗升降器开关调节电动机→右前电动车窗升降器开关 4 脚→右前电动车窗升降器开关 5 脚→电动车窗主开关 16 脚经电动车窗主开关内部搭铁。此时,右前电动车窗升降器调节电动机通电,车窗下降开窗。

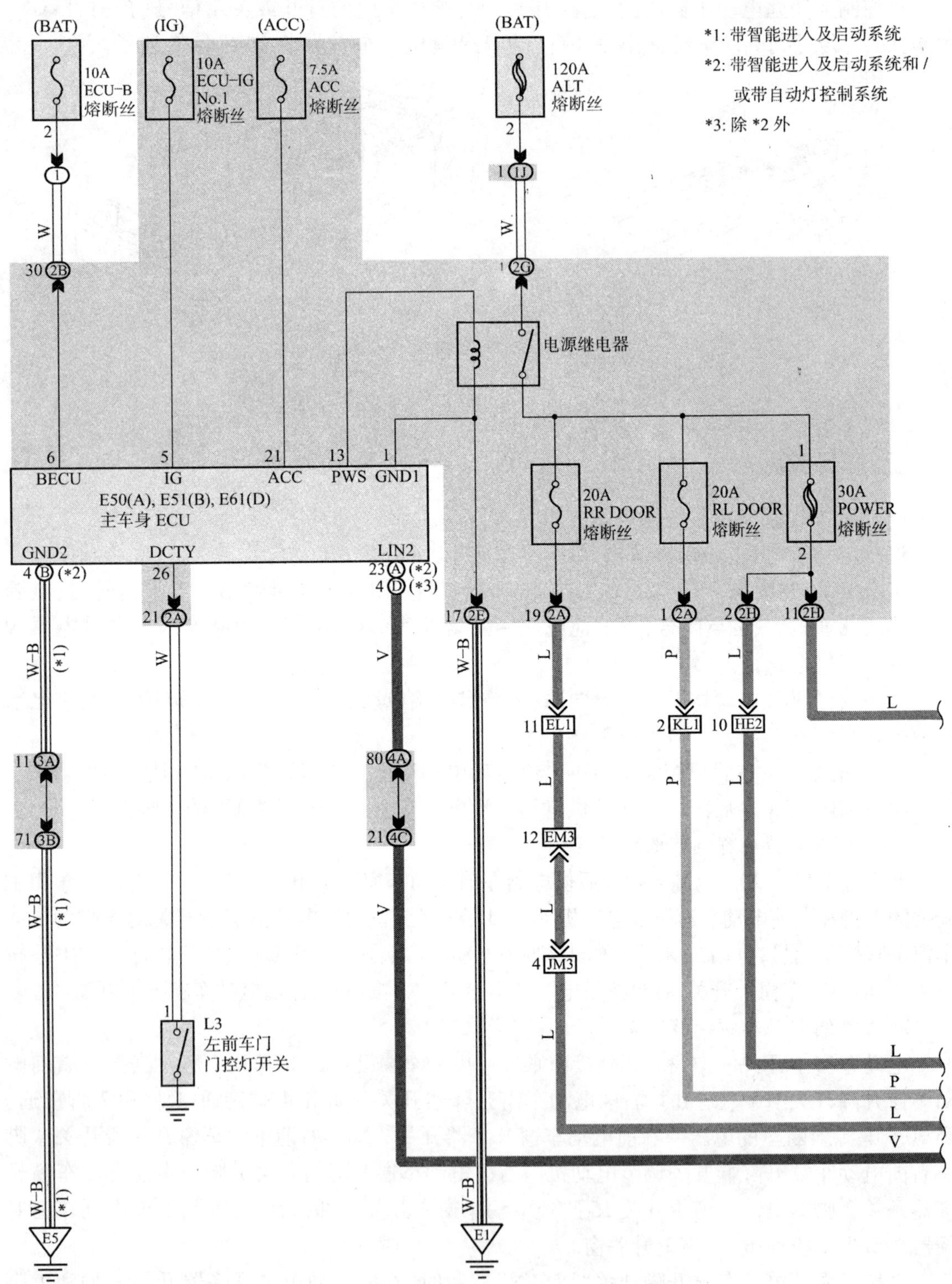

图 4-39　卡罗拉汽车电动车窗系统的电路分析(一)

3. 左后电动车窗调节电路

电动车窗主开关的 12 和 13 外接前左后侧电动车窗开关的 5 脚和 2 脚。当按下左后电动车窗升降开关"UP"按钮时,左后电动车窗升降器开关 3 脚和 4 脚接通,1 脚和 2 脚接通。

经 20A 左后门熔断丝的电压→左后电动车窗升降器开关 3 脚→左后电动车窗升降器开关 4 脚→左后电动车窗升降器开关调节电动机→左后电动车窗升降器开关 1 脚→左后电动车窗升降器开关 2 脚→电动车窗主开关 12 脚经电动车窗主开关内部搭铁。此时,左后电动车窗升降器调节电动机通电,车窗上升关窗。

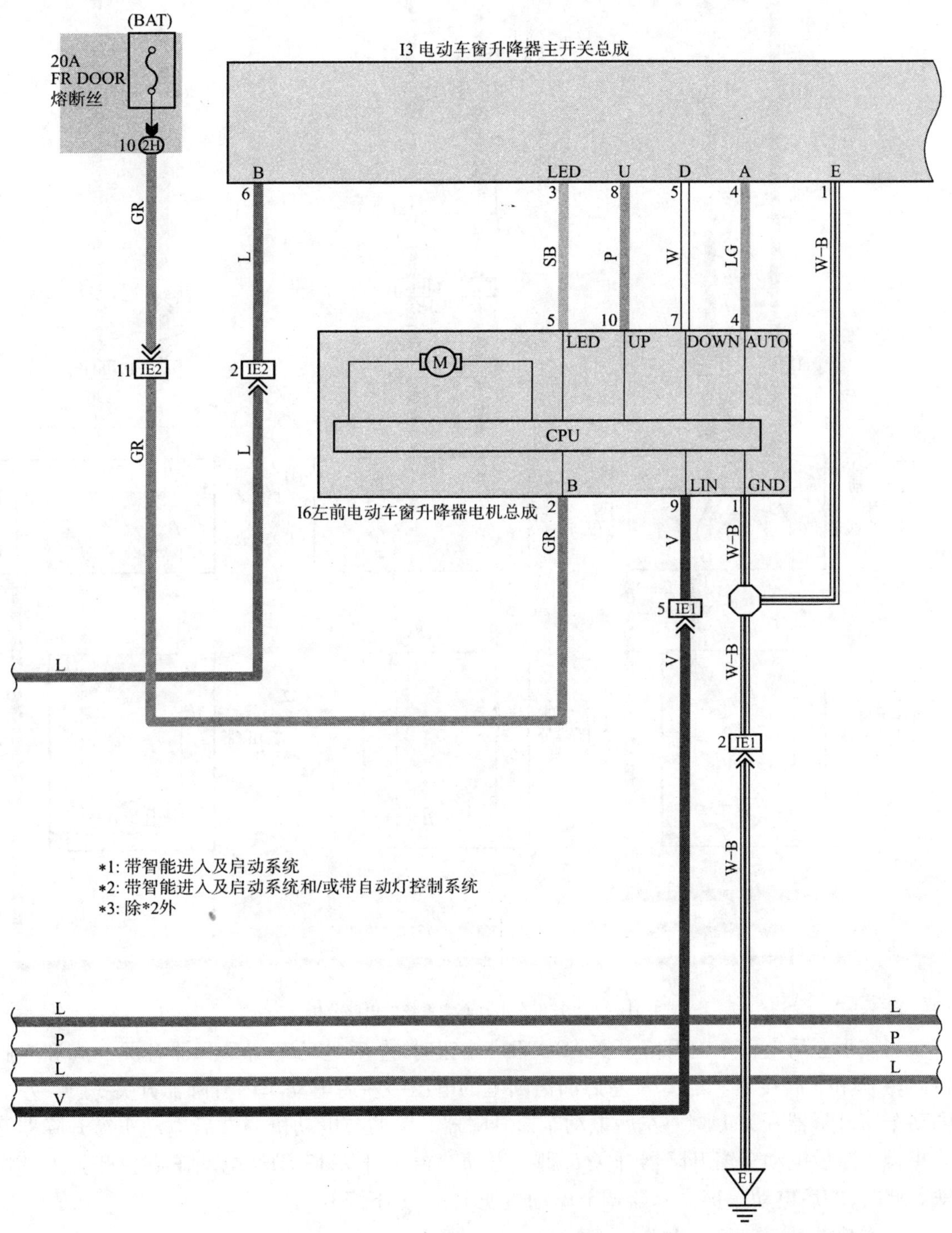

图 4-40　卡罗拉汽车电动车窗系统的电路分析(二)

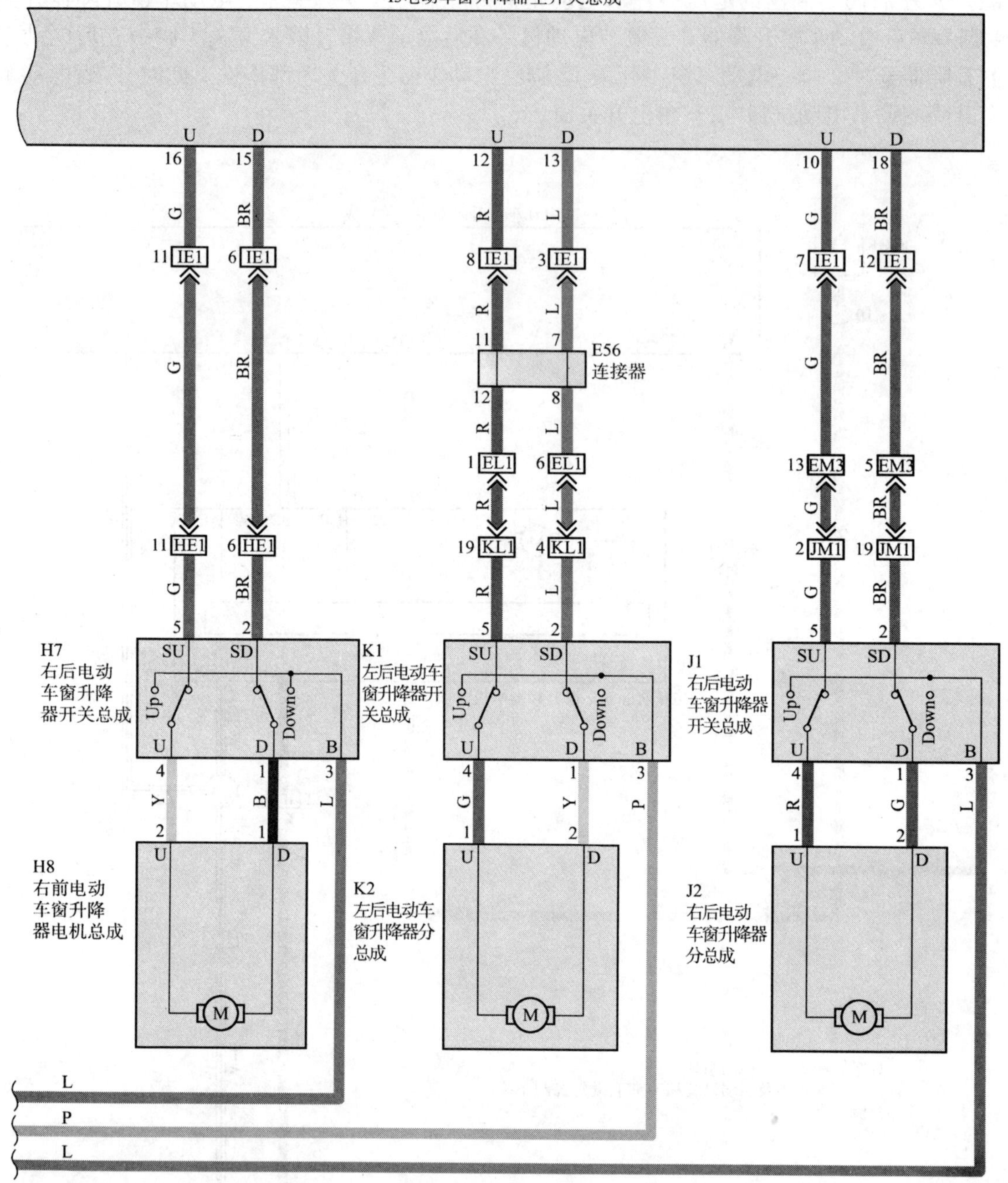

图 4-41　卡罗拉汽车电动车窗系统的电路分析(三)

当按下左后电动车窗升降开关"DOWN"按钮时,左后电动车窗升降器开关 3 脚和 1 脚接通,4 脚和 5 脚接通。经 20A 左后门熔断丝的电压→左后电动车窗升降器开关 3 脚→左后电动车窗升降器开关 1 脚→左后电动车窗升降器开关调节电动机→左后电动车窗升降器开关 4 脚→左后电动车窗升降器开关 5 脚→电动车窗主开关 13 脚经电动车窗主开关内部搭铁。此时,左后电动车窗升降器调节电动机通电,车窗下降开窗。

4. *右后电动车窗调节电路*

电动车窗主开关的 10 和 18 外接前右后侧电动车窗开关的 5 脚和 2 脚。当按下右后电动车窗升降开关"UP"按钮时,右后电动车窗升降器开关3脚和4脚接通,1脚和2脚接通。经20A右后门熔断丝的电压→右后电动车窗升降器开关3脚→右后电动车窗升降器开关4脚→右后电动车窗升降器开关调节电动机→右后电动车窗升降器开关1脚→右后电动车窗升降器开关2脚→电动车窗主开关10脚经电动车窗主开关内部搭铁。此时,右后电动车窗升降器调节电动机通电,车窗上升关窗。

当按下右后电动车窗升降开关"DOWN"按钮时,右后电动车窗升降器开关3脚和1脚接通,4脚和5脚接通。经20A右后门熔断丝的电压→右后电动车窗升降器开关3脚→右后电动车窗升降器开关1脚→右后电动车窗升降器开关调节电动机→右后电动车窗升降器开关4脚→右后电动车窗升降器开关5脚→电动车窗主开关18脚经电动车窗主开关内部搭铁。此时,右后电动车窗升降器调节电动机通电,车窗下降开窗。

(二)汽车电动车窗系统的故障诊断

1.如何进行故障排除

(1)车辆故障分析检查:在故障排除过程中,应确认故障症状已准确判明。应摒弃臆断,以便作出正确的判断。为了查明故障症状,向客户询问故障发生时的症状和条件非常重要。

(2)检查蓄电池电压。

(3)检查DTC:检查是否有DTC并记录输出的代码,删除DTC,然后重新检查DTC。

(4)查看修理手册中的"故障症状表"。

(5)总结分析实际故障及原因,直至排除故障点。

2.故障症状表

若汽车电动车窗系统出现故障,依据表4-3中所列的相应症状进行故障排除。

汽车电动车窗系统故障症状表 表4-3

故障症状	可疑部位
用电动车窗主开关无法操作电动车窗	POWER、PWR、RR DOOR LH和RR DOOR RH熔断丝
	电动车窗主开关电路(电源)
	电动车窗升降器电动机电路
	电动车窗主开关
用电动车窗开关无法操作前排乘客侧电动车窗	电动车窗开关电路(电源)
	电动车窗升降器电动机电路(前排乘客侧)
	电动车窗开关(前排乘客侧)
	线束及连接器
用电动车窗开关无法操作左后侧电动车窗	电动车窗开关电路(电源)
	电动车窗升降器电动机电路(左后侧)
	电动车窗开关(左后侧)
	线束及连接器
用电动车窗开关无法操作右后侧电动车窗	电动车窗开关电路(电源)
	电动车窗升降器电动机电路(右后侧)
	电动车窗开关(右后侧)
	线束及连接器

续上表

故障症状	可疑部位
驾驶员侧自动上升/下降功能不起作用（仅防夹辅助功能）	诊断检查
	电动车窗升降器电动机重置
	电动车窗主开关
	线束及连接器
遥控上升/下降功能不起作用	电动车窗主开关
	线束及连接器
将点火开关置于OFF位置后，即使不满足工作条件，电动车窗仍然可以工作	前门门控灯开关
	线束及连接器（LIN通信线路）
自动操作不能完全关闭驾驶员侧电动车窗（防夹功能被触发）	电动车窗升降器电动机重置
	检查和清洁车窗玻璃升降槽
	电动车窗主开关
驾驶员侧自动下降功能不起作用（仅自动下降）	电动车窗主开关
	电动车窗升降器电动机电路（驾驶员侧）
	线束及连接器
乘客侧PTC功能不起作用	电动车窗升降器电动机（前排乘客侧）
左后侧PTC功能不起作用	电动车窗升降器电动机（左后侧）
右后侧PTC功能不起作用	电动车窗升降器电动机（右后侧）

3. 故障案例分析

案例1：卡罗拉汽车驾驶员侧电动车窗总开关中右前车窗开关卡滞引起右前车窗升降不良

(1)故障现象

客户反映右前门电动车窗玻璃在操作后会自动升降，要求解决故障。

(2)诊断内容

首先对其进行检查，经检查后确认客户所述真实，故障是出在电动车窗总开关的控制右前车窗的开关上。该开关操作时明显感到有点卡滞，操作后开关未回到位，所以一旦操作过急即出现右前车窗没立刻停止而仍然在继续升降的现象，其他三扇车窗的开关经测试非常灵活，不存在卡滞现象，因此判断该故障由电动车窗右前侧开关内部机构不良引起。

(3)修理内容

更换电动车窗总开关，更换后测试一切正常。

(4)维修体会

该故障的发生几率很小，主要原因是电动车窗总开关中的机构缺少润滑所致。

案例2：丰田GRX122L-AETQKC左前电动车窗升降开关不能控制其他车窗玻璃升降，其他车门玻璃升降单独操作正常

(1)故障现象

左前电动车窗升降开关不能控制其他车窗玻璃升降，其他车窗玻璃升降单独操作正常，就像玻璃升降初始化没做一样。

(2)诊断内容

从现象上看就像玻璃升降初始化未做,可先做初始化,再检查玻璃升降主开关与相关通信线路。

(3)修理内容

①先做玻璃升降初始化,经初始化后故障依旧。

②检查主开关中控制其他车门玻璃升降的开关是否正常,用 IT-2 或其他故障诊断仪进入查看主开关的数据流,发现正常。

③检查四门升降开关到右前仪表接线盒(车身 ECU)的通信线路有无短路或断路。

④检查线路,先从左前门主开关的两通信线 L5(7 号黄色)与 J/B RH 167(C)21 号棕色的电阻为 0Ω,对电源与搭铁无短路,正常;主开关的两通信线 L5(8 号灰色)与网关 ECU 157(3 号黄色)的电阻为 0Ω,对电源与搭铁无短路,正常。

检查右前门玻璃升降开关通信线 K5(2 号灰色)与 J/B RH 167(C)19 号粉红色的电阻为 0Ω,但测得对搭铁有短路现象,电阻为 1.102Ω,顺藤摸瓜,发现加装右前的迎宾踏板线路与右前门玻璃升降开关通信线 K5(2 号灰色)短路,原因是在加装迎宾踏板线路时,不小心将通信线也镶了进去。

将通信线从中取出并包扎好,各插头复位后故障现象消失,一切功能正常。到此就不必再检查两后门玻璃升降的通信线了。

(4)修理结果

恢复右前门玻璃升降开关的通信线对地短路,故障排除。

(5)维修体会

从看似简单的维修全过程来看,一般认为简单的玻璃升降设定就可以解决。但设定完成后未能解决。这时思路不要乱,先查询相关电路图,发现四门玻璃升降开关控制都通过 MPX 与右前仪表接线盒(车身 ECU)连接,于是首先考虑的是通信线路,经仔细检查发现右前门玻璃升降开关的通信线对地短路是因为后加装的迎宾踏板线路导致的,解除干扰,恢复通信,则故障排除。从中不难看出,修理过程中用到了常用的万用表与 IT-2、电路图,通过熟练掌握以上工具,才能在维修过程中不会走弯路。

项目小结

本项目选取了汽车车身电气中较为典型的自动空调、安全气囊及电动车窗进行教学训练,实现以点带面,让学生熟悉了汽车车身常见电控系统的基本结构和故障机理,掌握了电控常见部件的检测方法及故障诊断的基本流程,提高了汽车故障诊断过程中分析问题与解决问题的综合能力,为后续学习及毕业实践打下了坚实的基础。

附录A 《汽车电控故障诊断实训》实训工单

实训项目：

<table>
<tr><td>学生姓名</td><td colspan="2"></td><td>学生学号</td><td></td><td>日期</td><td></td><td>得分</td></tr>
<tr><td rowspan="2">车辆信息记录(2分)</td><td>整车型号</td><td colspan="2"></td><td>发动机型号</td><td colspan="2"></td><td rowspan="2"></td></tr>
<tr><td>车辆 VIN 码</td><td colspan="2"></td><td>发动机排量</td><td colspan="2"></td></tr>
<tr><td>故障症状描述(1分)</td><td colspan="6"></td><td></td></tr>
<tr><td>解码器检测(4分)</td><td colspan="6">读取故障码记录(2分)：
<table><tr><td>故障码</td><td>故障码含义</td><td>故障码类型(填写当前或历史)</td></tr><tr><td></td><td></td><td></td></tr><tr><td></td><td></td><td></td></tr><tr><td></td><td></td><td></td></tr></table>相关数据流记录(2分)：</td><td></td></tr>
<tr><td rowspan="2">故障原因分析(2分)</td><td colspan="6">结合修理手册、以上症状与检测结果，分析所有可能原因</td><td rowspan="2"></td></tr>
<tr><td colspan="6"></td></tr>
<tr><td rowspan="7">故障检查过程(4分)</td><td colspan="4">检查方法描述</td><td>结果记录</td><td>分析与判断</td><td rowspan="7"></td></tr>
<tr><td colspan="4"></td><td></td><td></td></tr>
<tr><td colspan="4"></td><td></td><td></td></tr>
<tr><td colspan="4"></td><td></td><td></td></tr>
<tr><td colspan="4"></td><td></td><td></td></tr>
<tr><td colspan="4"></td><td></td><td></td></tr>
<tr><td colspan="4"></td><td></td><td></td></tr>
<tr><td>故障点确认(2分)</td><td colspan="6"></td><td></td></tr>
</table>

附录 B 《汽车电控故障诊断实训》案例分析表

案例主题：

<table>
<tr><td>学生姓名</td><td colspan="2"></td><td>学生学号</td><td></td><td>日期</td><td></td><td>得分</td></tr>
<tr><td rowspan="2">车辆信息记录
（4 分）</td><td>整车型号</td><td></td><td>发动机型号</td><td colspan="3"></td><td rowspan="2"></td></tr>
<tr><td>车辆 VIN 码</td><td></td><td>发动机排量</td><td colspan="3"></td></tr>
<tr><td>故障现象
（6 分）</td><td colspan="7"></td></tr>
<tr><td>诊断内容
（60 分）</td><td colspan="7"></td></tr>
<tr><td rowspan="2">修理内容
（20 分）</td><td>修理过程</td><td colspan="6"></td></tr>
<tr><td>故障点</td><td colspan="6"></td></tr>
<tr><td>维修体会
（10 分）</td><td colspan="7"></td></tr>
</table>

附录C 《汽车电控故障诊断实训》考核评分表

考核项目:______________________________

班级			姓名		学号	
序号	**评分项目**	**配分(分)**	**作业内容**	**评分标准**	**分值(分)**	**得分**
1	前期准备	5	(1)安装座椅套、转向盘套、地板垫		1	
			(2)安装翼子板布前格栅布		1	
			(3)放置车轮挡块、连接尾气抽排管		1	
			(4)发动机机油、冷却液、制动液检查		1	
			(5)仪器设备、维修资料及工量具准备		1	
			说明:每一项未做或错误不得分;不规范或不完整扣0.5分			
2	设备使用	10	(1)诊断插头的选用	选用不正确扣2分	2	
			(2)诊断仪器的连接	打开点火开关时,接入诊断仪每次扣2分	2	
			(3)诊断仪器的退出	未关闭点火开关,拆下诊断仪每次扣2分	2	
			(4)数字万用表使用	①量程选择错误每次扣1分 ②操作方法错误每次扣1分	2	
			(5)车辆的安全使用	酌情扣分,情节严重则停止比赛	2	
3	电控系统故障诊断过程	50	(1)确认故障症状	没有检查确认故障症状扣2分	2	
			(2)仪器初步诊断	①不会操作诊断仪器不得分 ②诊断仪操作不当酌情扣分	3	
			(3)故障检测过程	检查过程有以下情况,每次扣3分: ①检查方法不正确、操作不规范 ②拆装元器件或ECM时未关闭点火开关 ③测量电阻或导通时未关闭点火开关 ④拆装ECM连接器时未断开蓄电池负极 ⑤未采用转接线或大头针而直接用万用表测量ECM端子或部件连接器端子	15	
			(4)排除故障点,并验证故障上否被排除	①规范地排除故障并验证,得30分 ②能确定故障范围,但不能排除扣20分 ③误判故障,错误申请换件每次扣10分 ④自制故障不能自排,每个扣10分 ⑤排故后,没有清除故障码,设验证故障是否被排除扣10分	30	
4	安全文明作业	20	(1)操作规范,重点考查: 出现工量具零件落地每次扣1分;起动机操作不当每次扣2分;排故过程中工量具等放置不当每次扣1分;举升器操作不当每次扣2分;其他操作不当每次酌情扣分		10	
			(2)安全文明,重点考查: 结束后未清理现场扣1分;结束后未清理工具设备扣1分;受伤流血扣2分;出现仪器设备损坏每次扣5分,情节严重则停止考核;出现其他重大设备损坏、人身伤害,总分按零分计		10	
5	填作业表	15	(1)参照作业表填写的实际情况进行评分 (2)考核规定时间为20min,不允许超时		15	
总分		100	合计得分			

参 考 文 献

[1] 雷丰中.卡罗拉车系电路分析与维修[M].北京:机械工业出版社,2009.

[2] 丰田汽车公司.COROLLA ZRE151,152 系列电路图[M].北京:一汽丰田汽车销售有限公司,2007.

[3] 丰田汽车公司.COROLLA ZRE151,152 系列修理手册(第一册)[M].北京:一汽丰田汽车销售有限公司,2007.

[4] 丰田汽车公司.COROLLA ZRE151,152 系列修理手册(第二册)[M].北京:一汽丰田汽车销售有限公司,2007.

[5] 丰田汽车公司.COROLLA ZRE151,152 系列修理手册(第三册)[M].北京:一汽丰田汽车销售有限公司,2007.

[6] 丰田汽车公司.COROLLA ZRE151,152 系列修理手册(第四册)[M].北京:一汽丰田汽车销售有限公司,2007.

[7] 丰田汽车公司.COROLLA ZRE151,152 系列修理手册(第五册)[M].北京:一汽丰田汽车销售有限公司,2007.

[8] 丰田汽车公司.COROLLA ZRE151,152 系列修理手册(第六册)[M].北京:一汽丰田汽车销售有限公司,2007.

[9] 谭本忠.看图学用汽车维修检测设备和仪器[M].北京:机械工业出版社,2013.